古代歷史文化研究輯刊

十一編

王明蓀 主編

第 9 冊

宋遼人物與兩國外交

蔣武雄 著

國家圖書館出版品預行編目資料

宋遼人物與兩國外交／蔣武雄 著─初版─新北市：花木蘭
文化出版社，2014〔民 103〕

序 2+ 目 2+250 面；19×26 公分

（古代歷史文化研究輯刊 十一編：第 9 冊）

ISBN：978-986-322-568-3（精裝）

1. 外交史　2. 宋史　3. 遼史

618　　　　　　　　　　　　　　　　　103000939

ISBN-978-986-322-568-3

9 789863 225683

古代歷史文化研究輯刊
十一編　第九冊　　　　　　　　ISBN：978-986-322-568-3

宋遼人物與兩國外交

作　　者　蔣武雄

主　　編　王明蓀

總 編 輯　杜潔祥

副總編輯　楊嘉樂

編　　輯　許郁翎

出　　版　花木蘭文化出版社

社　　長　高小娟

聯絡地址　235 新北市中和區中安街七二號十三樓

　　　　　電話：02-2923-1455／傳眞：02-2923-1452

網　　址　http://www.huamulan.tw 信箱 hml810518@gmail.com

印　　刷　普羅文化出版廣告事業

初　　版　2014 年 3 月

定　　價　十一編 24 冊（精裝）新台幣 46,000 元

宋遼人物與兩國外交

蔣武雄 著

作者簡介

蔣武雄，1952 年生。1974 年畢業于東海大學歷史學系；1978 年畢業于政治大學邊政研究所；1986 年畢業于中國文化大學史學研究所博士班；現為東吳大學歷史學系教授。主要研究領域為中國災荒救濟史、中國古人生活史、中國邊疆民族史、宋遼金元史、明史。先後在《東方雜誌》、《中華文化復興月刊》、《中國邊政》、《中國歷史學會史學集刊》、《空大人文學報》、《東吳歷史學報》、《中國中古史研究》、《玄奘佛學研究》、《史匯》、《中央日報長河版》等刊物發表歷史學術論文一百二十餘篇。

提　　要

　　宋遼兩國的和平外交關係共維持了長達一百多年，雖然期間曾發生過增幣交涉和畫界交涉兩次事件，但是在兩國君臣的努力維護下，使兩國的和平外交關係具有很高的穩定性。因此當時兩國君臣在外交上的心意與作為如何？頗值得我們加以探討。

　　筆者即是基於以上的體認，十多年來在研究宋遼外交史的工作上，除了探討宋遼交聘活動的各種情況之外，也另著重於宋遼人物與兩國外交關係的研究。因此今天這一本書《宋遼人物與兩國外交》的出版，共收錄了筆者在此方面研究的十篇文章，包括〈論宋真宗對建立與維護宋遼和平外交的心意〉、〈宋遼帝后生辰與哀喪的交聘活動——以宋真宗、遼承天太后、遼聖宗為主〉、〈韓琦與宋遼外交的探討〉、〈歐陽修使遼行程考〉、〈從宋臣陳襄《神宗皇帝即位使遼語錄》論其使遼事蹟〉、〈蘇頌與《華戎魯衛信錄》——一部失傳的宋遼外交檔案資料彙編〉、〈蘇軾與遼事關係幾個問題的探討〉、〈蘇轍使遼始末〉、〈遼代文臣參與遼宋外交的探討——以遼代狀元和王師儒為例〉、〈從墓誌論遼臣在遼宋外交的事蹟〉。

自　序

　　民國八十年，我到東吳大學歷史學系任教，講授遼金元史課程，同時也展開致力於遼代歷史的研究。至民國九十年爲止，我發表了二十多篇關於遼代史事，以及遼與五代政權轉移和外交關係的論文，並且在民國八十七年，先出版《遼與五代政權轉移關係始末》一書。

　　但是由於遼代留存至今的文獻史料不多，造成研究遼代歷史有其侷限性。因此從民國八十七年開始，我把對遼與五代外交的研究延伸至宋代，如此一來，可以運用的文獻史料就擴大了許多。尤其是宋遼兩國訂立澶淵盟約之後，雙方建立起和平的外交關係，並且在頻繁的交聘活動之下，出現了許多有關兩國外交的人事記錄。其中除了官方的檔案、史書之外，也有很多相關的史事被記載於文集、詩集和筆記小說當中，這些都成爲我研究宋遼外交關係史經常運用的史料。

　　至今我所發表二十多篇與宋遼外交有關的論文，約可分成兩大研究方向，一是著重於宋遼人物與兩國外交；另一則是著重於宋遼交聘活動的各種情形。因此在這本《宋遼人物與兩國外交》書中，就是收錄了此一方面的十篇論文，並且以先宋後遼、先帝後臣，以及使遼或接觸遼事的先後，做爲各篇排列順序的依據。

　　最後我要特別感謝系上的教授陶晉生院士，他是研究宋遼外交關係史的專家，因此在我寫作這些論文的過程中，得以經常向他請教，使我受益良多。至於本書如有錯誤之處，則是自己才疏學淺所致，尚請讀者不吝予以指正。

蔣武雄　謹識
於民國一零二年九月七日
東吳大學研究室

目次

導　論

　　宋遼兩國的歷史互動，在外交方面可分為兩個階段，一是在宋太祖、宋太宗與遼景宗時期，雙方曾經有過前後約六年的和平外交關係。但是後來因為宋太宗滅北漢之後，又轉攻遼南京（幽州、燕京），使兩國外交關係因而中斷；二是在宋眞宗與遼聖宗時期，雙方簽訂澶淵盟約，建立起長期的和平外交，直至宋徽宗派童貫攻遼為止，前後共歷一百十八年。

　　在這一百多年的和平外交期間，宋遼兩國經常派遣使節進行交聘的活動，包括賀正旦、賀帝后生辰、賀即位、賀上尊號、賀冊封、回謝、告帝后駕崩、告即位、奠祭、弔慰、送遺留物、商議與訂立盟約等。雖然當中曾發生過增幣交涉、畫界交涉兩次事件，造成雙方關係的緊張，但是彼此友好的情誼並未有所改變，每年祝賀對方元旦與帝后生辰的例行交聘活動也未因而停止，充分地顯現出兩國的和平外交關係具有高度的相對穩定性。

　　筆者認為，宋遼兩國能有如此良好的外交關係，其主要原因固然是因為有盟約的約束，降低了雙方爆發軍事衝突的可能性。但是兩國君臣對於維護和平外交的心意和所做的努力，不可否認的，應該也是主要的原因之一。因為畢竟外交上的制度、事務、活動等，都必須靠人去執行，假如再加上雙方的相關人員都能持著誠摯的心意，則對於兩國外交的維護，將可發揮更大的作用，進而獲得更多的成效。筆者即是基於以上的體認，十多年來在研究宋遼外交史的工作上，除了探討宋遼交聘活動的各種情況之外，另一個研究的方向，就是著重於宋遼人物與兩國外交的關係。

　　今天這一本書《宋遼人物與兩國外交》的出版，共收錄了筆者在此方面研究的十篇文章。其中第一篇〈論宋眞宗對建立與維護宋遼和平外交的心意〉

——主要論述宋眞宗持著「安民息戰」的心意，促成了宋遼兩國和平外交的建立，並且在訂盟之後，也常對文臣武將提出維護兩國和平外交的言論和訓示。

第二篇〈宋遼帝后生辰與哀喪的交聘活動——以宋眞宗、遼承天太后、遼聖宗爲主〉——筆者認爲，在宋遼兩國的各種交聘活動當中，祝賀對方帝后生辰和弔祭對方帝后死亡的哀喪，最能顯現出雙方濃厚的和平友好情誼，也比較能對和平外交關係的維持發揮作用。因此我們研究宋遼外交史，對於這種交聘活動的研究不能予以忽略，筆者遂以宋眞宗、遼承天太后、遼聖宗爲主，探討此一方面的史實。

第三篇〈韓琦與宋遼外交的探討〉——在此篇中，筆者主要討論韓琦接伴遼使節的幾個問題，以及其以正旦使身份出使遼國，與遼國君臣互動的情形。比較難得的是，筆者運用了其《安陽集》中，所收錄的答謝宋國境內地方官員的遠迎啓，以及在遼國境內接受招待的謝啓，對韓琦使遼時的事蹟和往返的行程做了比較深入的探討。這類史料在目前所存宋使節的文集當中是很少見的，因此尤其珍貴。

第四篇〈歐陽修使遼行程考〉——在目前所出版的歐陽修年譜、傳記或專題著作，對於歐陽修出使遼國的行程往往有錯誤的敘述。因此筆者在本文中，不僅將其使遼行程做一以比較詳細的論述，也做了比較合理的考證。尤其是指出歐陽修在當年十二月二十七日，宿於松山館，是已經在返宋的途中，而不是尙在赴遼的途中。

第五篇〈從宋臣陳襄《神宗皇帝即位使遼語錄》論其使遼事蹟〉——本文先論述陳襄《使遼語錄》能幸運完整留存至今的過程，然後運用此一《語錄》，對陳襄使遼事蹟作一比較詳細的論述。尤其是提到其在使遼行程中，與遼臣發生了幾次宴座之爭，促使他在遼道宗駐帳地縮短最長可逗留十天的慣例，只逗留六天即啓程返宋。

第六篇〈蘇頌與《華戎魯衛信錄》——一部失傳的宋遼外交檔案資料彙編〉——本文主要論述宋神宗派蘇頌，負責把宋與遼所進行的外交檔案資料，加以整編爲《華戎魯衛信錄》的過程，並且爲此一史料至今已失傳，造成我們在研究宋遼外交史工作上的困難，而引以爲憾。

第七篇〈蘇軾與遼事關係幾個問題的探討〉——蘇軾雖然不曾擔任使節出使遼國，但是其曾經擔任撰寫對遼外交文書的工作，也曾經擔任館伴使與

遼使有所互動，而更值得強調的是其文學盛名遠傳至遼地。因此蘇軾對於維護和促進宋遼友好和平外交的情誼，也有相當的貢獻與作用，我們須予以肯定。

　　第八篇〈蘇轍使遼始末〉——宋遼的外交除了禮儀上的互動之外，也具有很濃厚的文學氣氛，尤其是宋使節出使遼國時，常常與其君臣有詩歌酬唱的互動。因此蘇轍的使遼之行，正好讓其能親自至遼地，印證遼人對其蘇家父子三人文學造詣的推崇，也讓遼臣得以見到深受他們推崇的蘇家人士風采，並且有機會當面表達他們對蘇家作品的閱讀和敬佩。

　　第九篇〈遼代文臣與遼宋外交的探討——以遼代狀元和王師儒為例〉——遼朝廷常以文臣為副使出使宋國，也常以文臣擔任接伴、館伴、送伴宋使的工作。因此遼代狀元出身的大臣，以及文學造詣很高的王師儒得以有機會接觸宋遼外交的事務。而且遼朝廷如此作法，也成為其增加錄取進士名額的原因之一。

　　第十篇〈從墓誌論遼臣在遼宋外交的事蹟〉——由於遼代的歷史文獻留存至今者非常少，因此研究遼宋外交史，能運用的遼方史料相當不足。筆者遂特別從目前已出版的遼人墓誌中，蒐尋出十八位與遼宋外交事務有接觸者，討論他們在此方面的事蹟。雖然相關的記載仍然很簡略，但是卻已涵蓋了遼朝廷在遼宋外交事務上的各項人事工作，包括擔任正使、副使、接伴使、館伴使、送伴使，以及使節團的文書工作，甚至於有進士被遼皇帝試以〈南北兩朝永敦信誓論〉的試題，可謂將遼宋一百多年的和平外交活動作了縮影展現出來一般。

　　從以上筆者對於各篇文章主要內容做了概略性的論述之後，我們可以明白宋遼人物與兩國外交，其間的關係是很密切和重要的。也就是因為兩國君臣對於雙方的外交事務都曾經投注了相當大的心力，因此使兩國和平外交的情誼不僅深濃，而且能持之久遠，更在中國民族關係史上留下了很有意義的一頁。

論宋眞宗對建立與維護
宋遼和平外交的心意

摘　要

　　本文主要是專從宋眞宗的角度，討論其對與遼建立和平外交的心意，以了解其在宋遼兩國簽訂澶淵盟約過程中所扮演的角色和所發揮的作用。而訂盟之後，兩國長期的和平外交，尤須賴雙方誠心遵守盟約中的各項約定，宋眞宗在此方面的努力，本文也特別予以列舉論述。

關鍵詞：宋眞宗、宋、遼、外交

一、前言

在宋眞宗與遼聖宗時期，宋遼兩國簽訂澶淵盟約之後，雙方即展開長期性的和平外交，經常互相派遣使節進行友好的交聘活動，〔註1〕直至宋徽宗宣和四年（遼天祚帝保大二年，西元一一二二年），派童貫率兵攻遼，宋遼兩國和平外交關係決裂，才停止交聘活動。雖然在此一百多年當中，曾有增幣交涉與重劃邊界的談判和折衝情形，但是大致上兩國皆能維持友好、和平的情誼，使雙方人民能得到安定的生活，這種史實在中華民族歷史發展演進的過程中，是值得肯定的。

但是我們再仔細思考，其實宋遼兩國雖有盟約的約束與規範，使雙方不致於很容易爆發戰爭，然而畢竟彼此曾在宋太祖、太宗、眞宗初期，即遼景宗、聖宗初期，發生過多次激烈的戰爭，即使在訂立盟約之後，防範對方的心態仍然很明顯。〔註2〕尤其是在外交上總希望能維持本國的國格與尊嚴，就常常在各項外交事務中互相力爭。〔註3〕因此在此種情況之下，宋遼兩國最後竟然能維持長達一百多年的和平，可謂相當不容易。筆者認爲會出現這種對雙方都有利的結果，應是兩國皇帝和大臣等相關人員努力加以維護所致。但是筆者卻發現長期以來雖然有許多中外學者對於宋遼澶淵之盟以及雙方和戰

〔註1〕 宋遼兩國訂立澶淵盟約之後，雙方經常派遣使節，據傅樂煥，〈宋遼聘使表稿〉，說：「宋遼約和自澶淵之盟（一〇〇五年）迄燕雲之役（一一二二年），凡一百十八年，益以開寶迄太平興國間之和平（九七四～九七九，凡六年），綜凡一百二十四年，估計全部聘使約一千六百餘人，《長編》、《遼史》所載者約一千一百五十人，以其他文籍，補苴者一百四十餘人，待考者約有三百二三十人。」收錄於《遼史彙編》（八）（台北：鼎文書局，民國62年10月），頁580。原載於中央研究院《歷史語言研究所集刊》，第14本。另可參閱蔣武雄，〈宋臣在對遼外交中辱命與受罰的探討〉，《東吳歷史學報》，第12期（台北：東吳大學，民國93年12月），頁26。

〔註2〕 可參閱蔣武雄，〈宋對遼用諜幾個問題的探討〉，《東吳歷史學報》，第10期（台北：東吳大學，民國92年12月），頁1～18；陶玉坤，〈遼宋和盟狀態下的新對抗—關于遼宋間諜戰略的分析〉，《黑龍江民族叢刊》，第1期，1998年，頁70～75。

〔註3〕 宋人認爲既然在軍事的形勢上不如遼國，因此主導性的以文學、詩歌交往的外交型式與遼進行交聘活動，以獲得心理上的平衡。關於此種情形，可參閱蔣武雄，〈宋遼外交中的詩歌交往〉，《中國中古史研究》，第1期（台北：蘭台出版社，2002年9月），頁229～245；王水照，〈論北宋使遼詩的兩個問題〉，《山西師大學報》（社會科學版），第19卷，第2期（1992年4月），頁37～43。

關係作過深入的研究，然而卻少有學者特別專從宋眞宗心意的角度來討論此一史實，因此收集了有關的史料與論著文章，〔註4〕以〈論宋眞宗對建立與維護宋遼和平外交的心意〉爲題，論述其本人對建立宋遼和平外交的心意與訓示，以及其爲了維護兩國和平外交所做的種種努力。

二、宋眞宗即位初期對與遼建立和平外交的心意

筆者認爲宋眞宗在即位初期，即頗有與遼建立起和平外交的心意，而且與宋太宗晚年對遼態度的改變有很大的關係，因此擬先論述某些大臣的息戰建言對宋太宗的影響。

由於在宋太宗時期，爲了滅掉北漢，以及恢復燕雲十六州，曾與遼國發生多次大規模的戰爭，而且宋國方面有多次的失利，〔註5〕對於宋國的經濟、

〔註4〕 討論宋遼兩國訂立澶淵盟約過程、歷史意義與人事情形的論著文章，至目前已經很多，其中陶晉生，〈宋遼間的平等外交關係：澶淵盟約的締訂及其影響〉，收錄於《宋遼關係史研究》（台北：聯經出版公司，民國73年7月），頁15～56，原刊登於《沈剛伯先生八秩榮慶論文集》，民國65年12月；王民信，〈澶淵締盟的檢討〉，《食貨月刊》，復刊第5卷，第3期（台北：食貨月刊社，民國64年6月），頁97～108；〈遼宋澶淵盟約締結的背景〉（上）（中）（下），《書目季刊》，第9卷第2期、第9卷第3期、第9卷第4期（台北：書目季刊社，民國64年9月、64年12月、65年3月），頁35～49、45～56、53～64；柳立言，〈宋遼澶淵之盟新探〉，《中央研究院歷史語言研究所集刊》，第61本，第3分（民國79年9月），頁693～760，以上各篇所論尤爲詳細，可資參考。其餘筆者在此擬不予列舉，讀者可以參閱《澶淵之盟一千周年國際學術研討會論文集》（河南省濮陽市，2004年12月3、4日），以及該論文集附錄：澶淵之盟研究論文目錄（1929～2003），頁159～162。但是以宋眞宗爲討論重點，並且論述較詳細的，例如有蔣復璁，〈宋眞宗與澶淵之盟〉，《大陸雜誌》，第22卷，第8、9、10期（台北：大陸雜誌社，民國50年4月、5月），頁26～30、27～34、32～36。按，蔣先生此文另以〈宋遼澶淵之盟的研究〉爲題，收錄於《宋史新探》（台北：正中書局，民國64年2月），頁100～150。而訂立盟約之後，宋眞宗本人如何以皇帝的身份維護宋遼和平外交，卻似尚未有學者撰寫專文加以強調，因此筆者嘗試撰成本文，以塡補此一研究領域的不足。

〔註5〕 關於宋代初期在滅北漢後，以及收復燕、雲十六州失敗的過程中，曾與遼發生多次激烈的戰爭，可參閱程光裕，《宋太宗對遼戰爭考》（台北：台灣商務印書館，民國61年11月），頁1～289；曾瑞龍，《經略幽燕—宋遼戰爭軍事災難的戰略分析》（香港：中文大學，2003年），頁1～329；宋常廉，〈高梁河戰役考實〉，《大陸雜誌》第39卷，第10期（台北：民國58年11月），頁26～36；張其凡，〈從高梁河之敗至雍熙北征〉，《宋初政治探研》（廣州：暨南大學出版社，1995年10月），頁129～147，原載，《華南師大學報》，第3

社會產生很大的影響。因此至宋太宗晚年，對戰爭擾民的情形似已有所頓悟，遂產生採取守勢的構想，其中最明顯的行動應是在端拱二年（遼聖宗統和七年，九八九年）正月「癸巳（十一日），詔文武群臣各陳備邊禦戎之策」。〔註6〕據《續資治通鑑長編》（以下簡稱《長編》）卷30記載，當時「右正言

期（1983年）；曾瑞龍，〈宋遼高梁河戰役考論〉，《大陸雜誌》，第80卷，第3期（民國79年3月），頁10～21；楊樹森，〈略論遼代軍事家耶律休哥：兼說宋兩次攻遼戰爭之敗〉，收錄於陳述編，《遼金史論集》，第1輯（上海：上海古籍出版社，1987年6月），頁99～110；廖隆盛，〈宋太宗的聯夷攻遼外交及其二次北伐〉，《師大歷史學報》，第10期（民國71年6月），頁83～103；漆俠，〈宋太宗第一次伐遼——高梁河之戰——宋遼戰爭研究之一〉，《河北大學學報》，第3期（1991年），頁1～9；漆俠，〈宋太宗雍熙北伐——宋遼戰爭研究之二〉，《河北學刊》，第2期（1992年），頁79～87；蔣武雄，〈耶律休哥與遼宋戰爭〉，《中國歷史學會史學集刊》，第26期（台北：中國歷史學會，民國83年），頁129～146；王曉波，〈宋太宗對遼戰略的失誤〉，《四川大學學報》，第2期（1999年）；傅樂煥，〈關于宋遼高梁河之戰〉，《遼史叢考》（北京：中華書局，1984年），頁29～36；李裕民，〈宋太宗平北漢始末〉，《山西大學學報》，第2期（1982年），頁86～91；蔣武雄，〈遼與北漢興亡的關係〉，《東吳歷史學報》，第3期（台北：東吳大學，民國86年3月），頁61～102。

〔註6〕李燾，《續資治通鑑長編》（以下簡稱《長編》）（上海：上海古籍出版社，1986年2月），卷30，宋太宗端拱二年正月癸巳條，頁1。在此之前，宋太宗也曾於雍熙四年正月，「詔問群臣詢平寇之策」。見李攸，《宋朝事實》（台北：文海出版社，民國五十六年一月），卷20，經略幽燕，頁15。另外，在同年四月，「詔詢文武禦戎之策」（見《長編》，卷28，宋太宗雍熙四年四月己亥條，頁4）。按，初當宋太宗太平興國五年（遼景宗乾亨二年，980年），宋於高梁河之役被遼打敗，宋軍班師後，即有左拾遺直史館張齊賢上疏諫言，說：「方今海內一家，朝廷無事，關聖慮者，豈不以河東新平，屯兵尚眾，幽燕未下，輦運為勞，以生靈為念乎，……廣推恩於天下之民爾，推恩何在乎，安而利之，民既安利，則遠人歛衽而至矣。……以惠利民，則遠人之歸可立待也。」《長編》，卷21，（宋太宗太平興國五年十二月辛卯條，頁12～13）至宋太宗雍熙三年（遼聖宗統和四年，986年），宋軍又被遼打敗於歧溝關。次年，宋太宗以遼「頗歲入寇，將大發兵討之，遣使往河南北諸州募丁壯為義軍，京東轉運使主客郎中李維清曰：『若是，天下不耕矣。』三上疏爭之。宰相李昉等相率上奏曰：『……如此則河北閭閻既困於戎馬，河南生聚復擾於芻蒲，刈當土膏之興，更妨農作之務，……。』……開封尹陳元僖又上疏曰：『……春氣方盛，農事正勤，況屬久安，豈可遽擾，……望且於河朔邊緣諸州點集止令本處守捍城池，河南諸州一切停罷。』上納其言」（《長編》，卷28，宋太宗雍熙四年四月己亥條，頁3～4）可見當時宋對遼的戰役頗有失利，因此宋太宗在軍事不順以及大臣屢謂「戰爭擾民」的情況下，逐漸有對遼採取守勢的想法。另可參閱陳芳明，〈宋初弭兵論的檢討〉，《國立編譯館館刊》，第4卷，第2期（台北：國立編譯館，民國64年12月），頁47～64。

直史館河南溫仲舒章獨先上，上（宋太宗）悅。乙未（十三日），賜仲舒金紫」。
〔註7〕宋太宗這一不尋常的舉動，正顯示出當時其尋求備邊禦戎之策的心意很誠懇也很著急，因此特別賞賜第一位提出建言的大臣，可惜的是在《長編》中卻未見記載溫仲舒所奏的內容。

既然宋太宗鼓勵大臣提出建言，因此其他大臣也就紛紛提出備邊禦戎之策，其中比較值得我們注意的是有幾位提出與遼通和的言論，例如《長編》卷30，說：「端拱二年春正月乙未（十三日），……戶部郎中張洎奏議，曰：『……今北敵內侵，兵連禍結，以權濟用，蓋有前聞，請陛下稍抑至尊，舉通和之策。然今內外群議，尚或否臧，臣以爲契丹違順兩途，咸社稷之利也。夫時極則轉，物盛而衰，其或異俗懷仁，上天悔禍，寢邊庭之攘敓，奉大國之歡盟，結好息民，以寧宇縣，固邦家之望也。』」〔註8〕《宋會要輯稿》，說：「太宗端拱二年正月，吏部尙書宋琪上疏獻十策，曰：『……七和蕃；……如將來殺獲，驅復之後，聖人務好生之德，設息兵之謀，雖降志以難甘，亦和戎而爲便。……然則兵爲凶器，聖人不得已而用之。若精選使臣，不辱君命，通盟繼好，弭戰息民，此亦策之得也。……。』」〔註9〕另據《長編》卷31，說：「淳化元年（遼聖宗統和八年，九九〇年）六月丙午（三日），太僕少卿張洎上疏言邊防，曰：『夫禦戎之道，有三策焉，前代聖賢論之詳矣。繕修城壘，依憑險阻，訓戎聚穀，分屯塞下，來則備禦，去則勿追，策之上也；偃革橐弓，卑辭厚禮，降王姬而通其好，輸國貨以結其心，雖屈萬乘之尊，暫息三邊之戍，策之次也；練兵選將，長驅深入，擁戈鋌而肆戰，決勝負於一時，策之下也。……國家素失薊北之險，亡控守之處，是上策不舉也。屯兵平原，與匈奴轉戰，勞弊已甚，勝負未定，是下策不足恃也。審覯天下之形勢，憂患未已，唯與之通好，或可解紛。今山東諸侯，近不交戰，訪聞匈奴，已還其庭。宜因此舉通和之策，夫屈伸變化，與道污隆，轉危就安，聖人之務也。……觀典策之遺文，審安危之大計，惟聖人能之。結好息民，正在今日。倘或上天悔禍，異俗懷仁，奉大國之歡盟，息邊城之烽燧，誠宗社之福也。……。』」
〔註10〕

〔註7〕書同前，宋太宗端拱二年正月乙未條，頁1。
〔註8〕註同前，頁1〜12。
〔註9〕徐松，《宋會要輯稿》（北京：中華書局，1997年6月），卷5257，蕃夷1，契丹，頁14〜17。
〔註10〕《長編》，卷31，宋太宗淳化元年六月丙午條，頁4〜6。

以上諸所引，有關大臣息戰安民的建言，對於宋太宗在思考宋遼和戰的問題上應是產生了或多或少的影響，因此至淳化二年（遼聖宗統和九年，九九一年），當遼國「遣人至雄州求通好，總管劉福以聞，帝（宋太宗）遣中使麥守恩謂之曰：『朕以康民息戰為念，固無辭于屈己，後有來使當厚待之，勿拒其意。』既而，使不復至。」〔註11〕當時宋朝廷對於「契丹請和，朝議疑其非實，遣（韓）國華使河、朔以察之，既至，盡得其詐以聞。」〔註12〕姑且不論遼國請和一事是否屬實，但是我們從宋太宗有如此的反應，以及提出這樣的指示，就可以體認出其昔日對遼國一意主戰的心態，至此時應是已經有了很大的改變，例如據《長編》卷34，說：「宋太宗淳化四年（遼聖宗統和十一年，九九三年），十一月……己未（六日），上（宋太宗）謂侍臣，曰：『朕自即位以來，用師討伐，蓋救民於塗炭，若好張皇誇耀，窮極威武，則天下之民，幾乎磨滅矣。』……上曰：『朕每議興兵，皆不得已，古所謂王師如時雨，蓋其義也。今停障無事，但常修德以懷遠，此非清靜致治之道耶？』（宰相呂）蒙正曰：『古者以簡易治國者，享祚長久，陛下崇尚清靜，實宗社無疆之休也。』」此一段君臣之間的對話，應可反映出宋太宗晚年想要休兵止戰造福百姓的心境。〔註13〕因此其願意以「康民息戰」為念，願意和遼國通好，但是後來遼使節並未前來，使兩國彼此示好的契機在此時仍然無法展開。另外據《遼史》〈聖宗本紀〉，說：「統和十二年（宋太宗淳化五年，九九四年）八月乙酉（六日），宋遣使求和，不許。……九月辛酉（十二日），宋復遣使求和，不許。」〔註14〕由於在宋人所撰的史書中，均未提及此二事，因此《遼史》所言二事頗令人質疑，但是假如此二項記載屬實，則顯示出當時宋遼兩國都曾經試圖向對方表示通和之意，只是在此之前，兩國歷經長期的戰爭與隔閡，對於對方都還存有不信任感，因此在此時仍然未能進行議和，但是至少為後來宋遼和議以及和平外交的建立埋下了伏筆。

過三年，即至道三年（遼聖宗統和十五年，九九七年）三月，宋太宗死，由皇太子趙恒繼位，是為宋真宗。不久，即有大臣針對與遼通好的問題向宋

〔註11〕同註9，頁22。

〔註12〕脫脫，《宋史》（台北：鼎文書局，民國67年9月），卷277，列傳第36，韓國華，頁9443。

〔註13〕《長編》，卷34，宋太宗淳化四年十一月己未條，頁13。

〔註14〕脫脫，《遼史》（台北：鼎文書局，民國64年10月），卷13，本紀第13，聖宗4，頁145。

真宗提出建言。例如在該年「九月壬午（二十日），刑部員外郎馬亮上疏，言：『陛下初政，……契丹仍歲內侵，河、朔蕭然，請修好以息邊民。』」〔註15〕同年「十二月甲寅（二十三日），初，刑部郎中知揚州王禹偁準詔上疏言五事。其一曰：『謹邊防通盟好，使輦運之民有所休息。……臣愚以爲陛下嗣位之始，當順人心，宜敕疆吏致書敵臣，使達北庭，請尋舊好。……。』」〔註16〕另外在咸平二年（遼聖宗統和十七年，九九九年）三月「癸亥（十日），京西轉運副使太常博士直史館朱台符上言：『……臣愚以爲，宜以此時，赦契丹之罪，擇有文武才略，習知邊境，辨說之士，一介之使，以嗣位服除，禮當修好鄰國，往告諭之。彼十年以來，不復犯塞，以臣料之，力有不足，志欲歸嚮，而未得其間也。今若垂天覆之仁，假來王之便，必歡悅慕義，遣使朝貢。因與之湔棄前惡，復尋舊盟，利以貨財，許以關市，如太祖故事，結之以恩，彼必思之。兩國既和，則無北顧之憂，可以專力西鄙，繼遷當自革心而束手，是一舉而兩獲也。……。』」〔註17〕至同年四月「丙子（二十四日），主客郎中知虢州謝泌上疏，曰：『臣竊謂：聖心所切者，欲天下朝夕太平耳。唐姚崇獻明皇，啓太平凡十事。雍熙末，趙普嘗錄以獻。俄命普復入相，于時天下之人，皆以爲致太平之策，無出於此。尋而普病，又北狄擾邊，所以因循未行其一事。今北狄已息，繼遷請命，則太平十事，正可以行於今日矣。臣以爲先帝未盡行者，俟陛下爲之耳。陛下自臨大寶，不加兵於戎狄，使西北蕭然。加以風雨時序，民安土著，則太平之象，復何遠矣？……。』」〔註18〕

筆者特引此四則史料，是認爲當時大臣提出與遼議和訂盟的建議，對於初即位的宋真宗在思考對遼的策略上應是有所影響。尤其是此四則大臣的建言是直接向宋真宗提出與遼通好的意見，這與前文所提宋太宗時期大臣的建言有些不同，因爲我們可發現太宗朝的大臣是把與遼通好的建言夾雜在備邊禦遼的策略當中，似乎比較不敢直接或單一的提出與遼通好的建言，雖然當時已值太宗晚年，其對遼的態度也已有些改變，但是畢竟他原先是個一意主戰的皇帝，大臣們不敢奢望他會有太大的改變。而宋真宗則不一樣，他是新即位的年輕皇帝，比較沒有沉重的歷史包袱，他可以比較放手的開創新局。而且，其本人對於宋太宗在晚年對遼的態度從主戰轉爲願和，也應已有相當

〔註15〕 《長編》，卷42，宋太宗至道三年九月壬午條，頁5。
〔註16〕 《長編》，卷42，宋太宗至道三年十二月甲寅條，頁16。
〔註17〕 《長編》，卷44，宋真宗咸平二年三月癸亥條，頁2～5。
〔註18〕 《長編》，卷44，宋真宗咸平二年四月丙子條，頁12～13。

的體認，因此大臣直接針對與遼通好的策略提出建言，必然會促使他認真地思考與遼進行和平外交的可行性，以及爲天下蒼生百姓著想進行所該做的事。例如《長編》卷 44 記載，說：「咸平二年五月乙巳（二十四日），（宋眞宗）幸曹彬第問疾，賜白金萬兩。先是，知雄州何承矩奏敵謀寇邊。上以問彬，對曰：『太祖英武定天下，猶委孫全興經營和好。陛下初登極時，承矩嘗發書道意，臣料北鄙終復成和好。』上曰：『此事朕當屈節爲天下蒼生。然須執綱紀，存大體，即久遠之利也。』」〔註 19〕可見宋眞宗即位之後，其本人即有與遼進行和平交往的心意，但是他也認爲此事必須好好地規劃，使其成爲制度化，才能使兩國的和平外交行之長久。

三、宋眞宗在訂盟期間對與遼建立和平外交的心意

　　雖然有如前文所論述，宋眞宗在即位初期即有與遼進行和平外交的心意，但是從宋太宗至道三年（遼聖宗統和十五年，九九七年），其繼位爲皇帝，至景德元年（遼聖宗統和二十二年，一〇〇四年），這七、八年間，宋遼兩國還是屢有戰爭，並無進行和平外交談判的可能。直至景德元年十二月，雙方終於簽訂了澶淵盟約，展開日後兩國長期的和平外交。筆者認爲這當中雖然是許多人與事的契合，才能完成此一歷史性的任務，但是其中有一人，即是投降於遼的宋將王繼忠，其在此次訂盟的過程，扮演居中協調、傳達訊息的角色，是值得我們注意的。〔註 20〕因此筆者在本節中擬就宋眞宗對王繼忠的詔示，以及其與朝臣的對話，來論述宋眞宗在訂盟期間對與遼建立和平外交的心意。

　　首先據《遼史》〈王繼忠傳〉，說：「王繼忠，不知何郡人，仕宋爲鄆州刺史殿前都虞侯，統和二十一年，宋遣繼忠屯定之望都，以輕騎覘我軍，遇南

〔註 19〕　《長編》，卷 44，宋眞宗咸平二年五月乙巳條，頁 15。
〔註 20〕　王繼忠在宋遼訂立澶淵盟約過程中所作的努力與貢獻，在宋遼時期也頗受肯定，例如葉夢得《石林燕語》，說：「王繼忠，眞宗藩邸舊臣，後爲高陽關部轄。咸平中，與契丹戰沒，契丹得之不殺，喜其辯慧，稍見親用，朝廷不知其尚存也。及景德入寇，繼忠從行，乃使通奏，先尋欲和之意，朝廷始知其不死，辛因其說以成澶淵之盟。繼忠是時于兩間用力甚多，故契丹不疑。眞宗亦錄其妻子，歲時待之甚厚。後改姓耶律，封王，辛于契丹，而子孫在中朝官者，亦甚眾。至今京師號"陷蕃王太尉"家。」（葉夢得，《石林燕語》（北京：中華書局，1984 年 7 月），收錄於《唐宋史料筆記叢刊》，卷 10，頁 147～148。）另可參閱何天明，〈澶淵議和與王繼忠〉，《內蒙古社會科學》，第 3 期（2002 年），頁 46～48。

府宰相耶律奴瓜等，獲之。太后知其賢，授戶部使，以康默記族女女之，繼忠亦自激昂，事必盡力，宋以繼忠先朝舊臣，每遣使必有附賜，聖宗許受之。」〔註21〕顯然宋將王繼忠雖爲遼軍所俘，但是卻頗受遼朝廷的信任與重用，成爲促成宋遼澶淵盟約的關鍵人物。因此《長編》卷57，說：「初，殿前都虞侯雲州觀察使王繼忠戰敗，爲敵所獲，即授以官，稍親信之，繼忠乘間言和好之利。」〔註22〕

至於王繼忠如何向遼太后與遼聖宗「言和好之利」呢？據王曾《王文正公筆錄》卷1，說：「……及我師敗績，（王）繼忠遂爲契丹所獲，因授以官爵，爲其昏娶，大加委用。繼忠亦悉心勤職，由是漸被親任。乃從容進說，曰：『竊觀契丹與南朝爲仇敵，每歲賦車籍馬，國內騷然，未見其利，孰若馳一介尋舊盟，結好息民，休兵解甲，爲彼此之計，無出此者。』」〔註23〕而當「時契丹母老，有厭兵意，雖大舉深入，然亦納繼忠說。於是遣小校李興等四人持信箭以繼忠書詣莫州部署石普，且致密奏一封，願速達闕下，詞甚懇激。興等言：『契丹主與母召至車帳前，面授此書，戒令速至莫州，送石帥，獲報簡即馳以還。』」〔註24〕當天石普即「遣使齎其奏至」。〔註25〕據《長編》卷57，提到王繼忠的奏言，說：「……北朝以臣早事宮庭，嘗荷邊寄，被以殊寵，列于諸臣。臣嘗念昔歲面辭，親奉德音，唯以息民止戈爲事，況北朝欽聞聖德，願修舊好，必冀睿慈，俯從愚瞽。」〔註26〕當時有傳聞王繼忠戰死，據《玉壺清話》說：「上聞之甚嗟悼，皆謂即沒。景德初，戎人乞和，繼忠與有力焉，朝廷方知其存。」〔註27〕顯然宋朝廷對於王繼忠的生或死，曾有一段時間無法明確掌握。因此宋眞宗閱完王繼忠的奏言之後，「謂輔臣曰：『朕念往昔全盛之世，亦以和戎爲利，朕初即位，呂端等建議，欲因太宗上僊，命使告訃。次則何承矩請因轉戰之後，達意邊臣。朕以爲誠未交通，不可強致。……此

〔註21〕《遼史》，卷81，列傳第11，王繼忠，頁1284。

〔註22〕《長編》，卷57，宋眞宗景德元年閏九月乙亥條，頁15。另見彭百川，《太平治蹟統類》（台北：成文出版社，民國五十五年四月），卷4，〈眞宗澶淵通好〉，頁33；葉隆禮，《契丹國志》，收錄於《遼史彙編》（七）（台北：鼎文書局，民國六十二年十月），卷7，聖宗紀，頁59。

〔註23〕王曾，《王文正公筆錄》，收錄於《宋代筆記小說》（石家莊：河北教育出版社，1995年2月），頁1。

〔註24〕同註22。

〔註25〕同註22。

〔註26〕同註22。

〔註27〕釋文瑩，《玉壺清話》，收錄於《唐宋史料筆記叢刊》，卷4，頁38。

奏雖至要，未可信也。』」〔註28〕可見宋真宗本人的心意也是願意與遼交好，但是其認為僅是初次書狀的表示，仍然未能顯現出遼國願意與宋交好的誠意，因此仍有待觀察。雖然朝臣「畢士安等曰：『近歲契丹歸款者，皆言國中畏陛下神武，本朝雄富，常懼一旦舉兵復幽州，故深入為寇。今既兵鋒屢挫，又恥於自退，故因繼忠以請，諒亦非妄。』」〔註29〕顯然有些大臣認為遼國頗有請和之意，但是實際上宋真宗另有其考量，因此「曰：『卿等所言，但知其一，未知其二。彼以無成請盟，固其宜也。然得請之後，必有邀求，若屈己安民，特遣使命，遺之貨財，斯可也。所慮者，關南之地，曾屬彼方，以是為辭，則必須絕議。朕當治兵誓眾，躬行討擊耳。』」〔註30〕從宋真宗此段話，使我們可以進一步知道宋真宗對於宋遼和平外交的建立，假如委屈自己，並且予以財物，而能安定百姓的話，他是可以接受的。但是他所耽心的是，遼國趁此議和機會提出索回關南之地的要求，則議和必須立即停止，甚至於兵鋒相向，他也在所不惜。因此對於王繼忠請和的建議，宋真宗認為必須要再有更進一步明確與誠意的表示，「遂以手詔令石普付（李）興等賜王繼忠，曰：『朕丕承大寶，撫育羣民，常思息戰以安人，豈欲窮兵而黷武？今覽封疏，深嘉懇誠。朕富有寰區，為人父母，儻諧偃革，亦協素懷。詔到日，卿可密達茲意，共議事宜，果有審實之言，即附邊臣聞奏。』」〔註31〕

王繼忠得宋真宗的手詔之後，「即具奏附石普以聞，言：『契丹已領兵攻圍瀛州，蓋關南乃其舊疆，恐難固守，乞早遣使議和好。』」〔註32〕因此宋真宗「覽其奏，謂輔臣曰：『瀛州素有備，非所憂也。欲先遣使，固亦無損。』乃復賜繼忠手詔許焉。」〔註33〕可見宋真宗對於與遼建立和平外交的心意相當誠懇，因此即使由宋朝廷先派使節前往遼國議和，他也願意配合。當時宋朝廷「授（曹）利用閤門祇候，假崇儀副使，奉契丹主書以往。又賜繼忠手詔」。〔註34〕但是此時宋遼兩國對於對方仍是持著不太信任的態度，因此當「曹

〔註28〕同註22，頁16。另見《太平治蹟統類》，卷4，〈真宗澶淵通好〉，頁33；葉隆禮，《契丹國志》，卷7，聖宗紀，頁60；《宋會要輯稿》，卷5257，蕃夷1，契丹，頁28～29。
〔註29〕同註22，頁16。
〔註30〕同註22，頁16。
〔註31〕同註22，頁16。
〔註32〕《長編》，卷58，宋真宗景德元年十月乙巳條，頁5。
〔註33〕《長編》，卷58，宋真宗景德元年十月丙午條，頁5。
〔註34〕註同前。

利用至天雄，孫全照疑契丹不誠，勸王欽若留之。契丹既數失利，復令王繼忠具奏求和好，且言北朝頓兵，不敢劫掠，以待王人。繼忠又與葛霸等書，令速達此奏。是夕，奏入，上因賜繼忠手詔，言已遣利用。又以手詔促利用往，并付繼忠使告契丹，遣人自抵天雄迎援之。繼忠尋亦聞利用留天雄不行，復具奏請自澶州別遣使者至北朝，免至緩誤。……上前賜王繼忠詔，許遣使，繼忠復具奏附石普以達。普自貝州遣指使散直張皓持詣行闕，道出敵寨，爲所得。契丹主及其母引皓至車帳前，問勞久之，因令抵天雄，以詔促曹利用，王欽若等疑不敢遣，皓獨還，契丹主及其母賜皓袍帶，館設加等，使繼忠具奏。且請自澶州別遣使，速議和好事。於是皓以其奏入，上復賜欽若詔，又令參知政事王旦與欽若手書，俾皓持赴天雄，督利用同北去，并以詔諭繼忠。」〔註35〕從這一曲折的過程，可知宋眞宗確實有誠意與遼建立起和平的外交關係，但是對於該如何應付遼議和的態度，宋眞宗對朝臣有進一步的指示，「曰：『彼雖有善意，國家以安民息戰爲念，固許之矣。然彼尙率眾兵深入吾土，又河冰且合，戎馬可渡，亦宜過爲之防。朕已決成算，親勵全師。若盟約之際，別有邀求，當決一戰，翦滅此寇。上天景靈，諒必助順。可再督諸將帥，整飭戎容，以便宜從事。』」〔註36〕不久，遼太后所派的使臣韓杞帶著國書至宋廷，其國書果然有「以關南故地爲請。上（宋眞宗）謂輔臣曰：『吾固慮此，今果然，唯將奈何？』輔臣等請答其書，言：『關南故地，久屬朝廷，不可擬議。或歲給金帛，助其軍費，以固懽盟。惟陛下裁度。』上曰：『朕守祖宗基業，不敢失墜。所言歸地事，極無名。必若邀求，朕當決戰爾。實念河北居人，重有勞擾。儻歲以金帛，濟其不足，朝廷之體，固亦無傷。答其書不必具言，但令曹利用與韓杞口述茲事可也。』」〔註37〕宋眞宗這一段話，可謂更明確表示其與遼建立和平外交的底限，也就是可以每年提供一些金帛，以換取和平，至於要商議歸還關南故地，是絕對不可能的。

當時曹利用就是根據宋眞宗此一原則，再度出使遼國，在臨行之前，「面請歲賂金帛之數，上（宋眞宗）曰：『必不得已，雖百萬亦可。』利用辭去，寇準召至幄次。語之曰：『雖有敕旨，汝往，所許不得過三十萬。過三十萬，勿來見準，準將斬汝。』利用果以三十萬成約而還。入見行宮，上方進食，

〔註35〕《長編》，卷58，宋眞宗景德元年十一月庚午條、甲戌條，頁9～11。
〔註36〕《長編》，卷58，宋眞宗景德元年十一月甲戌條，頁11。
〔註37〕《長編》，卷58，宋眞宗景德元年十二月庚辰條，頁13。

未即對，使內侍問所賂。利用曰：『此機事，當面奏。』上復使問之，曰『姑言其略。』利用終不肯言，而以三指加頰。內侍入曰：『三指加頰，豈非三百萬乎？』上失聲曰：『太多。』既而曰：『姑了事，亦可耳。』宮帷淺迫，利用具聞其語。及對，上亟問之。利用再三稱罪，曰：『臣許之銀絹過多。』上曰：『幾何？』曰：『三十萬。』上不覺喜甚，故利用被賞特厚。」〔註 38〕根據此段史實的敘述，我們又可進一步知道宋眞宗爲了換取和平，以期息戰安民，其所願意給遼銀絹的最高上限是多少，即使是三百萬，其也勉強可以接受，但是曹利用卻只以三十萬即達成協議，因此宋眞宗非常欣喜。另外，據《長編》卷 58，說：「既而曹利用與韓杞至行在議和，（寇）準初欲勿許，且畫策以進，曰：『如此，可保百年無事，不然，數十歲後，戎且生心矣。』上（宋眞宗）曰：『數十歲後，當有能扞禦之者。吾不忍生靈重困，姑聽其和也。』」〔註 39〕從此一段記載，也可讓我們知道當時宋眞宗確實是爲了不忍心百姓繼續遭受戰爭之苦，因此頗有眞心要與遼建立起和平的外交。

四、宋眞宗在與遼訂盟後對兩國和平外交的維護

宋遼澶淵盟約既然簽訂完成，從此兩國朝廷當然也就都必須遵守盟約中的各項約定。〔註 40〕而當筆者在查閱此一方面的相關史料時，發現身爲宋國

〔註 38〕 《長編》，卷 58，宋眞宗景德元年十二月丁亥條，頁 17～18。另見王稱，《東都事略》（台北：文海出版社，民國六十八年七月），卷 50，列傳 33，曹利用，頁 1；《太平治蹟統類》，卷 4，〈眞宗澶淵通好〉，頁 39～40。

〔註 39〕 《長編》，卷 58，宋眞宗景德元年十二月戊戌條，頁 21～22。

〔註 40〕 宋遼兩國澶淵盟約誓書內容，據《長編》卷 58 記載：「惟景德元年歲次甲辰，十二月庚辰，朔七日丙戌，大宋皇帝謹致誓書於大契丹皇帝闕下：共遵成信，虔奉歡盟，以風土之宜，助軍旅之費，每歲以絹二十萬匹，銀一十萬兩，更不差臣專往北朝，只令三司差人般送至雄州交割。沿邊州軍各守疆界，兩地人戶，不得交侵。或有盜賊逋逃，彼此無令停匿。至於隴畝稼穡，南北勿縱驚騷。所有兩朝城池，並可依舊存守，淘壕完葺，一切如常，即不得創築城隍，開拔河道。誓書之外，各無所求。必務協同，庶存悠久。自此保安黎獻，慎守封陲。質於天地神祇，告於宗廟社稷，子孫共守，傳之無窮。有渝此盟，不克享國。昭昭天監，當共殛之。遠具披陳，專俟報復，不宣。謹白。維統和二十年歲次甲辰，十二月庚辰朔，十二日辛卯，大契丹皇帝謹致誓書於大宋皇帝闕下：共議戢兵，復論通好，兼承惠顧，特示誓書云：以風土之宜，助軍旅之費，每歲以絹二十萬匹，銀一十萬兩，不差使臣，專往北朝，只令三司差人般送至雄州交割。沿邊州軍各守疆界，兩地人戶，不得交侵。或有盜賊逋逃，彼此無令停匿。至於隴畝稼穡，南北勿縱驚騷。所有兩朝城池，並可依舊存守，淘壕完葺，一切如常，即不得創築城隍，開拔河道。誓書之

皇帝的宋眞宗，在維護盟約的工作上所做的種種努力，頗值得我們予以注意，例如有時大臣的建議或請求，將會違背盟約的約定時，宋眞宗即予以糾正；有時大臣處事疏忽或不察，將會對宋遼和平外交造成不良的影響時，宋眞宗即予以提醒；又有時大臣有比較激進的言論，宋眞宗即會予以勸導。筆者相信宋眞宗這種誠摯的表現，對於訂盟初期的宋遼和平外交情誼，應是有穩定的作用，而且對於兩國長期和平外交的維持和延續，也一定有正面的影響。因此筆者仔細閱讀《長編》之後，特別將宋眞宗此類的訓示與心意，分別列舉事例如下：

（一）大臣有違背誓約的請示，即不予許可——例如《長編》卷59，說：

景德二年（遼聖宗統和二十三年，一〇〇五年）正月庚申（十一日），岢嵐軍請修舊方田，火山軍請築月隄，上（宋眞宗）以違契丹誓約，不許。〔註41〕

（二）贊同邊將謹守誓約——例如《長編》卷59，說：

景德二年二月甲辰（二十六日），徙瀛州團練使李延渥知邢州，西上閤門副使知雄州李允則知瀛州，引進使華州團練使何承矩知雄州。允則言：「朝廷不欲困軍民，故屈己議和。雖國費甚多，較之用兵，其利固不侔也。但擇邊將，謹守誓約。有言和好非利者，請一切斥去。」上曰：「茲朕意也，邊將皆如是，朕豈復有北顧之憂乎？」〔註42〕

（三）嘉賞大臣提出與民休息的言論——例如《長編》卷59，說：

太子太師呂蒙正請歸西京養疾。詔許之。（景德二年二月）丁未（二十九日），召見，聽肩輿至殿門外，命二子光祿寺丞從簡、校書郎知簡扶以升殿，勞問累刻。因言：「北戎請和，從古以爲上策。今先啓誠意，繼好息民，天下無事，惟願以百姓爲念。」上甚嘉賞之，其二子皆遷官。〔註43〕

同卷，又說：

外，各無所求。必務協同，庶存悠久。自此保安黎獻，慎守封陲。質於天地神祇，告於宗廟社稷，子孫共守，傳之無窮。有渝此盟，不克享國。昭昭天監，當共殛之。孤雖不才，敢遵此約。謹當告於天地，誓之子孫，苟渝此盟，神明是殛，專具諮述，不宣。謹白。」（宋眞宗景德元年十二月辛丑條，頁22～23）筆者特引錄於此，以供讀者參考。

〔註41〕《長編》，卷59，宋眞宗景德二年正月庚申條，頁4。
〔註42〕《長編》，卷59，宋眞宗景德二年二月甲辰條，頁12。
〔註43〕《長編》，卷59，宋眞宗景德二年二月丁未條，頁12。

景德二年三月丙寅（十八日），以殿直知雄州機宜司趙延祚爲侍禁雄州北關城巡檢，賜白金三百兩。延祚，州之大姓。自太宗朝，嘗出家財交結彼處豪傑，得其動靜，即具白州將，因授官任。於是年七十餘，召赴闕，詢以邊事。且言：「今之修和北戎，先啓誠意，國家勧守恩信，理必長久。」〔註44〕

（四）尊重遼國禮俗，以免影響外交情誼──例如《長編》卷60，說：

景德二年五月，初，命內侍右班副都知閣承翰排辦禮信，議者欲以漢衣冠賜契丹使者。承翰曰：「南北異宜，各從其土俗，可也。」，上從承翰所議。承翰又請徙在京渤海、契丹諸營於外。上曰：「南北通好，重勞人也。遽此煩擾，則非吾意。」不許。〔註45〕

又例如《長編》卷61，說：

景德二年十一月癸酉（二十九日），契丹國母遣使左金吾衛上將軍耶律留寧，副使崇祿卿劉經，國主遣使左武衛上將軍耶律烏延，副使衛尉卿張肅來賀承天節。對于崇政殿，留寧等將見，館伴使李宗諤引令式，不許佩刀至上閤門，留寧等欣然解之。上聞之曰：「戎人佩刀，是其常禮，不須禁以令式。」即傳詔，聽自便。留寧等感悅，謂宗諤曰：「聖人推心置人腹中，是以示信邇邇也。」又舊制舍利從人惟上等入見，自餘拜於殿門之外，上悉許令入見。節日上壽，班在諸上將軍之下，大將軍之上。〔註46〕

（五）不生是非，避免予遼口實──例如《長編》卷63，說：

景德三年（遼聖宗統和二十四年，一○○六年）八月丁亥（十七日），上封者言：「契丹國主取十月於幽州受冊，宜因輦運邊儲，以兵數千，聲言援送，且爲守寨之備。」上曰：「若此則自生事。」不許。〔註47〕

《長編》卷67，說：

景德四年十二月，邊臣嘗有奏請招市戰馬者，上顧左右曰：「今蕃落

〔註44〕《長編》，卷59，宋眞宗景德二年三月丙寅條，頁15。
〔註45〕《長編》，卷60，宋眞宗景德二年五月條，頁10。關於宋眞宗採納閣承翰尊重遼國禮俗的建議，《王文正公筆錄》也有如下的敘述，其說：「內侍都知閣承翰質直強幹，景德初，契丹方睦于我，聘使往來凡百，供饋賜與程式未定，俾承翰專掌其事。執政間有欲以漢衣冠賜彼來使者，承翰以爲不可，曰：『南北異宜，請各從其土俗而已。』上（宋眞宗）以承翰所議爲定。」（頁3）
〔註46〕《長編》，卷61，宋眞宗景德二年十一月癸酉條，頁17。
〔註47〕《長編》，卷63，宋眞宗景德三年八月丁亥條，頁19。

安輯，久通互市，何忽招之？且畜馬太多，費用尤廣。契丹請和，今已三載。河朔生靈，粗爾蘇息，撫御四方，當務遠略。苟止信淺識，爲國生事，則害滋甚矣。」〔註48〕

又例如《長編》卷69，說：

大中祥符元年（遼聖宗統和二十六年，一○○八年）八月癸丑（二十五日），河東轉運司言：「偵得契丹點集兵馬，邊民頗懼，望增屯兵。」上曰：「近北面亦言，戎人聞國家東封，調發輦運，慮因行討伐，率眾堅壁，以打圍爲名，巡邏境上。且朝廷自與之修好，固無釁隙。若聞其疑擾，即驟益防兵，彼必愈致猜慮。」乃詔邊臣，率如常制，無得生事。〔註49〕

(六) 相信遼國也必能遵守盟約——例如《長編》卷64，說：

景德三年十月癸未（十四日），河北轉運使盧琰言：「契丹諸族酋長欲緣界河放獵，及借西山草地打圍。」上曰：「契丹誓約甚明，未嘗踰越，此必傳者誤耳。」乃詔緣邊州，如果有此，則移牒北境，請依誓約。既而邊表言：「諸族出畋，屢遣人誡部下，無得越境，今已北去。」〔註50〕

《長編》卷68，說：

大中祥符元年四月甲寅（二十四日），并代副部署石普言：「契丹雖與朝廷和好，而私署唐龍鎮來懷正官，信使不絕，漸違誓約，潛有侵軼，望令邊塞設備。」上曰：「修好累年，北鄙宵靜，不當自爲猜慮。普止聞流言，不知國家大體耳。」〔註51〕

又例如《長編》卷73，說：

大中祥符三年（遼聖宗統和二十八年，一○一○年）年正月丁巳（七日），邊臣奏：「韓德讓死。」上曰：「德讓頗有智謀，專任國事。今既喪國母，德讓又死，臣佐中未聞有其比者。」王欽若曰：「國主懦弱，自今恐不能堅守和好。」上曰：「朝廷始終待以誠信，彼之部族，亦當順從也。」〔註52〕

〔註48〕《長編》，卷67，宋眞宗景德四年十二月戊午條，頁18。
〔註49〕《長編》，卷69，宋眞宗大中祥符元年八月癸丑條，頁13～14。
〔註50〕《長編》，卷64，宋眞宗景德三年十月癸未條，頁5。
〔註51〕《長編》，卷68，宋眞宗大中祥符元年四月甲寅條，頁16。
〔註52〕《長編》，卷73，宋眞宗大中祥符三年正月丁巳條，頁1。

（七）要求使遼大臣要「謹重寡言」、「謹禮容」——例如《長編》卷 64，
說：

景德三年十一月，詔入契丹使從人不過百人。上以使臣奉命外境，
慮其事體不一，每遣使，即詔有司，諭以近例，俾其遵守，無輒改
易。其書題有文詞者，皆樞密院送學士院看詳，必中禮乃用之。閻
承翰等言：「朝廷遣賜契丹國信，其使副隨從兵士，已差馬軍員寮一
人部轄，望更令使臣同共管句。」上曰：「若更差使臣，則本國恐難
爲禮，但令增差軍員。」上又謂輔臣曰：「使契丹者，要在謹重寡言，
委之達王命而已。且朝廷用人，不可求備，凡遣使者，朕每戒諭，
當謹禮容。蓋中朝禮法所出，將命出疆，眾所瞻仰。稍復違失，即
致嗤誚。況彼所遣使來奉中朝，皆能謹恪邪？自今遣使，卿等宜各
以朕意曉之。」〔註53〕

（八）增加雙方使節互動機會——例如《長編》卷67，說：

景德四年（遼聖宗統和二十五年，一〇〇七年）十一月辛卯（二十
八日），契丹遣使左領軍衛上將軍耶律元，昭德節度使耶律諧里，副
使左威衛大將軍李琮，殿中少監李操，來賀承天節。蕃俗最重食塔
爾布斯，發土得之，唯以供主母。至是，使者挈數頭至，飲羊乳，
遂令庖人造蕃食以獻，上許進入，擇其味佳者，再索之。使感悅。
接伴契丹使王曙等言：「臣嘗奉使北朝，羣臣每見，競來趨揖，問本
朝羣臣曾至其國者，動靜安否。臣察其情無猜阻，即一一實對。今
北朝使至，羣臣中有曾使契丹者，亦乞諭令與北使交接，問其動靜
安否，庶幾得其歡心。」從之。〔註54〕

（九）澄清與遼和平交往，但亦不廢軍事——例如《長編》卷67，說：

景德四年十二月戊午（二十六日），契丹遣使左威衛上將軍蕭留甯，
彰武節度使耶律信甯，副使崇祿少卿邢詳，右威衛大將軍耶律遂正
來賀明年正旦。上謂輔臣曰：「比者，武將戎臣多言與契丹和不便。」
王旦曰：「儒臣中亦有此論，然國家與契丹和，三年于茲矣。計其不
勞干戈，不費財用之外，河朔人民，頓息飛輓。」上曰：「議者或謂：
敵伺河朔豐實乃動耳。」馮拯曰：「邊方不甯，武臣幸之，以爲利。」

〔註53〕 《長編》，卷64，宋眞宗景德三年十一月丙午條，頁8～9。
〔註54〕 《長編》，卷67，宋眞宗景德四年十一月辛卯條，頁13。

上曰：「國家雖懷柔示信，亦不廢戎事，彼亦安敢渝盟，但當清淨致治，以安吾民也。」〔註55〕

（十）稱讚遼能遵守誓約——例如《長編》卷69，說：

大中祥符元年六月甲午（五日），命都官員外郎孫奭至契丹境上，告以將有事于泰山。時議東封，六師必須從行，恐契丹不察，妄生猜慮，欲遣使諭意。上曰：「朝廷每遣使往，彼有接伴館設之勞，但命奭于境上，以書信達之可也。」既而，契丹報云：「中國自行大禮，何煩告諭，其禮物慮違誓文，不敢輒受。」上曰：「異域常能固守信誓，良可嘉也。」〔註56〕

（十一）糾正大臣失察言論——例如《長編》卷72，說：

大中祥符二年（遼聖宗統和二十七年，一○○九年）十月癸未（二日），雄州奏：「契丹改築新城。」上謂輔臣曰：「景德誓書，有無創修城池之約，今此何也？」陳堯叟曰：「彼先違誓修城，亦此之利也。」上曰：「豈若遺利而敦信呼？且以此爲始，是當有漸，宜令邊臣詰其違約，止之。則撫馭遠俗，不失其歡心矣。」〔註57〕

又例如《長編》卷73，說：

大中祥符三年二月戊子（八日），契丹主闇弱，自其母及韓德讓相繼死，其弟隆慶尤桀黠，眾心附之。言事者謂：「因遣使特加恩隆慶。」上曰：「柔遠之道，務存大體。正當講信修睦，使之和協，如其不法，豈宜更加禮耶？」〔註58〕

（十二）要求邊將儘早提醒遼國不能違約——例如《長編》卷78，說：

大中祥符五年（遼聖宗開泰元年，一○一二年）七月，知雄州李允則言：「契丹議築武清、安次、涿郡州城。」上曰：「是正違誓約，若俟其興功而言，則必恥於中輟。」乃詔允則，因使北境者諭之。既而允則言：「彼國聞命，即罷其役。」〔註59〕

（十三）蕭太后死，隆重致哀——據《長編》卷72，說：

大中祥符二年十二月癸卯（二十三日），契丹國母蕭氏卒，年五十七，

〔註55〕《長編》，卷67，宋眞宗景德四年十二月戊午條，頁18。
〔註56〕《長編》，卷69，宋眞宗大中祥符元年六月甲午條，頁6。
〔註57〕《長編》，卷72，宋眞宗大中祥符二年十月癸未條，頁12。
〔註58〕《長編》，卷73，宋眞宗大中祥符三年二月戊子條，頁4。
〔註59〕《長編》，卷78，宋眞宗大中祥符五年七月壬申條，頁6。

謚曰宣獻。契丹主哭必嘔血，遣天平節度使耶律信寧，馳騎來告。
涿州先牒雄州，雄州以聞。甲辰（二十四日），詔廢朝七日，令禮官
詳定服制，內出開寶禮，爲蕃國發哀儀，下輔臣使參擇而行。復命
太常博士直史館王隨，內殿承制閤門祇候郭允恭爲祭奠使。太常博
士判三司催欠憑由司王曙，供奉閤門祇候王承瑾爲弔慰使。贈以衣
五襲，綾羅帛萬疋。乙巳（二十五日），賀正使耶律圖嚕庫初入見，
既還館，令客省使曹利用以涿州牒示之。……戊申（二十八日），告
哀使耶律信寧至，閤門使受書進內，詔圖嚕庫等就開寶寺設位奠哭。
中書、門下、樞密院、三司使、學士知制誥已上，詣都亭驛弔之。
己酉（二十九日），上於內東門制服發哀，召信寧入內，親加卹問，
羣臣進名奉慰。〔註60〕

從以上所列舉有關宋眞宗努力維護宋遼兩國和平外交的心意和言行訓
示，我們可以感受到宋眞宗對此一工作確實非常用心，甚至於在其死前，還
留有「遺旨曰：『兩朝歡好，務以息民，繼及子孫。』」〔註61〕此一遺旨所言，
筆者認爲應是宋眞宗爲天下蒼生致力於維護宋遼和平外交最明顯的印證。

五、結論

綜上所論，我們可知宋眞宗自從即位之後，即頗有與遼建立起和平外交
的心意，其背景固然與可專力對付西夏有關，〔註62〕以及受到宋太宗晚年對
遼從主戰轉變爲願和的影響，但是筆者認爲宋眞宗此種心意的形成，與爲了
消弭戰爭，使天下蒼生百姓得以休養生息，也有很大的關係。因此誠如前文
一再提到宋眞宗這種心意的言論—「此事（指與遼和好）朕當屈節爲天下蒼
生」、「朕念往昔全盛之世，亦以和戎爲利」、「若屈己安民，特遣使命遺之貨

〔註60〕《長編》，卷72，宋眞宗大中祥符二年十二月癸卯條、甲辰條、乙巳條、戊申
　　　　條、己酉條，頁21。
〔註61〕《長編》，卷98，宋眞宗乾興元年六月丁巳條，頁13。
〔註62〕按，當時宋國同時受到遼和西夏的威脅，因此在宋太宗至道三年（遼聖宗統
　　　　和十七年，997年）十二月，有刑部郎中知揚州王禹偁向剛即位的宋眞宗上疏，
　　　　說：「……方今北有契丹，西有繼遷，雖不犯邊，戍兵豈能削減？……」（《長
　　　　編》，卷42，宋太宗至道三年十二月甲寅條，頁16）至宋眞宗咸平二年（遼
　　　　聖宗統和十七年，999年）三月，又有京西轉運使太常博士直史館朱台符上言，
　　　　提到宋遼「兩國既和，則無北顧之憂，可以專力西鄙」（《長編》，卷44，宋眞
　　　　宗咸平二年三月癸亥條，頁3）可見宋眞宗想與遼建立和平外交的心意，其中
　　　　一項原因，應與可專力對付西夏有關。

財，可也」、「朕丕承大寶，撫育羣民，常思息戰以安人，豈欲窮兵而黷武」、「彼雖有善意，國家以安民息戰爲念，固許之矣」、「吾不忍生靈重困，姑聽其和也」。就是因爲宋眞宗有這種心意，因此當遼聖宗與承天太后透過王繼忠來請議和時，宋眞宗即顯示出高度的誠意，並且願意「歲以金帛，濟其不足」，〔註63〕以換取雙方的和平。筆者認爲宋眞宗此種「安民息戰」的心意，應該也是促成宋遼能建立起和平外交的主要原因之一，其貢獻和意義足以得到肯定。而訂盟之後，雙方如何長期地維持和平外交也是一項既重要又不容易的工作，尤其是剛訂盟之初，兩國仍在適應、配合盟約中各項的約定時，頗須要雙方以誠相待，特別是兩國皇帝赤誠的心意。因此從前文所列舉有關宋眞宗種種維護兩國和平外交的言行與訓示，我們應該可以更加感受到宋眞宗爲了維持兩國長期和平外交所做的努力與貢獻。〔註64〕

　　論述至此，筆者擬另舉宋眞宗死後，遼聖宗的反應如何，來體認宋眞宗對維護宋遼和平外交所做的努力確實沒有白費。宋眞宗死於乾興元年（遼聖宗太平二年，一〇二二年）二月十九日，當時宋仁宗繼位，即「遣內殿承制閣門祗候薛貽廓告哀契丹」。〔註65〕同月二十七日，又「遣度支副使禮部郎中薛田爲契丹遺留禮信使、供備庫副使李餘懿副之」。〔註66〕至四月十三日，「命兵部員外郎判鹽鐵勾院任中行、崇儀副使曹珦使契丹，告皇帝初登寶位也」。〔註67〕而至六月七日，當遼聖宗「聞眞宗崩，集蕃漢大臣舉哀號慟。因謂其宰相呂德懋曰：『與南朝約爲兄弟，垂二十年。忽報登遐，吾雖少兩歲，顧餘生幾何？』因復大慟」。〔註68〕遼聖宗由衷地發出此言此情，正可顯現出宋眞宗在位時，因爲其對維護兩國和平外交的努力，已經使兩國外交情誼相當深厚，而且兩國的皇帝也已如同誓約中所約定的，建立起兄弟般的友情。當時遼聖宗「又曰：『聞皇嗣尚少，恐未能通好，始末苟爲臣下所間，奈何！』及

〔註63〕同註37。
〔註64〕關於宋眞宗以「安民息戰」的心意，來建立與維護宋遼的和平，宋人多有予以肯定者，例如《邵氏聞見錄》卷3，說：「（邵）伯溫侍長老言曰：『本朝惟眞宗咸平、景德間爲盛，時北虜通和，兵革不用，家給人足。以洛中言之，民以車載酒食聲樂，游于通衢，謂之棚車鼓笛。仁宗天聖、明道初尚如此，……。』」（收錄於《宋代筆記小說》，卷3，頁6）可見當時確實因息戰而達到了安民的目的。
〔註65〕《長編》，卷98，宋眞宗乾興元年二月戊午條，頁3。
〔註66〕《長編》，卷98，宋眞宗乾興元年二月丙寅條，頁5。
〔註67〕《長編》，卷98，宋眞宗乾興元年四月壬子條，頁10。
〔註68〕《長編》，卷98，宋眞宗乾興元年六月乙巳條，頁12。

薛貽廓至，具道朝廷之意。契丹主喜，謂其妻蕭氏曰：『汝可致書大宋皇太后，使汝名傳中國。』」〔註69〕從遼聖宗此段話，我們可知遼聖宗在剛得知宋眞宗死訊時，本來很耽心與宋國好不容易建立起來的和平外交，將會隨著年少新皇帝的繼位，以及受大臣的離間而發生變化，轉爲隔閡，幸好宋使節來告，宋國新繼位的皇帝對於維護兩國和平外交的熱忱仍然不變，才使遼聖宗爲之釋懷。另外，基於兩國外交的禮儀，當時遼聖宗也特別「設眞宗靈御於范陽憫忠等寺，建道場百日。下令國中諸犯眞宗諱，悉易之。差殿前都點檢崇義節度使耶律僧隱、翰林學士工部侍郎知制誥馬貽謀來祭奠。右金吾衛上將軍耶律寧、引進使姚居信來弔慰。左金吾衛上將軍蕭日新、利州觀察使馮延休弔慰皇太后」。〔註70〕筆者舉出這些史實，即是要強調宋遼兩國和平外交的建立與維護，固然有賴兩國許多相關的人員致力促成，但是身爲宋國一國之君的宋眞宗，其對建立和平外交的心意與維護的態度，我們尤須予以肯定。而在宋眞宗死後，遼聖宗與遼朝廷對宋眞宗之死表達最深的感傷，以及在外交事務上舉行隆重的致哀禮儀，筆者認爲這正是遼國對宋眞宗致力於宋遼兩國和平外交一種感激與佩服的回應。

徵引書目

一、史料

1. 王曾，《王文正公筆錄》，收錄於《宋代筆記小說》，石家莊：河北教育出版社，1995 年。

2. 王稱，《東都事略》，台北：文海出版社，民國 68 年。

3. 李攸，《宋朝事實》，台北：文海出版社，民國 56 年。

4. 李燾，《續資治通鑑長編》，上海：古籍出版社，1986 年。

5. 邵伯溫，《邵氏聞見錄》，收錄於《宋代筆記小說》，石家莊：河北教育出版社，1995 年。

6. 徐松，《宋會要輯稿》，北京：中華書局，1997 年。

7. 脫脫，《宋史》，台北：鼎文書局，民國 67 年。

8. 脫脫，《遼史》，台北：鼎文書局，民國 64 年。

9. 彭百川，《太平治蹟統類》，台北：成文出版社，民國 55 年。

〔註69〕 註同前。
〔註70〕 同註68。

10. 葉隆禮，《契丹國志》，收錄於《遼史彙編》（七），台北：鼎文書局，民國62年。

11. 葉夢得，《石林燕語》，收錄於《唐宋史料筆記叢刊》，北京：中華書局，1984年。

12. 釋文瑩，《玉壺清話》，收錄於《唐宋史料筆記叢刊》，北京：中華書局，1984年。

二、近人著作

1. 曾瑞龍，《經略幽燕——宋遼戰爭軍事災難的戰略分析》，香港：中文大學，2003年。

2. 程光裕，《宋太宗對遼戰爭考》，台北：台灣商務印書館，民國61年。

3. 陶晉生，《宋遼關係史研究》，台北：聯經出版公司，民國73年。

4. 蔣復璁，《宋史新探》，台北：正中書局，民國64年。

5. 《澶淵之盟一千周年國際學術研討會論文集》，河南省濮陽市，2004年。

三、論文

1. 王水照，〈論北宋使遼詩的兩個問題〉，《山西師大學報》（社會科學版），第19卷，第2期，1992年。

2. 王民信，〈澶淵締盟的檢討〉，《食貨月刊》，復刊第5卷，第3期，民國64年。

3. 王民信，〈遼宋澶淵盟約締結的背景〉（上）（中）（下），《書目季刊》，第9卷，第2期、第3期、第4期，民國64、65年。

4. 王曉波，〈宋太宗對遼戰略的失誤〉，《四川大學學報》，第2期，1999年。

5. 宋常廉，〈高梁河戰役考實〉，《大陸雜誌》，第39卷，第10期，台北：民國58年。

6. 李裕民，〈宋太宗平北漢始末〉，《山西大學學報》，第2期，1982年。

7. 何天明，〈澶淵議和與王繼忠〉，《內蒙古社會學》，第3期，2002年。

8. 柳立言，〈宋遼澶淵之盟新探〉，《中央研究院歷史語言研究所集刊》，第61本，第3分，民國79年。

9. 陶玉坤，〈遼宋和盟狀態下的新對抗——關于遼宋間諜戰略的分析〉，《黑龍江民族叢刊》，第1期，1998年。

10. 陶晉生，〈宋遼間的平等外交關係：澶淵盟約的締訂及其影響〉，收錄於《宋遼關係史研究》，台北：聯經出版公司，民國73年，原刊登於《沈剛伯先生八秩榮慶論文集》，民國65年。

11. 曾瑞龍，〈宋遼高梁河戰役考論〉，《大陸雜誌》，第80卷，第3期，民國79年。

12. 張其凡，〈從高梁河之敗至雍熙北征〉，《宋初政治探研》，廣州：暨南大學出版社，1995 年。

13. 陳芳明，〈宋初弭兵論的檢討〉，《國立編譯館館刊》，第 4 卷，第 2 期，台北：國立編譯館，民國 64 年。

14. 傅樂煥，〈宋遼聘使表稿〉，收錄於《遼史彙編》（八），台北：鼎文書局，民國 62 年，原載於中央研究院《歷史語言研究所集刊》，第 14 本。

15. 傅樂煥，〈關于宋遼高梁河之戰〉，《遼史叢考》，北京：中華書局，1984 年。

16. 楊樹森，〈略論遼代軍事家耶律休哥：兼說宋兩次攻遼戰爭之敗〉，收錄於《遼金史論集》，第 1 輯，上海：上海古籍出版社，1988 年。

17. 廖隆盛，〈宋太宗的聯夷攻遼外交及其二次北伐〉，《師大歷史學報》，第 10 期，民國 71 年。

18. 漆俠，〈宋太宗第一次伐遼——高梁河之戰——宋遼戰爭研究之一〉，《河北大學學報》，第 3 期，1991 年。

19. 漆俠，〈宋太宗雍熙北伐——宋遼戰爭研究之二〉，《河北學刊》，第 2 期，1992 年。

20. 蔣武雄，〈耶律休哥與遼宋戰爭〉，《中國歷史學會史學集刊》，第 26 期，民國 83 年。

21. 蔣武雄，〈遼與北漢興亡的關係〉，《東吳歷史學報》，第 3 期，民國 86 年。

22. 蔣武雄，〈宋遼外交中的詩歌交往〉，《中國中古史研究》，第 1 期，台北：蘭台出版社，2002 年。

23. 蔣武雄，〈宋對遼用諜幾個問題的探討〉，《東吳歷史學報》，第 10 期，台北：東吳大學，民國 92 年。

24. 蔣武雄，〈宋臣在對遼外交中辱命與受罰的探討〉，《東吳歷史學報》，第 12 期，台北：東吳大學，民國 93 年。

25. 蔣復璁，〈宋真宗與澶淵之盟〉，《大陸雜誌》，第 22 卷，第 8、9、10 期，民國 50 年。

——《東吳歷史學報》第 15 期〔民國 95 年 6 月〕，頁 91～116

宋遼帝后生辰與哀喪的交聘活動
——以宋眞宗、遼承天太后、遼聖宗爲主

摘　要

　　本文的特點，在於比較詳細地論述宋眞宗、遼承天太后、遼聖宗生辰與哀喪的交聘活動情形，期使讀者能更加了解宋與遼在訂立澶淵盟約初期，雙方都能以誠摯的態度與維持和平外交的心意，進行各項的交聘活動，爲後來宋遼長期的和平關係奠定了良好的基礎。

關鍵詞：宋、遼、交聘、宋眞宗、遼承天太后、遼聖宗

一、前言

　　宋代在宋太祖、宋太宗時，即曾經與遼有過一段短暫的和平外交時期。〔註1〕及至宋眞宗景德元年（遼聖宗統和二十二年，西元一○○四年），與遼簽訂澶淵盟約之後，兩國更在長期的和平外交下，頻繁地進行交聘的活動。這些交聘活動包括賀正旦、賀帝后生辰、賀即位、賀上尊號、賀冊封、回謝、告帝后駕崩、告即位、奠祭、弔慰、送遺留物、商議與訂立盟約等。〔註2〕而根據筆者的了解，雖然也有學者對於宋遼的交聘活動進行過整理與討論，但是對於這些交聘活動的過程卻沒有加以詳細的論述。〔註3〕因此筆者擬在本文中，針對宋遼帝后生辰與哀喪的交聘活動情形，作一比較詳細的論述，以期使讀者能更加了解當時宋遼兩國對雙方和平外交關係的重視與維護。

　　但是筆者從數年前蒐集了宋遼諸位帝后生辰與哀喪交聘活動的相關史料之後，發現至宋仁宗、遼興宗時期，兩國在此方面的交聘活動大多已經成爲定制。假如要把宋遼每一位帝后生辰與哀喪的交聘活動都加以論述，則其情節將會出現重複、累贅的現象。因此筆者經過考慮，決定以宋眞宗、遼承天太后、遼聖宗爲主，依其三人生辰與死亡先後的順序，討論相關的交聘活動情形。而且此三人不僅是宋遼訂立澶淵盟約時的主政者（宋國方面爲宋眞宗，遼國方面因承天太后輔政，因此與遼聖宗同爲領導者），在他們在位期間，也正值是宋遼建立長期和平外交的開創期，因此這段時期兩國帝后生辰與哀喪的交聘活動，對於後來宋遼外交關係史的發展，具有相當大的意義和重要性。

二、宋祝賀遼承天太后生辰的交聘活動

　　由於宋眞宗景德元年與遼簽訂澶淵盟約時，遼聖宗年紀尚輕，由承天太

〔註1〕可參閱蔣武雄，〈宋滅北漢之前與遼的交聘活動〉，《東吳歷史學報》第11期（台北：東吳大學，民國93年6月），頁1～27。

〔註2〕可參閱聶崇岐，〈宋遼交聘考〉，收錄於《宋史叢考》（下）（台北：華世出版社，民國75年），頁286～287，原載於《燕京學報》第27期；黃鳳岐，〈遼宋交聘及其有關制度〉，《社會科學輯刊》1985年第2期，頁96～97。

〔註3〕例如聶崇岐，前引文，頁283～375，以及傅樂煥，〈宋遼聘使表稿〉，收錄於《遼史彙編》（八）（台北：鼎文書局，民國62年10月），頁544～623，原載於中央研究院《歷史語言研究所集刊》第14本。此二文對於宋遼交聘活動作了很好的整理與討論，但是對於交聘活動的過程，並未作詳細的論述，因此筆者在本文中擬就宋遼帝后生辰與哀喪兩項交聘活動的過程，以宋眞宗、遼承天太后、遼聖宗爲主，作一比較詳細的論述。

后蕭氏輔政，形成遼國當時有兩位領導者，因此宋朝廷每年必須分別派遣使節前往遼國祝賀其兩人的生辰。

關於遼承天太后生辰的日期，在《續資治通鑑長編》（以下簡稱《長編》）、《契丹國志》、《宋史》等相關史書中，均未見有明確的記載。只有《遼史》〈聖宗本紀〉，說：「遼聖宗統和四年（宋太宗雍熙三年，九八六年）五月庚午（三日），……（宋）輐漕數萬人匿岐溝空城中，圍之。壬申（五日），以皇太后生辰，縱還。」〔註 4〕因此《遼史》這一則記載相當難得，也使我們知道遼承天太后的生辰應該是在五月五日。而且我們如以宋朝廷與遼訂立澶淵盟約之後，歷次任命使節前往遼國祝賀承天太后生辰的日期與行程來看，也可以印證承天太后的生辰應該是在五月五日。例如《長編》中所記載的五次任命宋臣擔任契丹國母生辰使的日期，依次是在卷 59，景德二年（遼聖宗統和二十三年，一〇〇五年）二月癸卯（二十五日）條、〔註 5〕卷 62，景德三年（遼聖宗統和二十四年，一〇〇六年）三月乙巳（三日）條、〔註 6〕卷 65，景德四年（遼聖宗統和二十五年，一〇〇七年）三月乙巳（八日）條、〔註 7〕卷 68，大中祥符元年（遼聖宗統和二十六年，一〇〇八年）三月戊辰（七日）條、〔註 8〕卷 71，大中祥符二年（遼聖宗統和二十七年，一〇〇九年）二月壬寅（十六日）條，〔註 9〕可知其任命日期約在二月中旬至三月初之間，然後加上準備國書、禮物、使節團員組成，以及赴遼行程的時間，則約可在五月初到達遼朝廷（即遼皇帝駐帳地），正好可以來得及參與祝賀承天太后生辰的交聘活動。筆者再舉《遼史》〈聖宗本紀〉所記載，宋與遼訂盟之後，第一次派遣使節祝賀承天太后五月五日生辰的到達日期，說：「統和二十三年（宋眞宗景德二年，一〇〇五年）五月戊申（一日）朔，宋遣孫僅等來賀皇太后生辰。」〔註 10〕此則記載更加印證了遼承天太后的生辰應是五月五日無誤。

〔註 4〕 脫脫，《遼史》（台北：鼎文書局，民國 67 年 12 月），卷 11，本紀第 11，聖宗 2，頁 122。

〔註 5〕 李燾，《續資治通鑑長編》（以下簡稱《長編》）（上海：上海古籍出版社，1986 年 2 月），卷 59，宋眞宗景德二年二月癸卯條，頁 11。

〔註 6〕 《長編》，卷 62，宋眞宗景德三年三月乙巳條，頁 8。

〔註 7〕 《長編》，卷 65，宋眞宗景德四年三月乙巳條，頁 5。

〔註 8〕 《長編》，卷 68，宋眞宗大中祥符元年三月戊辰條，頁 9。

〔註 9〕 《長編》，卷 71，宋眞宗大中祥符二年二月壬寅條，頁 8。

〔註 10〕 《遼史》，卷 14，本紀第 14，聖宗 5，頁 161。

　　至於孫僅此次至遼國，祝賀承天太后生辰交聘活動的詳細情形，據《長編》卷 59，說：「宋眞宗景德二年（遼聖宗統和二十三年，一○○五年）二月……癸卯（二十五日），命開封府推官太子中允直集賢院孫僅爲契丹國母生辰使、右侍禁閤門祇候康宗元副之，行李、僕從、什器並從官給。」〔註 11〕由於這是宋與遼在景德元年十二月簽訂澶淵盟約之後，第一次派遣使節前往遼國，祝賀遼承天太后的生辰，更是自從宋太宗太平興國四年（遼景宗保寧十一年，九七九年）與遼斷絕和平外交之後，終於又恢復交聘活動的開始，因此宋朝廷很重視此次的交聘活動。當「時議草國書，令樞密學士院，求兩朝（宋太祖、宋太宗）遺草於內省，悉得之。凡所與之物，皆約舊制而加增損。國母書外，別致書國主，問候而已。」〔註 12〕可見宋朝廷爲求謹愼起見，在擬定國書時，特別把昔時宋太祖、宋太宗對遼的外交文書全部找出來加以參考，並且在致贈禮物方面也參考舊制再予以增減，充分顯現出宋國對於與遼重新展開交聘活動的重視。

　　而孫僅本人在祝賀遼承天太后生辰的交聘活動過程中，也處處謹言愼行，如果遼朝廷所待之「禮或過當，（孫）僅必抑而罷之，其他隨事損益，俾豐約中度，後奉使者率循其制，時稱得體。」〔註 13〕王曾在《王文正公筆錄》中稱讚孫僅，說：「景德中，初契丹通好，首命故給事中孫僅奉使而往。洎至彼國，屬修聘之始，迎勞饗餼，頒給文禮，殊未詳備。北人館待優異，務在豐腆，無所然，事或過差，（孫）僅必抑而罷之。自餘皆爲，隨事損益，俾豐腆中度而後已。迄今信使往復，不改其制。故奉使鄰境，由（孫）僅爲始時得禮制。」〔註 14〕可見孫僅在此次宋遼訂盟後第一次與遼交聘活動的過程中，所表現謹言愼行的舉動，正是日後宋使節出使遼國時所言所行的典範。

　　在遼國方面，對於宋使節孫僅的到來，因爲也是遼與宋訂立澶淵盟約，建立起和平外交關係之後，第一次宋使節的來聘，因此也很重視這一次的交聘活動，不僅在事前有充分的準備與安排，並且給予孫僅熱烈的招待和禮遇。當孫僅「入契丹境，其刺史皆迎謁，又命幕職、縣令、父老捧厄獻酒於馬前，民以斗焚香相迎。門置水漿、盂杓於路側，接伴者察使人中途所須，即供應

〔註 11〕 同註 6。
〔註 12〕 同註 6。
〔註 13〕 同註 6。
〔註 14〕 王曾，《王文正公筆錄》，收錄於《宋代筆記小說》（石家莊：河北教育出版社，1995 年 2 月），頁 3。

之。具蕃漢食味,漢食貯以金器,蕃食貯以木器。所至,無得鬻食物受錢,違者全家處斬。國主每歲避暑於含涼淀,聞使至,即來幽州。屢召(孫)僅等晏會張樂,待遇之禮甚優。(孫)僅等辭還,贐以器服,及馬五百餘匹,自郊勞至於餞飲,所遣皆親信,詞禮恭恪者,以致勤厚之意焉。」〔註15〕此爲《長編》所記載的內容,而在《宋會要輯稿》中,對於此事也有類似的記載,筆者特別引錄於此,以便讀者互相對照,可更加了解這一次交聘活動的情形,其言:「(孫)僅等迴,具言,自入境所遇州縣刺史迎謁,命幕職、縣令、父老送于馬前,捧厄獻酒,民庶以斗焚香迎引,家置盂杓、漿水于門,令接伴使察從人中塗所須,即供應之,所至民無得鬻食物受錢,違者全家處斬。行從芻秣之事,皆命人掌之,戎主歲避暑于含涼淀,聞使至,即來幽州,其館舍供帳接待之禮甚厚,將延見,有巫者一人,乘馬,抱畫鼓,于驛門立竿長丈餘,以石環之,上掛羊頭、胸及足,又殺犬一,以杖柱之,巫誦祝詞,又以醯和牛糞灑從者,于是國母屢延坐,宴會張樂,及辭,費以器服、雜物,馬五百餘匹,自郊勞至于餞飲,所遣皆親信,詞禮恭恪,以致勤厚之意。」〔註16〕

以上爲宋眞宗時期,也是宋與遼訂盟之後,第一次派遣使節祝賀遼承天太后生辰的交聘情形。至於宋使節晉見遼皇太后的禮儀,據《遼史》〈禮志〉「宋使見皇太后儀」,說:

> 宋使賀生辰、正旦。至日,臣僚昧爽入朝,使者至幕次。臣僚班齊,皇太后御殿坐。……中書令、大王西階上殿,奏宋使并從人牓子訖,就位立。……次引宋使副六人於東洞門入,丹墀內面殿齊立。閤使自東階下,受書匣,使人捧書匣者皆跪,閤使搢笏立,受書匣。自東階上殿,欄內鞠躬,奏「封全」訖,授樞密開封。宰臣對皇太后讀訖,引使副六人東階上殿,欄內立。使者搢生辰節大使少前,使者俛伏跪,附起居訖,起,復位立。次引賀皇太后正旦大使,附起居,如前儀。皇太后宣問「南朝皇帝聖躬萬福」,舍人搢生辰大使并皇太后正旦大使少前,皆跪,唯生辰大使奏「來時聖躬萬福」,皆俛伏,興。引東階下殿,丹墀內面殿齊立。……先引宋使副西階下殿,西洞門出,次搢臣僚出畢,報閤門無事。皇太后起。〔註17〕

〔註15〕同註6。

〔註16〕徐松,《宋會要輯稿》(北京:中華書局,1997年6月),第196冊,蕃夷1之34。

〔註17〕《遼史》,卷51,志第20,禮志4,賓儀,頁848~850。

而在《遼史》〈禮志〉「皇太后生辰朝賀儀」，也提到宋使節和遼臣一起朝賀皇太后生辰的情形，說：

> 至日，臣僚入朝，國使至幕，班齊，如常儀。皇太后昇殿坐，皇帝東面側坐。契丹舍人殿上通名，契丹、漢人臣僚，宋使副綴翰林學士班，東西兩洞門入，合班稱賀，班首上殿祝壽，分班引出，皆如正旦之儀。……契丹臣僚謝宣宴，引上殿就位立，漢人臣僚并宋使副東洞門入，面西謝宣宴，如正旦儀。贊各上殿祇候，臣僚、使副上殿就位立，亦如之。……若皇帝親賜使相、臣僚、宋使副酒，皆立飲。皇帝昇坐，贊應坐臣僚并使副皆拜，稱「萬歲」。……應聖節，宋遣使來賀生辰、正旦，始制此儀。〔註18〕

及至宋使節祝賀遼皇太后生辰的交聘活動結束之後，其必須向遼皇太后辭行，因此據《遼史》〈禮志〉「賀生辰正旦宋使朝辭太后儀」，說：

> 臣僚、使副班齊，如曲宴儀。皇太后升殿坐，殿前契丹文武起居、上殿畢。宰臣奏宋使副、從人朝辭牓子畢，就位立。舍人引使副北洞門入，面南鞠躬。……殿上揖應坐臣僚并使副就位鞠躬。贊拜，稱「萬歲」。贊各就坐。行湯、行茶畢，揖臣僚并南使起立，與應坐臣僚鞠躬。贊拜，稱「萬歲」。贊各祇候，立。引使副六人於欄內拜跪，受書匣畢，直起立，揖少前，鞠躬，受傳答語訖，退。於北階下殿，丹墀內面殿鞠躬。舍人贊「各好去」，引出。臣僚出。〔註19〕

從以上的論述，可使我們知道宋遼訂盟初期雙方在交聘活動中的互動相當良好，不僅顯現出兩國的和平外交有一個好的開始，而且也使宋使節祝賀遼承天太后生辰的交聘活動從此成為慣例，「自是至國母卒，其禮皆然」。〔註20〕

三、遼祝賀宋太祖、太宗、眞宗生辰的交聘活動

遼國派遣使節至宋國，祝賀宋朝皇帝生辰的交聘活動，並非從宋眞宗與遼訂立澶淵盟約之後才開始。因為早在宋太祖、宋太宗時，宋遼兩國即曾經有過一段前後約六年的和平外交時期，因此在這段期間，遼朝廷至少有三次派遣使節至宋國，進行祝賀宋朝皇帝生辰的交聘活動。其中第一次，雖然在

〔註18〕《遼史》，卷53，志第22，禮志6，嘉儀下，頁867～868。
〔註19〕《遼史》，卷51，志第20，禮志4，賓儀，頁852～853。
〔註20〕同註6。

《遼史》中並沒有記載這一次遼使節派任的情形，但是我們根據《長編》卷17，說：「（宋太祖）開寶九年（遼景宗保寧八年，九七六年）二月辛亥（十四日），契丹遣太僕卿耶律延寧等，來賀長春節。」〔註21〕《宋會要輯稿》，說：「太祖開寶九年二月，契丹遣使耶律延寧，來賀長春節，獻御衣、玉帶、名馬二匹、鞍勒副之、散馬百匹、白鶻二。」〔註22〕以及《宋史》〈太祖本紀〉，說：「開寶九年二月辛亥（十四日），……契丹遣使耶律延寧，以御衣、玉帶、名馬、散馬、白鶻來賀長春節。」〔註23〕綜合此三項史書的記載，我們可知這一次的交聘活動，是宋遼兩國在宋太祖開寶八年（遼景宗保寧七年，九七五年）十一月，雙方建立外交關係之後，遼國第一次派遣使節前來宋國祝賀宋朝皇帝生辰的交聘活動，而且也得知當時遼國所派遣使節的姓名和贈送禮物的內容。

第二次，據《長編》卷18，說：「（宋太宗）太平興國二年（遼景宗保寧九年，九七七年）冬十月辛酉（四日），……契丹遣使耶律阿穆爾，來賀乾明節。己巳（十二日），幸京城西北隅，視衛士與契丹使馳射。又召近臣及劉鋹、李煜、契丹使宴射苑中。」〔註24〕《宋會要輯稿》，說：「太宗太平興國二年十月四日，契丹遣使耶律阿摩里，來賀乾明節。獻御衣二襲、金、玉帶各一、馬百匹。是月十二日，車駕幸子城西北隅，親（觀或視）衛士與其使騎射。」〔註25〕以及《宋史》〈太宗本紀〉，說：「太平興國二年冬十月辛酉（四日），契丹來賀乾明節。己巳（十二日），幸京城西北，觀衛士與契丹使騎射，遂宴苑中。」〔註26〕此次遼使節前來宋國，祝賀宋太宗的生辰，在《遼史》中也沒有記載，但是我們從以上所引的三項記載，可知在宋太宗時，遼朝廷也曾經派遣使節前來祝賀其生辰。而且宋太宗爲

〔註21〕《長編》，卷17，宋太祖開寶九年二月辛亥條，頁4。按，脫脫，《宋史》（台北：鼎文書局，民國67年9月）〈太祖本紀〉並未記載其誕生日期，至其建國後，才在「建隆元年（960年），群臣請以二月十六日爲長春節」。（卷112，志第65，禮15，頁2671）因此遼使節於二月十四日來賀。

〔註22〕《宋會要輯稿》，第196冊，蕃夷1之3。

〔註23〕《宋史》，卷3，本紀第3，太祖3，頁46。

〔註24〕《長編》，卷18，宋太宗太平興國二年十月辛酉條、己巳條，頁19。按，宋太宗的生辰，「時晉天福四年十月七日甲辰也」。（《宋史》，卷4，本紀第4，太宗1，頁53）至其即位後，於太平興國二年五月「甲戌，以十月七日爲乾明節」。（《宋史》，卷4，本紀第4，太宗1，頁56）因此遼使節於十月四日來賀。

〔註25〕《宋會要輯稿》，第196冊，蕃夷1之4。

〔註26〕《宋史》，卷4，本紀第4，太宗1，頁57。

了展現宋國的軍事力量，因此在遼使節祝賀其生辰的交聘活動中，除了安排宋臣與遼使節宴射的交聘活動之外，也安排了觀看宋國衛士與遼使節的騎射（馳射）活動。

　　第三次，據《長編》卷 19，說：「（宋太宗）太平興國三年（遼景宗保寧十年，九八○年）十月癸丑朔（一日），契丹遣太僕卿耶律諧理、茶酒庫副使王琛，來賀乾明節。」〔註27〕《宋會要輯稿》，說：「太宗太平興國三年十月，遣使太僕卿耶律諧里、……、茶酒庫副使王琛等，獻御衣二襲、金帶、弓箭、金鞍轡、鐵鞍轡各一、御馬四匹、散馬百匹來賀乾明節。」〔註28〕以及《宋史》〈太宗本紀〉，說：「太平興國三年十月癸丑朔（一日），契丹遣使來賀乾明節。」〔註29〕這是遼使節第二次至宋國祝賀宋太宗的生辰，但是在《遼史》中卻還是沒有記載。幸好我們根據以上所引的三項記載，仍然可以知道當時前來宋國祝賀宋太宗生辰的遼使節姓名和贈送禮物的內容。而且根據《長編》卷 19，說：「庚申（十月八日），（宋太宗）幸武功郡王德昭第，……還，召近臣、契丹使宴苑中」、〔註30〕「癸酉（十月二十一日），契丹使耶律諧理等辭歸國，（宋太宗）詔供奉官閣門祗候王侁送至境上，送伴使蓋始此」；〔註31〕以及《宋會要輯稿》，說：「是月，帝（宋太宗）畋于朱延頓，因令（耶律）諧里從獵，帝射中走兔，諧里等貢馬為賀。及辭日，加賜如例，惟無大銀器，而有漆器各一棹，命供奉官閣門祗候王侁送至境上。」〔註32〕從這些記載使我們更加可以知道當時遼使節祝賀宋太宗生辰交聘活動的情形，尤其是遼使節耶律諧理在汴京逗留期間頗受宋朝廷的禮遇，以及與宋太宗有較多的互動，曾經獲邀參與宋太宗的打獵活動。而且值得我們注意的是，遼使節耶律諧里歸國時，宋太宗派大臣王侁送伴其至邊境，成為宋對遼外交中有送伴使的開始。另外，從以上的記載，也讓我們知道當時對於遼使節逗留宋汴京的時間，尚未有如後來約十天期限的規定，因此耶律諧里此次在汴京逗留至少二十天才請辭歸國。〔註33〕

〔註27〕　《長編》，卷 19，宋太宗太平興國三年十月癸丑條，頁 13。
〔註28〕　《宋會要輯稿》，第 196 冊，蕃夷 1 之 4。
〔註29〕　《宋史》，卷 4，本紀第 4，太宗 1，頁 60。
〔註30〕　《長編》，卷 19，宋太宗太平興國三年十月庚申條，頁 13。
〔註31〕　《長編》，卷 19，宋太宗太平興國三年十月癸酉條，頁 13。
〔註32〕　《宋會要輯稿》，第 196 冊，蕃夷 1 之 4。
〔註33〕　可參閱蔣武雄，〈宋遼使節逗留對方京城日數的探討〉，《空大人文學報》第 12
　　　　　期（台北：空中大學，民國 92 年 12 月），頁 197～212。

　　但是宋代初期與遼的和平外交關係只維持了約六年的時間，因爲在太平興國四年（遼景宗保寧十一年，九七九年）四月，宋太宗打敗遼國援助北漢的援軍；五月，滅亡北漢；六月，又率兵攻打遼國，準備收復燕雲十六州，造成兩國和平外交關係斷絕，雙方所有的交聘活動也因而停止。經過二十五年之後，至宋眞宗景德元年（遼聖宗統和二十二年，一○○四年）十二月，與遼訂立澶淵盟約，兩國才又在和平外交關係之下，恢復互相派遣使節進行交聘的活動，因此遼朝廷在翌年開始派遣使節前來祝賀宋眞宗的生辰。

　　關於宋眞宗的生辰，根據《宋史》〈眞宗本紀〉，說：「眞宗……太宗第三子也，母曰元德皇后李氏。初，（宋太祖）乾德五年（遼穆宗應曆十七年，九六七年），五星從鎭星聚奎。明年（開寶元年，遼穆宗應曆十八年，九六八年）正月，后夢以裙承日有娠，十二月二日生于開封府第，……（宋太宗）至道……三年（遼聖宗統和十五年，九九七年）三月，太宗崩，（眞宗）奉遺制即皇帝位於柩前。……八月……庚子（八日），命以十二月二日爲承天節。」〔註34〕可知宋眞宗的生辰是在十二月二日。而遼與宋是在統和二十二年十二月訂立澶淵盟約，因此遼朝廷至隔年，即「（統和）二十三年（宋眞宗景德二年，一○○五年）……九月甲戌（二十九日），遣太尉阿里、太傅楊六賀宋主生辰。」〔註35〕此爲《遼史》〈聖宗本紀〉中，關於派任賀宋皇帝生辰使人選與時間的記載。但是據《長編》卷61，說：「宋眞宗景德二年（遼聖宗統和二十三年，一○○五年）十一月癸酉（二十九日），契丹國母（承天太后）遣使左武衛上將軍耶律留甯、副使崇祿卿劉經，國主（遼聖宗）遣使左武衛上將軍耶律烏延、副使衛尉卿張肅來賀承天節。」〔註36〕《宋會要輯稿》，說：「十一月二十九日，國母遣使左金吾衛上將軍耶律留寧、副使崇祿卿劉經來賀承天節。奉書致御衣七襲、……。國主遣使左武衛上將軍耶律委演、副使衛尉卿張肅，致御衣五襲、……。」〔註37〕以及《太平治蹟統類》卷4，說：「（宋眞宗景德二年十一月）癸酉（二十九日），契丹國母遣使左金吾衛上將軍耶律留寧，副使劉經，國主使左武衛上將軍耶律烏（延）、副使張肅副之。……。」〔註38〕

〔註34〕《宋史》，卷6，本紀第6，眞宗1，頁103～105。

〔註35〕《遼史》，卷14，本紀第14，聖宗5，頁161。

〔註36〕《長編》，卷61，宋眞宗景德二年十一月癸酉條，頁17。

〔註37〕《宋會要輯稿》，第196冊，蕃夷1之36。

〔註38〕彭百川，《太平治蹟統類》（台北：成文出版社，民國55年4月），卷4，頁42。

可以發現《遼史》〈聖宗本紀〉所記遼使節的人名與《長編》、《宋會要輯稿》、《太平治蹟統類》所記不一樣。筆者先查《遼史》〈聖宗本紀〉，只有統和二十三年記載派遣使節祝賀宋眞宗的生辰，接著至統和二十九年（宋眞宗大中祥符四年，一○一一年），在這六年當中均未再有提到派遣使節祝賀宋眞宗生辰的記載，直至隔年即開泰元年（宋眞宗大中祥符五年，一○一二年），才又有記載提到遼派使節祝賀宋眞宗生日，其說：「（開泰元年）秋七月丙子（十一日），……命耶律釋身奴、李操充賀宋生辰國信使副……。」〔註39〕而且接下來也不是每年都有記載此種交聘的事宜。另外，前文所引《長編》和《宋會要輯稿》提到的人名，在《遼史》中除了有提到耶律留寧之外，其他劉經、耶律烏延（委演）、張肅等人的事蹟均未見有記載。但是難得的是，《遼史》〈聖宗本紀〉在開泰七年的記事中，有提到耶律留寧擔任賀宋眞宗生辰使，其說：「開泰七年（宋眞宗天禧二年，一○一八年）……八月……庚申，以耶律留寧、吳守達使宋賀生辰，……。」〔註40〕接著，筆者又查閱《長編》卷64、卷70、卷92，均有提到耶律留寧來聘宋國的記事，說：「宋眞宗景德三年（遼聖宗統和二十四年，一○○六年）十二月甲午（二十六日），契丹遣使……廣德節度使耶律留甯，……來賀明年元旦。……大中祥符元年（遼聖宗統和二十六年，一○○八年）十一月壬午（二十五日），契丹遣使……啓聖節度使耶律留甯，……來賀承天節。……天禧二年（遼聖宗開泰七年，一○一八年）十一月丙戌（二十八日），契丹遣使右衛上將軍耶律留甯，……來賀承天節。」〔註41〕可知耶

〔註39〕《遼史》，卷15，本紀第15，聖宗6，頁171。

〔註40〕《遼史》，卷16，本紀第16，聖宗7，頁184。按，《遼史》〈聖宗本紀〉在開泰七年六月至九月的記事，在日期上有錯亂的情形。其說：「六月丙申，……勃魯里幸獲免。……八月丙午，行大射柳之禮。庚申，以耶律留寧、吳守達使宋賀生辰，……。秋七月甲子，詔翰林待詔陳升寫南征得勝圖於上京五鸞殿。丁卯，蒲奴里部來貢。九月庚申朔，……。」（卷16，本紀第16，聖宗7，頁184）此中最大錯亂，就是將八月記事置於六、七月之間。而台灣鼎文書局與大陸中華書局所出版的《遼史》，在校勘記中對於這幾個月問題的處理，說：「（一）六月丙申，『六月』二字原脫。按朔考，五月壬戌朔，六月壬辰朔，丙申已入六月。據補。（二）八月丙午，『八月丙午』四字夾於上文六月與下文七月之間，六月壬辰朔，丙午是十五日，『八月』二字疑衍，或是八月一段應在七月、九月之間。（三）九月庚申朔，朔字，據朔考補。」（頁94）依以上資料，筆者認爲八月的干支，不可能出現「庚申」，應是出現在七月份才對。因此《遼史》〈聖宗本紀〉，說：「開泰七年……八月……庚申，以耶律留寧、吳守達使宋賀生辰。」實在難以判定「庚申」是八月的哪一天？

〔註41〕《長編》，卷64，宋眞宗景德三年十二月甲午條，頁13、卷70，大中祥符元

律留寧實際上前後有三次擔任生辰使，以及一次擔任正旦使，而《遼史》〈聖宗本紀〉只記載其中一次而已。

　　基於以上史書記載不一致，所造成的疑問，由於相關文獻簡略不足，使筆者不得不將此一質疑暫且擱置。但是無論如何這是宋與遼訂盟之後，遼朝廷第一次派遣使節至宋國，也是第一次派遣生辰使來祝賀宋眞宗的生辰。因此宋朝廷在宋眞宗生辰的數個月之前，即開始對遼使節來聘的各種禮儀活動進行了充分的討論與準備。例如《長編》卷60，說：

> 宋眞宗景德二年五月……乙亥（二十八日），知雄州何承矩言：「將來契丹使入界，欲令暫駐新城，俟接伴使至，迎於界首。」從之。
> 承矩又言：「使命始通，待遇之禮，宜得折中，庶可久行。」乃悉條上，手詔嘉納，仍聽事有未盡者，便宜裁處。〔註42〕

顯然對於如何接待遼使節的交聘禮儀，當時是先由邊臣提出初步的建議，接著宋眞宗又與朝廷大臣進行討論，包括沿路接送遼使節以及賞賜禮物等交聘活動，均做出明確的規定，據《長編》卷60，說：

> 凡契丹使及境，遣常參官、內職各一人，假少卿監諸司使以上接伴，內諸司供帳分爲三番，內臣主之。至白溝驛賜設；至貝州賜茶藥各一銀合；至大名府又賜設；……及畿境，遣開封府判官勞之，又命臺省官諸司使館伴，迎於班荊館。至都亭驛，各賜金花銀灌器錦衾褥。朝見日，賜大使金塗銀冠，皁羅毡冠，衣八件，金鞗鞢帶烏皮靴，銀器二百兩，綵帛二百匹。副使皁紗折二巾衣七件，金帶象笏烏皮靴，銀器一百兩，綵帛二百匹，鞍勒馬各一匹。其從人，上節十八人，……；中節二十人，……；下節八十五人，……。就館賜生餼，大使秔粟各十石，麵二十石，羊五十，法酒糯米酒各十壺，副使秔粟各七石，麵十五石，羊三十，法酒糯米酒各十壺，承天節各別賜衣一襲。遇立春，各賜金塗銀鏤幡勝春盤，又命節帥就玉津園射弓，賜來使銀飾箭筒、弓一、箭二十。其中的，又賜錦窄袍五件，金束帶、勒鞍馬。在館遇節序，則遣近臣賜設。辭日，長春殿賜酒五行，賜大使盤球暈錦窄袍及衣七件，銀器三百兩，綵帛二百匹。副使紫花羅窄袍及衣六件，銀器二百兩，綵帛一百匹。並加金

年十一月壬午條，頁16、卷92，天禧二年十一月丙戌條，頁13。
〔註42〕《長編》，卷60，宋眞宗景德二年五月乙亥條，頁9。

> 束帶雜色羅錦綾絹百匹，……。將發，又賜銀餅合盆沙羅注椀等，
> 又令近臣餞於班荊館，開封府推官餞於郊外，接伴使副復爲送伴，
> 沿路累從設。〔註43〕

根據此段引文內容，可知宋朝廷對於遼使節的接送和賞賜禮物都很誠懇、厚重，也顯現出其對兩國友好和平情誼的重視。

至於當時負責接待迎送遼使節的人選，宋朝廷也在事前加以規劃和確定，例如據《長編》卷61，說：「十月丙子（一日），屯田員外郎權判三司勾院杜夢證、侍禁閣門祗候康宗元接伴契丹賀承天節使，仍回日充送伴。」、〔註44〕「十一月戊申（四日），翰林學士李宗諤、東上閣門使宗州刺史曹利用，在京接伴契丹賀承天節使。」、〔註45〕「十一月乙丑（二十一日），命羣牧判官著作佐郎王曙，假開封府推官吏部郎中，俟契丹使至日，持知府張雍書禮迎勞于郊。」、〔註46〕「十一月己巳（二十五日），命屯田員外郎判三司勾院杜夢證、假檢校秘書少監開封少尹，餞契丹使於上德橋。自後皆以府判官假少尹爲餞送，推官假判官郎中爲接迎，不復命他官。」〔註47〕另外，《宋會要輯稿》也說：「景德元年（按，以二年爲正確）十月，以屯田員外郎權判三司勾院杜夢證假衛尉卿，侍禁閣門祗候康宗元假西上閣門副使，接伴契丹賀承天節使。迴日充送伴使，後以塩鐵判官殿中丞直史館樂黃目假司農卿接伴，代夢證」、〔註48〕「十一月，命翰林學士李宗諤、東上閣門使曹利用充在京接伴契丹賀承天節使。時已命樂黃目、康宗元詣雄州接伴使，回日充送伴使。又命群牧判官著作左郎王曉假開封府推官吏部郎中，俟契丹使至，持知府張雍書禮迎勞于郊」、〔註49〕「及還，又命屯田員外郎權判三司勾院杜夢證假檢校秘書少監開封府少尹餞于上德橋，自後皆以府判官假少尹爲餞送，推官假判官郎中爲接迎，不復命他官」。〔註50〕

以上所引，雖然《長編》與《宋會要輯稿》的記載有大同小異之處，但是我們從其所敘述交聘活動的項目、進程，以及人事的安排，可以感受到宋

〔註43〕 註同前，頁9～10。
〔註44〕 《長編》，卷61，宋眞宗景德二年十月丙子條，頁12。
〔註45〕 註同前，頁15。
〔註46〕 同註44，頁16。
〔註47〕 同註44，頁16。
〔註48〕 《宋會要輯稿》，第90冊，職官51之45。
〔註49〕 註同前。
〔註50〕 同註48。

朝廷對於在與遼訂立澶淵盟約之後，遼使節第一次來聘的各種事宜確實相當留意。因此不僅在事前即有作充分準備，並且在遼使節逗留汴京期間，給予隆重、熱誠的招待。尤其是宋眞宗本人，更是表現出其對兩國交聘活動的重視，以及盡力維護友好關係的心意，據《長編》卷60，說：「（景德二年五月）初，命內侍右班副都知閤承翰排辦禮信，議者欲以漢衣冠賜契丹使者。承翰曰：『南北異，宜各從其土俗，可也。上（宋眞宗）從承翰所議。』」、〔註51〕卷61，說：「十一月二十九日，……對于崇政殿，留寧等將見，館伴使李宗諤引令式，不許佩刀至上閤門，留寧等欣然解之。上聞之曰：『戎人佩刀，是其常禮，不須禁以令式。』即傳詔，聽自便。留寧等感悅，謂宗諤曰：『聖人推心置人腹中，是以示信遐邇也。』」〔註52〕另外，《宋會要輯稿》，說：「十一月二十九日，……對于崇政殿，留寧、委演，戎人也，以戎禮見，賜以氈冠，窄袍、金鞢。經、肅、燕人也，以華禮見，賜以幞頭公服金帶，並加襲衣器帛有差，宴于長春殿，酒五行而罷。」〔註53〕此二事例不僅顯現出宋眞宗對遼人風俗、禮儀的尊重，也讓我們益加感受到宋眞宗對維護宋遼和平外交的用心。〔註54〕

至於遼國方面，此次派遣使節前來祝賀宋眞宗的生辰，是遼與宋訂立澶淵盟約之後，第一次派遣使節至宋國進行交聘活動，也是第一次派遣使節前來祝賀宋朝皇帝的生辰，因此不僅非常重視，也帶來了豐厚的禮物。據《宋會要輯稿》，說：「十一月二十九日，國母遣使左金吾衛上將軍耶律留寧、副使崇祿卿劉經來賀承天節。奉書致御衣七襲、金玉鞍勒馬四匹、散馬二百匹、錦綺春肉羊鹿舌酒果。國主遣使左武衛上將軍耶律委演、副使衛尉卿張肅致御衣五襲，金玉鞍勒馬四匹，散馬二百匹，錦綺弓矢鷹鶻等。」〔註55〕由於此次是遼與宋訂盟之後，第一次致送禮物給宋國，具有試探性質，因此後來陸續又有增加，據《長編》卷61，說：

> 凡承天節獻刻絲花羅御樣透背御衣七襲或五襲七件，紫青貂鼠貔
> 披，或銀鼠鵝項鴨頭納子塗金銀裝箱，金龍水晶帶銀柙副之，錦緣

〔註51〕 《長編》，卷60，宋眞宗景德二年五月條，頁10。

〔註52〕 《長編》，卷61，宋眞宗景德二年十一月癸酉條，頁17。另見《太平治蹟統類》，卷4，頁42～43。

〔註53〕 《宋會要輯稿》，第196冊，蕃夷1之35。

〔註54〕 可參閱蔣武雄，〈論宋眞宗對建立與維護宋遼和平外交的心意〉，《東吳歷史學報》第15期（台北：東吳大學，民國95年6月），頁91～116。

〔註55〕 同註53。

皂皺皮鞾，金玦束皂白熟皮鞾韈，細錦透背清平內製樣合線縷機綾共三百匹，塗金銀龍鳳鞍勒，紅羅柙金線繡方韉二具，白楮皮黑銀鞍勒氈韉二具，絲褐楮皮鞍勒，海豹皮二具，白楮皮裏筋鞭二條，紅羅金銀線繡雲龍紅錦器仗一副，黃鞾皮纏楮皮弓一，紅錦袋皂鵰翎䐗角骲頭箭十，青黃鵰翎箭十八，法漬法麴麵鞠酒二十壺，密晒山果十梜，檽椀密漬山果十梜，檽怕克哩山梨柿四梜，檽榛栗松子郁李子黑郁李子麵棗楞梨棠梨二十箱，麰秔麋梨杪十椀，蕪荑白鹽十椀，青鹽十箱，牛羊野豬魚鹿臘二十二箱，御馬六匹，散馬二百匹。〔註56〕

當時宋眞宗得到遼使節所帶來的禮物，顯得非常高興，因此特別在「（宋眞宗景德二年）十二月己卯（五日），召輔臣於龍圖閣，觀契丹禮物及祖宗朝所獻者。自後使至，必以綺帛分賜中書樞密院，果實脯賜近臣三館」。〔註57〕另外，值得一提的是，遼使節爲了表達對宋眞宗生辰的祝賀之意，更在「承天節遣庖人，持本國異味，前一日就禁中造食，以進御云」。〔註58〕關於此事，《宋史》〈禮志〉也有記載，說：「曲宴。……或宴大遼使副于紫宸殿，則近臣及刺史、正郎、都虞候以上預。……眞宗……景德二年十二月五日，宴尚書省五品諸軍都指揮使以上、契丹使于崇德殿，不舉樂，以明德太后喪制故也。時契丹初來賀承天節，擇膳夫五人齎本國異味，就尚食局造食，詔賜膳夫衣服、銀帶、器帛。」〔註59〕由此可知遼使節此次前來祝賀宋眞宗的生辰，除了接受宋眞宗的宴請之外，也曾經以遼國異味回請致意。

在遼使節祝賀宋眞宗生辰的各項交聘活動當中，最重要的當然就是遼使節入聘晉見、宴請和辭歸的禮儀，據《宋史》〈禮志〉，說：「契丹國使入聘見辭儀：自景德澶淵會盟之後，始有契丹國信使副元正、聖節朝見。大中祥符九年（遼聖宗開泰六年，一〇一六年），有司遂定儀注。」〔註60〕因此從《宋史》〈禮志〉對於遼使節入聘晉見、宴請和辭歸禮儀詳細的描述，可以使我們

〔註56〕《長編》，卷61，宋眞宗景德二年十二月己卯條，頁17～18。另可參閱葉隆禮，《契丹國志》，收錄於《遼史彙編》（七）（台北：鼎文書局，民國62年8月），卷21，頁175，以及《宋會要輯稿》，第196冊，蕃夷1之35。

〔註57〕註同前，頁17。

〔註58〕同註56，頁18。

〔註59〕《宋史》，卷113，志第66，禮16，嘉禮4，頁2691～2692。

〔註60〕《宋史》，卷119，志第72，禮22，賓禮4，頁2804。

更加了解當時遼使節祝賀宋眞宗生辰交聘活動的情形，其說：

前一日，習儀于驛。見日，皇帝御崇德殿。宰臣、樞密使以下大班起居訖，至員僚起居後，館伴使副一班入就位，東面立。次接書匣閤門使升殿立。次通事入，不通，喝拜，兩拜，奏聖躬萬福，又喝兩拜，隨呼萬歲，喝祇候，赴東西接引使副位。舍人引契丹使副自外捧書匣入，當殿前立。天武官擡禮物分東西面入，列於殿下，以東爲上。舍人喝天武官起居，兩拜，隨呼萬歲，奏聖躬萬福，喝各祇候。閤門從東階降，至契丹使位北。舍人揖使跪進書匣，閤門側身揖笏、跪接，舍人受之。契丹使立，閤門執笏捧書匣升殿，當御前進呈訖，授內侍都知，都知拆書以授宰臣，宰臣、樞密進呈訖，遂擡禮物出。舍人與館伴使副引契丹使副至東階下，閤門使下殿揖引同升，立御前。至國信大使傳國主問聖體，通事傳譯，舍人當御前鞠躬傳奏訖，揖起北使。皇帝宣閤門迴問國主，北使跪奏，舍人當御前鞠躬奏訖，遂揖北使起，卻引降階至辭見位，面西揖躬。舍人當殿通北朝國信使某官某祇候見，應喏絕，引當殿，喝拜，大起居，其拜舞並依本國禮。出班謝面天顏，歸位，喝拜舞蹈訖，又出班謝沿路驛館御筵茶藥及傳宣撫問，復歸位，喝拜舞蹈訖，舍人宣有敕賜窄衣一對、金蹀躞子一、金塗銀冠一，鞾一兩、衣著三百匹、銀二百兩、鞍轡馬一，每句應喏，跪受，起，拜舞蹈訖，喝祇候，應喏西出。凡傳語并奏聖躬萬福、致辭，並通事傳譯，舍人當殿鞠躬奏聞，後同。次通北朝國信副使某官某祇候見，其拜舞、謝賜、致詞並如上儀，西出。其敕賜衣一對，金腰帶一，幞頭、靴、笏、衣著二百匹，銀器一百兩，鞍轡馬一。次通事及舍人引舍利已下分班入，不通，便引合班，贊喝大起居，拜舞如儀。舍人喝有敕賜衣服、束帶、衣著、銀器分物，應喏跪受，擡擔床絕，起，舞蹈拜訖，喝各祇候分班引出。……。

宴日，契丹使副以下服所賜，承受引赴長春殿門外，并侍宴臣僚宰執、親王、樞密使以下祇候。俟長春殿諸司排當有備，閤門使附入內都知奏班齊，皇帝坐，鳴鞭，宰臣、親王以下並宰執分班，舍人引入。其契丹使副綴親王班入。舍人通某甲以下，唱喏，班首奏聖躬萬福，喝各就坐、兩拜，隨呼萬歲，喝就坐，分班引上殿。或皇

帝撫問契丹使副，舍人便引下殿，喝兩拜，隨拜萬歲，喝各就坐。……。

辭日，皇帝坐，内殿起居班欲絕，諸司排當有備，催合侍宴臣僚東西相向，班立崇德殿庭。俟奏班齊，舍人喝拜，東西班殿侍兩拜，奏聖躬萬福，喝各祗候。次舍人通館伴使副某甲以下常起居，次通契丹使某甲常起居，次通副使某甲常起居，俱引赴西面立。……。次通事、舍人引契丹舍利以下，次差來通事、從人，俱分班入，當殿兩拜，奏聖躬萬福，喝各就坐，兩拜，呼萬歲，分引赴兩廊立。次通教坊使、看盞。及進茶床、酹酒并閤門奏進酒，並如長春宴日之儀。酒五巡，起。……，其餘臣僚并契丹使並出。……。已上班絕，舍人再引契丹使入，西面揖躬。舍人當殿通北朝國信使某祗候辭，通訖，引當殿兩拜，出班致辭，歸位，又兩拜訖，宣有敕賜，跪受拜舞訖，喝好去，遂引出。……其使副各服所賜，再引入，當殿兩拜萬歲訖，喝祗候，引升殿，當御前立。皇帝宣閤門使授旨傳語國主，舍人揖國信使跪，閤門使傳旨通譯訖，揖國信使起立，閤門使御前揖躬，於内侍都知處捧授書匣，舍人揖國信使跪，閤門使跪分付訖，揖起下殿，西出。〔註61〕

以上所論，即是宋真宗朝與遼訂盟之後，遼使節第一次前來祝賀宋真宗生辰的交聘活動情形。從其過程中各項相關事宜的進行，均可使我們感受到兩國在訂盟初期，所展現出誠摯的友情，以及遼國祝賀宋真宗生辰高度的心意，這可謂是宋遼雙方後來能發展為長期和平外交的一個好的開始。

四、宋祝賀遼景宗、聖宗生辰的交聘活動

由於在宋太祖、宋太宗時，曾經與遼有一段短暫的和平外交時期，因此在這六年當中，宋朝廷約有三次派遣使節至遼國祝賀遼景宗的生辰。首先據《遼史》〈世宗本紀〉，說：「（遼世宗）天祿二年（後漢隱帝乾祐元年，九四八年）……秋七月壬申（二十五日），皇子賢生。」〔註62〕可知遼景宗耶律賢的生辰是在七月二十五日。因此當宋朝廷第一次派遣使節祝賀遼景宗的生辰時，據《長編》卷17，說：「開寶九年（遼景宗保寧八年，九七六年）五月甲

〔註61〕書同前，頁 2804～2808。
〔註62〕《遼史》，卷5，本紀第5，世宗，頁64。

申（十八日），以東上閤門副使田守奇賀契丹生辰，右贊善大夫房彥均副之。」〔註63〕以及《宋史》〈太祖本紀〉，說：「開寶九年五月甲申（十八日），以閤門副使田守奇等充賀契丹生辰使。」〔註64〕可知當時宋朝廷是在五月中旬派任田守奇爲賀契丹生辰使，則其將可在七月初抵達遼景宗駐帳地，展開祝賀生辰的交聘活動，因此《遼史》〈景宗本紀〉記載此事，說：「（保寧）八年（宋太祖開寶九年，九七六年）秋七月辛未（六日），宋遣使來賀天清節。」〔註65〕這是宋朝建國後，第一次派遣使節前往遼國祝賀其皇帝生辰的交聘活動，因此《遼史索隱》卷1，說：「保寧八年，宋遣使來賀天清節。案：宋使賀生辰始此。」〔註66〕

　　關於宋朝廷第二次派遣使節祝賀遼景宗的生辰，史書的記載頗有不明之處，例如《長編》卷18，說：「太平興國二年（遼景宗保寧九年，九七七年）五月庚午（十日），命起居舍人辛仲甫使于契丹，右贊善大夫穆被副之。」〔註67〕《宋史》〈太宗本紀〉，說：「太平興國二年五月庚午，遣辛仲甫使契丹。」〔註68〕《遼史》〈景宗本紀〉，說：「保寧九年七月甲子（五日），宋遣使來聘。」〔註69〕以上三條記載均未言明當時宋使節所負的任務，只是在時間上頗符合前一年宋朝廷派遣使節以及到達遼國祝賀遼景宗生辰的日期，因此我們無法完全確定辛仲甫是否即爲宋朝廷該年所派祝賀遼景宗生辰的使節。但是錢大昕《廿二史考異》〈宋奉使諸臣年表〉，則確定說：「太平興國二年遼保寧九年五月，起居舍人辛仲甫、右贊善大夫穆被使契丹賀生辰。」〔註70〕

　　史書對於宋朝廷第三次派遣使節祝賀遼景宗生辰的記載，也是有不明之處。例如《長編》卷19，說：「太平興國三年（遼景宗保寧十年，九七八年）五月癸巳（九日），遣左補闕李吉使契丹，通事舍人薛文寶副之。」〔註71〕

〔註63〕　《長編》，卷17，宋太祖開寶九年五月甲申條，頁10。

〔註64〕　《宋史》，卷3，本紀第3，太祖3，頁47。

〔註65〕　《遼史》，卷8，本紀第8，景宗上，頁95。

〔註66〕　陳漢章，《遼史索隱》，收錄於《遼史彙編》（三）（台北：鼎文書局，民國62年10月），卷1，頁25。

〔註67〕　《長編》，卷18，宋太宗太平興國二年五月庚午條，頁12。

〔註68〕　《宋史》，卷4，本紀第4，太宗1，頁57。

〔註69〕　《遼史》，卷9，本紀第9，景宗上，頁99。

〔註70〕　錢大昕，《廿二史考異》（上海：上海古籍出版社，2004年4月），卷83，〈宋奉使諸臣年表〉，頁1142。

〔註71〕　《長編》，卷19，宋太宗太平興國三年五月癸巳條，頁8。

《宋史》〈太宗本紀〉，說：「太平興國三年五月癸巳，遣李從吉等使契丹。」〔註72〕《遼史》〈景宗本紀〉在保寧十年的記事當中，則完全未提到有宋使節前來祝賀遼景宗的生辰。由於《長編》和《宋史》均未言明當時宋使節所負的任務，而《遼史》又簡略未記此事，因此也使我們無法完全確定李吉（李從吉）是否即為宋朝廷該年所派祝賀遼景宗生辰的使節，只是在時間上也符合宋朝廷派遣使節祝賀遼景宗生辰的日期。但是錢大昕〈宋奉使諸臣年表〉，亦確定說：「（太平興國）三年保寧十年五月，左補闕李吉、通事舍人薛文寶賀契丹生辰。」〔註73〕

　　以上為宋真宗即位之前，宋朝廷在宋太祖、太宗時三度派遣使節祝賀遼景宗生辰的情形。但是後來隨著宋太宗征遼之役，造成兩國外交關係中斷，雙方的交聘活動也因而停止。直至宋真宗景德元年（遼聖宗統和二十二年，一○○四年）與遼簽訂澶淵盟約之後，兩國重新建立起和平的外交關係，才又恢復彼此的交聘活動，因此在景德二年（遼聖宗統和二十三年，一○○五年），宋朝廷即派遣使節至遼國，祝賀遼聖宗的生辰。

　　關於遼聖宗生辰的日期，據《遼史》〈景宗本紀〉，說：「（遼景宗）保寧三年（宋太祖開寶四年，九七一年）十二月……己丑（二十七日）皇子隆緒（遼聖宗）生。」〔註74〕以及《遼史》〈聖宗本紀〉，說：「統和元年（宋太宗太平興國八年，九八三年）九月辛未（十九日），有司請以帝生日為千齡節，從之。……十二月……戊申（二十七日），千齡節，祭日月，禮畢，百僚稱賀。」〔註75〕可知遼聖宗生辰是在十二月二十七日。但是實際上從統和元年至二十二年，在《遼史》〈聖宗本紀〉中均沒有關於其生辰活動的記載，直至統和二十三年，《遼史》〈聖宗本紀〉才記載此年「十二月丙申（二十二日），宋遣周漸等來賀千齡節」。〔註76〕顯然是因為遼宋在統和二十二年十二月簽訂澶淵盟約之後，兩國在第二年展開祝賀對方帝后生辰的交聘活動，因此《遼史》〈聖宗本紀〉才出現這一類情事的記載。

　　至於此次交聘活動的情形，根據《長編》卷61，說：「景德二年……十月……丙戌（十一日），遣度支判官太常博士周漸為契丹國主生辰使、侍禁

〔註72〕《宋史》，卷4，本紀第4，太宗1，頁58。
〔註73〕同註70。
〔註74〕《遼史》，卷8，本紀第8，景宗上，頁92。
〔註75〕《遼史》，卷10，本紀第10，聖宗1，頁108。
〔註76〕《遼史》，卷14，本紀第14，聖宗5，頁162。

閤門祇候郭盛副之。……自是歲以爲常。」〔註77〕另外，在此條記載之下，提到「凡契丹主生日，朝廷所遣金酒食茶器三十七件，衣五襲，金玉帶二條，烏皮白皮鞾二量，紅牙、笙笛、觱栗、拍板、鞍勒馬二匹，纓複鞭副之，金花銀器三十件，銀器三十件，錦綺透背雜色羅紗綾縠絹二千疋，雜綵二千疋，法酒三十壺，的乳茶十斤，岳麓茶五斤，鹽密果三十罐，花果三十籠，其母生日約此數焉。」〔註78〕此段內容不僅記載宋朝廷致送遼聖宗的禮物，也言及「其母生日約此數焉」，〔註79〕正好可以補充前文所論，宋朝廷祝賀承天太后生辰致送禮物數量的多寡，也使我們知道當時宋朝廷所贈予遼帝后生辰的禮物，包括了金玉、器具、錦絹、酒茶、鹽漬水果等。

另外，在《遼史》〈禮志〉中，記載「宋使見皇帝儀」，說：

> 宋使賀生辰、正旦。至日，臣僚昧爽入朝，使者至幕次。……引首相南階上殿，奏宋使并從人牓子，就位立。臣僚並退於南面侍立。教坊入，起居畢，引南使副北洞門入，丹墀內面殿立。閤使北階下殿，受書匣，使人捧書匣者跪，閤使擂笏立，受於北階。上殿，欄內鞠躬，奏「封全」訖，授樞密開封。宰相對皇帝讀訖，舍人引使副北階上殿，欄內立。揖生辰大使少前，俛伏跪，附起居。俛伏興，復位立。大使俛伏跪，奏訖，俛伏興，退，引北階下殿，揖使副北方，南面鞠躬。舍人鞠躬，通南朝國信使某官以下祇候見，……舍人傳宣賜衣，使副并從人服賜衣畢，舍人引使副入，丹墀內面殿鞠躬。舍人贊謝恩，拜，舞蹈，五拜畢，贊上殿祇候。引使副南階上殿，就位立。……曲破，臣僚并使副並起，鞠躬。應坐臣僚并使副皆拜，稱「萬歲」。贊各祇候。引使副南階下殿，丹墀內舞蹈，五拜畢，贊各祇候。引出。次引眾臣僚下殿出畢，報閤門無事。皇帝起，聲蹕。〔註80〕

而在《遼史》〈禮志〉「皇帝生辰朝賀儀」，提到宋使節和遼臣一起參與朝賀的情形，說：

> 臣僚、國使班齊，皇帝昇殿坐。臣僚、使副入，合班稱賀，合班出，皆如皇太后生辰儀。……皇太后昇殿坐，皇帝東方側坐。引契丹、

〔註77〕《長編》，卷61，宋眞宗景德二年十月丙戌條，頁13。
〔註78〕註同前。另可參閱《契丹國志》，卷21，頁176。
〔註79〕同註77。
〔註80〕《遼史》，卷51，志第20，禮志4，賓儀，頁850～851。

漢人臣僚、使副兩洞門入，合班，起居，舞蹈，五拜。……契丹臣
僚入，謝宣宴。漢人臣僚、使副入，通名謝宣宴，上殿就位。……
曲破，臣僚、使副起。餘皆如正旦之儀。〔註81〕

及至宋使節祝賀遼聖宗生辰的交聘活動結束之後，必須向遼皇帝辭行，
據《遼史》〈禮志〉「賀生辰正旦宋使朝辭皇帝儀」，說：

臣僚入朝如常儀，宋使至幕次。……中書令奏宋使副并從人朝辭牓
子畢，……舍人引使副六人北洞門入，丹墀北方，面南鞠躬。舍人
鞠躬，通南朝國信使某官某以下祇候辭，再拜；起居，戀闕，如辭
皇太后儀。贊各祇候，平身立。揖使副鞠躬。宣徽贊「有敕」，使副
再拜，鞠躬，平身立。宣徽使贊「各賜卿對衣、金帶、疋段、弓箭、
鞍馬等，想宜知悉」，使副平身立。揖大使三人少前，俛伏跪，揖笏，
閤門使授別錄賜物。過畢，俛起，復位立。揖副使三人受賜，亦如
之。贊謝恩，舞蹈，五拜。贊上殿祇候，舍人引使副南階上殿，就
位立。……贊各祇候，承受引兩廊立。御牀入，皇帝飲酒，舍人、
閤使贊臣僚、使副拜，稱「萬歲」，皆如曲宴。……曲破，臣僚、使
副皆起立，拜，稱「萬歲」，如辭太后之儀。使副下殿，舞蹈，五拜。
贊各上殿祇候，引北階上殿，欄內立。揖生辰、正旦大使二人少前，
齊跪，受書畢，起立，揖磬折受起居畢，退。引北階下殿，丹墀內
並鞠躬。舍人贊「各好去」，引南洞門出。次引殿上臣僚南北洞門出
畢，報閤門無事。〔註82〕

以上三則關於宋使節祝賀遼皇帝生辰禮儀的記載，頗能有助於我們了解
宋朝廷派遣使節祝賀遼聖宗生辰交聘活動的情形。〔註83〕同時綜合此節以上
所論，也使我們知道宋遼兩國訂盟之後，其友好情誼相當深厚，因此派遣使
節祝賀遼聖宗生辰的舉措，也「自是歲以為常」。〔註84〕

〔註81〕《遼史》，卷53，志第22，禮志6，嘉儀下，頁867～868。
〔註82〕《遼史》，卷51，志第20，禮志4，賓儀，頁853～854。
〔註83〕路振在宋真宗大中祥符元年（遼聖宗統和二十六年，一○○八年），曾擔任賀
　　　　遼聖宗生辰使，因此在其《乘軺錄》（收錄於《遼史彙編》（六），頁47～50）
　　　　中，對於晉見、朝賀、朝辭遼帝后的交聘活動敘述很清楚，讀者可據以參考。
〔註84〕同註77。

五、宋弔祭遼承天太后的哀喪交聘活動

據《遼史》〈聖宗本紀〉，說：「（遼聖宗）統和二十七年（宋眞宗大中祥符二年，一○○九年）……十二月……辛卯（十一日），皇太后崩于行宮。」〔註85〕以及《遼史》〈后妃傳〉，說：「（遼）景宗睿智皇后蕭氏，……景宗崩，尊爲皇太后。……統和元年（宋太宗太平興國八年，九八三年），上尊號曰承天皇太后。……二十七年崩，……。」〔註86〕由於承天太后之死，乃是宋遼兩國訂立澶淵盟約，建立起友好的和平關係之後，第一位遼方領導者的死亡，也是第一位遼方皇太后的死亡，因此遼宋兩國朝廷對於其哀喪的交聘活動相當重視。但是由於《遼史》的編纂太過於簡略，因此在〈聖宗本紀〉中對於承天太后的哀喪以及宋國派遣使節前來弔祭的交聘活動等相關日程，只簡單地說：「統和二十七年（宋眞宗大中祥符二年，一○○九年）……十二月……壬辰（十二日），遣使報哀于宋、夏、高麗。……二十八年（宋眞宗大中祥符三年，一○一○年）……二月丙戌（六日），宋遣王隨、王儒等來弔祭。……是月，遣左龍虎衛上將軍蕭合卓饋大行皇太后遺物于宋，仍遣臨海軍節度使蕭虛列、左領軍衛上將軍張崇濟謝宋弔祭。三月……是月，宋、高麗遣使來會葬。」〔註87〕這樣的記載，實在無法讓我們充分了解宋使節弔祭遼承天太后的哀喪交聘活動情形，因此筆者試著另從宋人的著作來加以探討。

首先要討論的是宋朝廷對於遼承天太后的哀喪交聘活動是如何回應、配合與進行？據《長編》卷72，說：「宋眞宗大中祥符二年（遼聖宗統和二十七年，一○○九年）……十二月……癸卯（二十三日），契丹國母蕭氏卒，年五十七，諡曰：宣獻。契丹士哭必嘔血，遣天平節度使耶律信寧，馳騎來告，涿州先牒雄州，雄州以聞。」〔註88〕顯然宋朝廷是在遼承天太后死後的第十二天才獲知其死訊。

而在《宋史》〈禮志〉中，提到宋朝廷對於外國使節因其帝后死亡來告哀的禮儀，說：

> 凡外國喪，告哀使至，有司擇日設次於內東門之北隅，命官攝太常

〔註85〕《遼史》，卷14，本紀第14，聖宗5，頁164。

〔註86〕《遼史》，卷71，列傳第1，后妃，景宗睿智皇后蕭氏，頁1201～1202。

〔註87〕《遼史》，卷14，本紀第14，聖宗5，頁164、卷15，本紀第15，聖宗6，頁167。

〔註88〕《長編》，卷72，宋眞宗大中祥符二年十二月癸卯條，頁21。

卿及博士贊禮。俟太常卿奏請，即向其國而哭之，五舉音而止。皇
帝未釋素服，人使朝見，不宣班，不舞蹈，不謝面天顏，引當殿，
喝「拜」，兩拜，奏聖躬萬福。又喝「拜」，兩拜，隨拜萬歲。或增
賜茶藥及傳宣撫問，即出班致詞訖，歸位。又喝「拜」，兩拜，隨拜
萬歲。喝「祇候」，退。〔註89〕

因此當「（宋眞宗）大中祥符二年十二月，北朝皇太后凶訃，遣使來告哀」
〔註90〕時，宋眞宗即「詔遣官迎之，廢朝七日，擇日備禮舉哀成服，禮官
詳定儀注以聞。其日，皇帝常服乘輿詣幕殿，俟時釋常服，服素服，白羅衫、
黑銀帶、素紗軟腳襆頭。太常卿跪，奏請皇帝爲北朝皇太后凶訃至掛服，又
奏請五舉音。文武百僚進名奉慰，退幕殿。仍遣使祭奠弔慰」。〔註91〕另據《長
編》卷 72，說：「甲辰（二十四日），詔廢朝七日，令禮官詳定服制，內出開
寶禮，爲蕃國發哀儀，下輔臣使參擇而行。復命太常博士直史館王隨，內殿
承制閤門祇候郭允恭爲祭奠使。太常博士判三司催欠憑由司王曙，供奉閤門
祇候王承瑾爲弔慰使。賻以衣五襲，綾羅帛萬疋。」〔註92〕由以上的記載，
可知在遼承天太后死後，當遼使節前來宋朝廷告哀時，宋眞宗不僅廢朝七日，
也擇日備禮舉哀成服，爲遼發哀儀，並且派遣祭奠使、弔慰使赴遼，以便配
合和進行遼承天太后的哀喪交聘活動。

當時遼國賀正旦使耶律圖嚕庫正好出使宋國，逗留於宋汴京，因此當「乙
巳（二十五日），賀正使耶律圖嚕庫初入見，既還館，令客省使曹利用以涿州
牒示之」，〔註93〕讓耶律圖嚕庫能很快地知道其本國承天太后已經死亡的消
息。及至「戊申（二十八日），告哀使耶律信寧至，閤門使受書進內，詔圖嚕
庫等就開寶寺設位奠哭。中書、門下、樞密院、三司使、學士知制誥已上詣
都亭驛弔之。」〔註94〕「己酉（二十九日），上（宋眞宗）於內東門制服發哀，
召信寧入內，親加卹問，群臣進名奉慰。」〔註95〕至大中祥符三年（統和二
十八年，一○一○年）正月，「契丹賀正使爲本國皇太后成服，所司設幕次、
香、酒及哀服、絰、杖等，禮直官引使、副已下詣位，北向再拜。班首詣前，

〔註89〕《宋史》，卷 124，志第 77，禮 27，凶禮 3，頁 2897。
〔註90〕註同前。
〔註91〕同註 89，頁 2897～2898。
〔註92〕《長編》，卷 72，宋眞宗大中祥符二年十二月甲辰條，頁 21。
〔註93〕《長編》，卷 72，宋眞宗大中祥符二年十二月乙巳條，頁 21。
〔註94〕《長編》，卷 72，宋眞宗大中祥符二年十二月戊申條，頁 21。
〔註95〕《長編》，卷 72，宋眞宗大中祥符二年十二月己酉條，頁 21。

執盞跪奠，俛伏，興，歸位，皆再拜。俟使已下俱衰服、絰、杖成服訖，禮直官再引各依位北向，舉哭盡哀。班首少前，去杖，跪，奠酒訖，執杖，俛伏，興，歸位。焚紙馬，皆舉哭，再拜畢，各還次，服吉服，歸驛」。〔註96〕由此可知，遼國賀正旦使耶律圖嚕庫在宋汴京逗留期間，除進行賀正旦的交聘活動外，也曾在汴京參與由宋朝廷所安排的禮儀，爲其本國皇太后舉哀成服，這些舉動均顯現出宋朝廷對遼承天太后哀喪事宜的重視。

另外，宋朝廷所派遣的契丹國母正旦使馮起，從遼返回宋汴京之後，在大中祥符三年正月二十四日，向宋朝廷報告，說：「所送國母禮物，本國以母亡，懇讓不受。」〔註97〕可知遼承天太后死亡時，馮起正好在赴遼朝廷（遼皇帝駐帳地）的途中，及至其抵達後，本來擬在進行賀正旦時致送給承天太后的禮物，此時因爲承天太后的死亡，遼朝廷遂懇辭不接受這些禮物。而全同年閏二月，宋朝廷爲了表達與遼國對承天太后的死亡同哀之意，特別「詔河北、河東緣邊安撫司候契丹國母喪日，令沿邊州軍于其日前後各禁音樂三日，仍移文契丹界，令知朝旨。」〔註98〕至「四月甲子（十五日），契丹主葬其母於顯州北二十里。詔以是日廢朝，仍令邊城禁樂三日」。〔註99〕這種命令邊城禁樂三天爲承天太后葬日舉哀的作爲，更加顯現出宋朝廷爲遼國友邦國喪同哀的心意，因此使遼朝廷對於宋國這種舉措頗爲感激，遂在同年九月十一日，「遣臨海軍蕭曷領、給事中室程奉其母遺書及遺物玉釧、琥珀、瓔珞、瑪瑙、瓶盤、犀玉壺、良馬等上。又遣左武騎上將軍蕭善寧、左領軍衛大將軍張崇濟獻御衣、文犀帶、名馬、弧矢等束謝賻禮，以國母遺留書禮，亦令于閤門通進人使入見。」〔註100〕至此時，宋朝廷對於遼承天太后死亡所進行的哀喪交聘活動也才告一段落。

六、遼弔祭宋太祖、眞宗的哀喪交聘活動

據《長編》卷17，說：「開寶九年（遼景宗保寧八年，九七六年）……十月……癸丑（二十日），上（宋太祖）崩于萬歲殿。……甲寅（二十一日），太宗即位，……太平興國元年（即開寶九年）十一月……壬午（二十日），遣

〔註96〕同註89，頁2898。
〔註97〕《長編》，卷73，宋眞宗大中祥符三年正月甲戌條，頁2。
〔註98〕《宋會要輯稿》，第196冊，蕃夷2之3。
〔註99〕《長編》，卷73，宋眞宗大中祥符三年四月甲子條，頁15。
〔註100〕《宋會要輯稿》，第196冊，蕃夷2之4。另見《長編》，卷73，宋眞宗大中祥符三年九月丙戌條，頁8。

著作郎馮正、著作佐郎張玘使契丹,告終稱嗣也。」〔註 101〕以及《宋史》〈太宗本紀〉,說:「開寶九年冬十月癸丑(二十日),太祖崩,帝(太宗)遂即皇帝位。……十一月……己丑(二十七日),遣著作郎馮正、佐郎張玘使契丹告哀。」〔註 102〕當時正值宋與遼短暫的和平外交時期,因此遼朝廷在得知宋太祖的死訊之後,即展開弔祭宋太祖的哀喪交聘活動。例如《遼史》〈景宗本紀〉,說:「保寧八年十一月丙子(十四日),宋主匡胤殂,其弟炅自立,遣使來告。辛卯(二十九日),遣郎君王六、撻馬涅木古等使宋弔慰。」〔註 103〕但是筆者進一步查閱《長編》、《宋會要輯稿》和《宋史》均未見記載王六和撻馬涅木古來宋弔慰一事。只見《長編》卷 17,說:「十二月……戊午(二十六日),契丹使鞍轡庫使蕭蒲骨只來修贈禮。上(宋太宗)命引進副使田守奇勞于城外,加賜以遣之。」〔註 104〕以及《宋會要輯稿》,說:「十二月,契丹遣使鞍轡庫使蕭蒲骨只及從人粘毛骨等奉慰書來聘,修贈禮也。命引進副使田守奇宴勞於城外,恩賜如例,及還,又加賜銀器二百兩、衣著二百匹。」〔註 105〕另外,《遼史》〈景宗本紀〉,說:「保寧九年……二月庚子(九日),宋遣使致其先帝遺物。」〔註 106〕可是筆者查閱《長編》、《宋會要輯稿》、《宋史》,想要知道宋朝廷何時派遣何人使遼致送太祖遺物,卻也均未見記載。

及至宋太祖陵墓建造完成時,遼朝廷又派遣使節來獻助山陵,因此《長編》卷 18,說:「太平興國二年(遼景宗保寧九年,九七七年)四月……甲寅(二十四日),契丹遣鴻臚少卿耶律敵等來助葬。乙卯(二十五日),葬太祖英武聖德皇帝于永昌陵。」〔註 107〕以及《宋會要輯稿》,說:「宋太宗太平興國二年四月,又遣使鴻臚卿耶律敵等獻助山陵,馬三十匹,又獻御衣三襲,金帶二,御馬三匹,黃金鞍勒副之,金飾戎具一副。」〔註 108〕當時宋太宗也特別在「五月十一日,再宴契丹使于崇德殿,酒九行而罷,以其貢助山陵也」。〔註 109〕從以上的論述,可知在宋太祖死後,宋遼兩國基於和平的外交關係,

---

〔註 101〕《長編》,卷 17,宋太祖開寶九年十月癸丑、甲寅條,頁 16、17。
〔註 102〕《宋史》,卷 4,本紀第 4,太宗 1,頁 54。
〔註 103〕《遼史》,卷 8,本紀第 8,景宗上,頁 96。
〔註 104〕《長編》,卷 17,宋太宗太平興國元年十二月戊午條,頁 22。
〔註 105〕《宋會要輯稿》,第 196 冊,蕃夷 1 之 3。
〔註 106〕《遼史》,卷 9,本紀第 9,景宗下,頁 99。
〔註 107〕《長編》,卷 18,宋太宗太平興國二年四月甲寅、乙卯條,頁 10。
〔註 108〕《宋會要輯稿》,第 196 冊,蕃夷 1 之 4。
〔註 109〕《宋史》,卷 119,志第 72,禮 22,賓禮 4,頁 2803。

因此雙方曾經進行了一系列的哀喪交聘活動。但是後來宋太宗死亡時，因爲適値宋遼外交中斷期，使兩國並未有此方面的交聘活動。直至宋眞宗景德元年（遼聖宗統和二十二年，一〇〇四年）與遼簽訂澶淵盟約，再度建立起和平外交關係之後，才又因宋眞宗的死亡，恢復遼使節前來弔祭宋朝皇帝的哀喪交聘活動。

首先據《長編》卷98，說：「乾興元年（遼聖宗太平二年，一〇二二年）二月戊午（十九日），上（宋眞宗）崩於延慶殿。（宋）仁宗即皇帝位。……遣內殿承制閤門祇候薛貽廓告哀契丹。」〔註110〕同年三月，薛貽廓抵達遼朝廷告哀，遼聖宗基於和宋國和平外交的情誼，隨即進行相關的交聘活動。據《遼史》〈聖宗本紀〉，說：「太平二年……三月……丁丑（八日），宋使薛貽廓來告宋主恒（宋眞宗）殂，子禎（宋仁宗）嗣位。遣都點檢耶律僧隱等充祭奠使副、林牙蕭日新、觀察馮延休充宋后弔慰使副。戊寅（九日），遣金吾耶律諧領、引進姚居信充宋主弔慰使副。戊子（十九日），爲宋主飯三京僧。」〔註111〕可知當薛貽廓來告哀的當天和隔天，遼朝廷即完成祭奠、弔慰使副人選的派任，甚至於「爲宋主飯三京僧」，〔註112〕以求增加宋眞宗往生後的福報。在《遼史》〈禮志〉中，有記載「宋使告哀儀」，說：

> 皇帝素冠服，臣僚皂袍、皂鞾帶。宋使奉書右入，丹墀內立。西上閤門使右階下殿，受書匣，上殿，欄內鞠躬，奏「封全」。開封，於殿西案授宰相讀訖，皇帝舉哀。舍人引使者右階上，欄內俛跪，附奏起居訖，俛興，立。皇帝宣問「南朝皇帝聖躬萬福」，使者跪奏「來時皇帝聖躬萬福」，起，退。舍人引使者右階下殿，於丹墀西，面東鞠躬。通事舍人通使者名某祇候見，再拜。不出班，奏「聖躬萬福」，再拜。出班，謝面天顏，再拜。又出班，謝遠接、撫問、湯藥，再拜。贊祇候，引出，就幕次，宣賜衣物。引從人入，通名拜，奏「聖躬萬福」，出就幕，賜衣，如使者之儀。又引使者入，面殿鞠躬，贊謝恩。再贊「有敕賜宴」，再拜。贊祇候，出就幕次宴。引從人謝恩，拜敕賜宴，皆如初。宴畢，歸館。〔註113〕

〔註110〕《長編》，卷98，宋眞宗乾興元年二月戊午條，頁3。
〔註111〕《遼史》，卷16，本紀第16，聖宗7，頁190。
〔註112〕註同前。
〔註113〕《遼史》，卷50，本紀第19，禮志2，凶儀，頁842～843。

　　由此段的敘述，我們可感受到，遼朝廷確實很重視兩國的外交情誼，因此在宋使節因宋真宗的死亡，前來告哀時其所進行的儀式即顯現出相當隆重、誠摯的態度。甚至於在《長編》卷98，提到當時「契丹主（遼聖宗）聞真宗崩，集蕃漢大臣舉哀號慟。因謂其宰相呂德懋曰：『與南朝約為兄弟，垂二十年。忽報登遐，吾雖少兩歲，顧餘生幾何？』因復大慟。又曰：『聞皇嗣尚少，恐未知通好始末，苟為臣下所間，奈何！』及薛貽廓至，具道朝廷之意。契丹主喜，謂其妻蕭氏曰：『汝可致書大宋皇太后，使汝名傳中國。』乃設真宗靈御於范陽憫忠寺，建道場百日。下令國中諸犯真宗諱，悉易之。」〔註114〕這一段生動感人情節的描述，使我們更加體認到遼聖宗本人頗為珍惜遼宋和平外交的情誼，因此當其聞知宋真宗死訊時，即很擔心宋朝新即位的皇帝是否會繼續遵守盟約，而影響兩國的友好關係。及至宋朝廷所派遣的告哀使薛貽廓到達遼朝廷，向遼聖宗轉達了宋仁宗的心意之後，他才放心下來。〔註115〕

　　至同年二月丙寅（二十七日），宋朝廷「遣度支副使禮部郎中薛田為契丹遺留禮信使，供備庫副使李餘懿副之。」〔註116〕《遼史》〈聖宗本紀〉，也提到在「六月己未（二十一日），宋遣使薛田等來饋其先帝遺物」。〔註117〕另外，《遼史》〈禮志〉「宋使進遺留禮物儀」，詳細記載其儀式的過程，說：

　　　　百官昧爽朝服，殿前班立。宋遺留使、告登位使副入內門，館伴副
　　　　使引謝登位使就幕次坐。館伴大使與遺留使副奉書入，至西上閤門
　　　　外氈位立。閤使受書匣，置殿西階下案。引進使引遺留物於西上閤
　　　　門入，即於廊下橫門出。皇帝昇殿坐。宣徽使押殿前班起居畢，引
　　　　宰臣押文武班起居，引中書另西階上殿，奏宋使見牓子。契丹臣僚

〔註114〕《長編》，卷98，宋真宗乾興元年六月乙巳條，頁12。

〔註115〕按，宋仁宗亦主張與遼維持友好外交，茲舉二例印證，據邵伯溫，《邵氏聞見錄》，說：「虜主（遼道宗）為太子時，雜入國使入內。雄州密以聞，（宋）仁宗召入禁內，俾見皇后，待以厚禮，臨歸撫之曰：『與汝一家也。異日惟盟好是念，生靈是愛。』故虜主感之。」（收錄於《宋代筆記小說》，第5冊，石家莊：河北教育出版社，1995年2月，卷2，頁7～8）（此一史事未見他書記載，頗有存疑之處，筆者予以提出，僅供讀者參考）另據邵博《聞見後錄》，說：「（宋）仁宗皇帝崩，遣使訃於契丹。燕境之人，無遠近皆聚哭。虜主（遼道宗）執使者手號慟曰：『四十二年不識兵革矣。』其後北朝葬仁宗皇帝所賜御衣，嚴事之如祖宗陵墓云。」（卷第1，頁5，北京：中華書局，1997年12月）依此二例，可知宋仁宗亦頗能遵循宋真宗與遼友好的態度。

〔註116〕《長編》，卷98，宋真宗乾興元年二月丙寅條，頁5。

〔註117〕同註110。

起居，控鶴官起居。遺留使副西上閣門入，面殿立。舍人引使副西階上殿，附奏起居訖，引西階下殿，於丹墀東，西面鞠躬，通名奏「聖躬萬福」，如告哀使之儀。謝面天顏，謝遠接、撫問、湯藥。引遺留使從人見亦如之。……宣賜遺留、登位兩使副并從人衣物，如告哀使。應坐臣僚皆上殿就位立，分引兩使副等於兩廊立。皇帝問使副「衝涉不易」，丹墀內五拜。……契丹通，漢人贊，皆再拜，稱「萬歲」。各祇候。獨引宋使副下殿謝，五拜。引出。控鶴官門外祇候，報閣門無事，供奉官捲班出。〔註118〕

至於遼朝廷所派遣的祭奠使、弔慰使也在六月乙巳（七日）抵達宋汴京，據《長編》卷98，說：「差殿前都點檢崇義節度使耶律僧隱、翰林學士工部侍郎知制誥馬貽謀來祭奠。右金吾衛上將軍耶律寧、引進使姚居信來弔慰。左金吾衛上將軍蕭日新、利州觀察使馮延休弔慰皇太后。」〔註119〕至「六月丁巳（十九日），使者入奠大行神御於滋福殿。既而進慰書於東廂，復詣承明殿，進蕭氏書。及其還也，又辭大行於滋福殿，退詣崇德殿。閣門使宣大行遺旨曰：『兩朝歡好，務以息民，繼及子孫。』又詣承明殿，辭皇太后。」〔註120〕對於當時祭奠、弔慰情形，在《宋史》〈禮志〉中，有如下的記載：

其入弔奠之儀。乾興元年，眞宗之喪，契丹遣殿前都點檢崇義軍節度使耶律三隱、翰林學士工部侍郎知制誥馬貽謀充大行皇帝祭奠使、副，左林牙左金吾衛上將軍蕭日新、利州觀察使馮延休充皇太后弔慰使、副，右金吾衛上將軍耶律寧、引進使姚居信充皇帝弔慰使、副。所司預於滋福殿設大行皇帝神御坐，又於稍東設御坐。祭奠弔慰使、副並素服，由西上閣門入，陳禮物於庭。……禮直官、閣門舍人贊引耶律三隱等詣神御坐前階下，俟殿上簾捲，使、副等並舉哭，殿上皆哭。再拜訖，引升殿西階，詣神御坐前上香、奠茶酒。貽謀跪讀祭文畢，降階，復位，又舉哭，再拜訖，稍東立。俟皇太后升坐，中書、樞密院起居畢，簾外侍立。舍人引弔慰祭奠使、副朝見。殿上舉哭，左右皆哭。弔慰使、副蕭日新等升殿進書訖，降坐。俟皇帝升坐，中書、樞密院起居畢，升殿侍立。舍人引弔慰

〔註118〕《遼史》，卷50，本紀第19，禮志2，凶儀，頁843～844。

〔註119〕同註114。

〔註120〕《長編》，卷98，宋眞宗乾興元年六月丁巳條，頁13。

祭奠使、副朝見。皇帝舉哭，左右皆哭。弔慰使、副耶律寧等升殿
進書訖，賜三隱等襲衣、冠帶、器幣、鞍馬，隨行舍利、牙校等衣
服、銀帶、器幣有差。弔慰使、副蕭日新等復詣承明殿，俟皇太后
升坐，中書、樞密院侍立如儀。舍人引蕭日新等升殿進問聖候書畢，
賜銀器、衣著有差。仍就客省賜三隱等茶酒，又令樞密副使張士遜
別會三隱等伴宴於都亭驛。〔註121〕

另外，宋朝廷有感於遼朝廷對宋眞宗的死亡，在哀喪交聘活動中展現出相當
誠摯的心意，因此在七月乙亥（七日），以「戶部郎中直史館劉鍇爲皇后（皇
太后）回謝契丹使，客省副使曹儀副之。工部郎中趙賀爲皇帝回謝使，內殿
承制閤門祇候楊承吉副之。」〔註122〕《遼史》〈聖宗本紀〉，也說：「十一月丙
戌（二十日），宋遣使來謝。」〔註123〕

論述至此，我們可知宋眞宗乃是與遼簽訂澶淵盟約的宋朝皇帝，他不僅
促成宋遼兩國建立起長期的和平外交關係，而且在其生前，一直致力於對盟
約的遵守和友好情誼的維持，甚至於在死前還留下「遺旨曰：『兩朝歡好，務
以息民，繼及子孫。』」〔註124〕表達出他維護宋遼兩國和平關係的最高心意。
筆者認爲，就是因爲宋眞宗這種誠懇的態度，深深感動了遼聖宗和遼朝廷，
因此當宋眞宗死亡時，遼國在宋眞宗的哀喪交聘活動中均表現得很隆重。

七、宋弔祭遼聖宗的哀喪交聘活動

據《遼史》〈興宗本紀〉，說：「（遼聖宗）太平十一年（宋仁宗天聖九年，
一〇三一年）夏六月己卯（三日），聖宗崩，（興宗）即皇帝位於柩前。⋯⋯甲
申（八日），遣使告哀于宋及夏、高麗。」〔註125〕而宋朝廷則在六月「己亥（二
十三日），雄州以契丹主訃聞。」〔註126〕此爲從宋太祖與遼進行過短暫外交，
以及宋眞宗與遼簽訂澶淵盟約，再度建立起長期和平外交之後，第一次有遼
國方面皇帝的死亡，因此基於兩國外交的情誼，宋仁宗和宋朝廷對於遼聖宗
的哀喪交聘活動相當重視。例如當六月二十三日，宋仁宗得知遼聖宗的死訊，
即在「辛丑（二十五日），輟視朝七日，在京及河北、河東緣邊亦禁音樂七日。

〔註121〕《宋史》，卷124，志第77，禮27，凶禮3，頁2899～2900。
〔註122〕《長編》，卷99，宋眞宗乾興元年七月乙亥條，頁2。
〔註123〕《遼史》，卷16，本紀第16，聖宗7，頁191。
〔註124〕同註120。
〔註125〕《遼史》，卷18，本紀第18，興宗1，頁211。
〔註126〕《長編》，卷110，宋仁宗天聖九年六月己亥條，頁10。

命御史中丞王隨爲祭奠使，西上閣門使曹儀副之。龍圖待制孔道輔爲賀登位使，崇儀副使孫繼鄴副之。龍圖閣待制梅詢爲國母弔慰使，昭州刺史張綸副之。鹽鐵副使司封員外郎王礦爲國主弔慰使，內殿承制閣門祇候許懷信副之。」〔註127〕

另外，關於遼使節來告哀時的儀式，宋朝廷曾交由「禮官詳定：北朝凶訃，宜於西上閣門引來使奉書，令閣門使一員跪受承進，宰臣、樞密使已下待制已上，並就都亭驛弔慰」。〔註128〕因此至「七月丙午（一日），契丹遣奉陵軍節度使耶律克實來告哀。上（宋仁宗）爲成服於內東門之幄殿，引使者入左掖門，歷左升龍門入朝堂之西側門，至文德殿門，奉書博士贊導由西階至西上閣門階下，北向跪，以授閣門使。閣門使授入內都知以進，次引使者見於幄殿。帝向其國五舉哀而止。皇太后舉哭如上儀，遣近臣詣館弔慰，常服黑帶繫鞶，不佩玉。」〔註129〕而《宋史》〈禮志〉也記載此事，說：「七月一日，使者耶律乞石至，帝與皇太后發哀苑中，使者自驛赴左掖門入，至左昇龍門下馬，入北偏門階下，行至右昇龍北偏門，入朝堂西偏門，至文德殿門上奉書。太常博士二員與禮直官贊引入文德殿西偏門階下，行至西上閣門外階下，面北跪，進書。閣門使跪受承進。太常博士、禮直官退。使者入西上閣門殿後偏門，入宣祐西偏門，行赴內東門柱廊中間，過幕次祇候，朝見訖，赴崇政殿門幕次祇候，朝見皇太后訖，出。三日，近臣慰乞石于驛。」〔註130〕由此二則記載，可知宋朝廷在遼使節來告哀時，充分展現了對遼聖宗死亡的致哀之意。

至於宋朝廷所派遣的祭奠使、賀登位使、弔慰使，也在同年九月到達遼興宗駐帳地，因此《遼史》〈興宗本紀〉，說：「九月……辛亥（六日），宋遣王隨、曹儀致祭，王礦、許懷信、梅詢、張綸來慰兩宮，范諷、孫繼業賀即位，孔道輔、魏昭文賀皇太后冊禮。……庚午（二十五日），以宋使弔祭，喪服臨菆塗殿。甲戌（二十九日），遣御史中丞耶律翥、司農卿張確、詳穩耶律勵、四方館使高維翰謝宋弔慰。」〔註131〕另外，《遼史》〈禮志〉詳細記載「宋使祭奠弔慰儀」，說：

〔註127〕《長編》，卷110，宋仁宗天聖九年六月辛丑條，頁10。
〔註128〕《宋史》，卷124，志第77，禮27，凶禮3，頁2898。
〔註129〕《長編》，卷110，宋仁宗天聖九年七月丙午條，頁10～11。
〔註130〕同註128。
〔註131〕《遼史》，卷18，本紀第18，興宗1，頁212。

太皇太后至靬塗殿，服喪服。太后於北間南面垂簾坐，皇帝於南間
北面坐。宋使至幕次，宣賜素服、皂帶。……先引祭奠使副捧祭文
南洞門入，殿上下臣僚並舉哀，至丹墀立定。西上閤門使自南階下，
受祭文，上殿啟封，置於香案，哭止。祭奠禮物列殿前。引使副南
階上殿，至褥位立，揖，再拜。引大使近前上香，退，再拜。大使
近前跪，捧臺琖，進奠酒三，教坊奏樂，退，再拜。揖中書二舍人
跪捧祭文，引大使近前俛伏跪，讀訖，舉哀。引使副下殿立定，哭
止。禮物擔牀出畢，引使副近南，面北立。勾弔慰使副南洞門入。
四使同見大行皇帝靈，再拜。引出，歸幕次。皇太后別殿坐，服喪
服。先引北南面臣僚並於殿上下依位立，弔慰使副捧書匣右入，當
殿立。閤門使右下殿受書匣，上殿奏「封全」。開讀訖，引使副南階
上殿，傳達弔慰訖，退，下殿立。引禮物擔牀過畢，引使副近南，
北面立。勾祭奠使副入。四使同見，鞠躬，再拜。不出班，奏「聖
躬萬福」，再拜。出班，謝面天顏，又再拜，立定。宣徽傳聖旨撫問，
就位謝，再拜。引出，歸幕次。皇帝御南殿，服喪服。使副入見，
如見太后儀，加謝遠接、撫問、湯藥，再拜。次宣賜使副并從人，
祭奠使副別賜讀祭文例物。即日就館賜宴。〔註 132〕

　　由以上敘述宋使節至遼國祭奠弔慰儀式的過程，可知當時遼宋兩國對於
彼此皇帝死亡時哀喪的交聘活動均相當嚴謹、隆重。至十月……丙戌（十二
日），遼朝廷又「遣工部尚書高德順、崇祿卿李可封致先帝遺物于宋；以右領
軍衛上將軍耶律遜、少府監馬憚充皇太后謝宋使；右監門衛上將軍耶律元載、
引進使魏永充皇帝謝宋使。」〔註 133〕因此《長編》卷 110，說：「閏十月己酉
（五日），契丹遣工部尚書蕭德順、崇祿卿李可封，以隆緒（遼聖宗）遺留物
來獻。」〔註 134〕

八、結論

　　在宋遼外交關係史的演變過程中，我們可以發現，並不是雙方有意友善
以及簽訂和約之後，即可以維持長久的和平關係，因為其中尚有許多變數，
例如宋太祖晚年，曾與遼建立起和平的外交關係，但是僅有六年的時間，後

〔註 132〕《遼史》，卷 50，本紀第 19，禮志 2，凶儀，頁 841～842。
〔註 133〕《遼史》，卷 18，本紀第 18，興宗 1，頁 212～213。
〔註 134〕《長編》，卷 110，宋仁宗天聖九年閏十月己酉條，頁 15。

來即因宋太宗征遼之役，使雙方外交關係破裂，交聘活動也隨之停止。又例如在宋眞宗時，雖然與遼簽訂了澶淵盟約，並且建立起長期的和平外交，但是後來也曾在宋仁宗、宋神宗時，先後發生增幣交涉、畫界交涉，造成兩國關係的緊張。可見宋遼雙方維持了一百多年的友好與和平，其實也不是一直都相安無事。

　　基於以上的情況，使我們益加體認宋遼兩國彼此往來的交聘活動，實在具有很高的重要性和意義。因爲在和平外交時期，雙方每年總是會固定的互派使節至對方朝廷，祝賀正旦和帝后的生辰，進行相關的交聘活動。也就是雙方每年總是有機會透過這些交聘活動，來增進和維持彼此的友好情誼。筆者認爲，此種互動的舉措對於宋遼兩國之所以能維繫長期的和平，必然有很深廣的作用。

　　同時筆者也認爲在宋遼各種交聘活動當中，祝賀對方帝后生辰和弔祭對方帝后死亡的哀喪交聘活動，所產生的作用應是比較大。因爲一則是分享對方帝后生辰的喜悅，另則是分擔對方帝后死亡的哀傷，在這兩種情景之下所進行的互動，最能流露出眞摯的情感，對方的感受也最深。因此這種情感與感受應是宋遼兩國能維持長期和平外交，最重要也是最深層的憑藉，假如缺少這種感情，則宋遼的和平外交關係僅是徒具形式而已，很容易發生變化，導致雙方的失和。筆者近幾年對宋遼外交史的研究，即是以這種體會來看待宋遼的外交關係，因此特別撰成本文，對宋遼帝后生辰與哀喪的交聘活動情形作一比較詳細的論述，期使讀者也能從中體會出，宋遼兩國能維持長期和平外交關係的原因之一，即是因爲雙方有濃厚的情誼，在深層的內涵中發揮了很大的作用而促成的。

徵引書目

一、史料

1. 王曾，《王文正公筆錄》，收錄於《宋代筆記小說》，石家莊：河北教育出版社，1995 年。

2. 李燾，《續資治通鑑長編》，上海：上海古籍出版社，1986 年。

3. 邵伯溫，《邵氏聞見錄》，收錄於《宋代筆記小說》，石家莊：河北教育出版社，1995 年。

4. 邵博，《聞見後錄》，北京：中華書局，1997 年。

5. 徐松，《宋會要輯稿》，北京：中華書局，1997 年。

6. 陳漢章，《遼史索隱》，收錄於《遼史彙編》（三），台北：鼎文書局，民國 62 年。

7. 脫脫，《遼史》，台北：鼎文書局，民國 67 年。

8. 脫脫，《宋史》，台北：鼎文書局，民國 67 年。

9. 彭百川，《太平治蹟統類》，台北：成文出版社，民國 55 年。

10. 路振，《乘軺錄》，收錄於《遼史彙編》（六），台北：鼎文書局，民國 62 年。

11. 葉隆禮，《契丹國志》，收錄於《遼史彙編》（七），台北：鼎文書局，民國 62 年。

12. 錢大昕，《廿二史考異》，上海：上海古籍出版社，2004 年。

二、論文

1. 黃鳳岐，〈遼宋交聘及其有關制度〉，《社會科學輯刊》，1985 年第 2 期。

2. 傅樂煥，〈宋遼聘使表稿〉，收錄於《遼史彙編》（八），台北：鼎文書局，民國 62 年。

3. 蔣武雄，〈宋遼使節逗留對方京城日數的探討〉，《空大人文學報》第 12 期，民國 92 年。

4. 蔣武雄，〈宋滅北漢之前與遼的交聘活動〉，《東吳歷史學報》第 11 期，民國 93 年。

5. 蔣武雄，〈論宋真宗對建立與維護宋遼和平外交的心意〉，《東吳歷史學報》第 15 期，民國 95 年。

6. 聶崇岐〈宋遼交聘考〉，收錄於《宋史叢考》（下），台北：華世出版社，民國 75 年。

——《東吳歷史學報》第 25 期〔民國 100 年 6 月〕，頁 57～98

韓琦與宋遼外交的探討

摘　要

　　韓琦是宋代名臣，但是學者對其研究並不多，因此本文以〈韓琦與宋遼外交的探討〉為題，討論韓琦擔任接伴遼使和出使遼國的一些問題，以幫助讀者知道韓琦較少被人注意的事蹟，以及當時宋遼外交的情形。

關鍵詞：宋、遼、韓琦、外交

一、前言

　　韓琦是中國宋代名臣，因此有一些研究宋代歷史或文學的學者，對其在詩文方面的成就、抵禦西夏的表現，以及在慶曆新政上所扮演的角色，都曾經發表了相關的文章。但是筆者在進行蒐集有關韓琦的資料之後，卻發現長期以來，韓琦並未如同蘇軾、歐陽修、范仲淹、王安石、包拯、司馬光等人一樣，受到學者比較多的注意，所發表關於韓琦的論著文章也不多。正如劉朴兵在〈近十幾年來韓琦研究綜述〉，所說：「近十幾年來史學界對韓琦的研究雖然取得了不少成果，但人們對韓琦的研究仍處于起步階段。當前，人們對韓琦的研究存在的突出問題有：第一，有關的文獻整理工作還做的很不充分。……還有許多矛盾舛錯急需學者們去考證、去糾正，……第二，有關論著偏少。……以韓琦為研究對象的論著的數目與韓琦在北宋歷史上的地位是很不相稱的。對韓琦的研究遠遠落後于北宋的其他人物如宋太祖、包拯、王安石、司馬光等人的研究。……第三，有關論著的質量有待提高。……今後，對韓琦的研究應該注重開拓新的課題，避免不必要的重複。……人們的眼光尤其應當投向那些未曾開發的處女地，或未經深入開發的半荒地。」〔註1〕

　　基於上述的情況，筆者遂以〈韓琦與宋遼外交的探討〉為題，在本文中探討韓琦擔任接伴遼使節和出使遼國的一些問題。據筆者的了解，目前尚未有學者針對此一史實發表過相關的論著文章。其原因可能如前文所言，本來韓琦的事蹟受到學者的重視即比較少，而其接觸宋遼外交的事蹟，更是被忽略所造成。但是另一原因，應是和當時韓琦參與對遼外交的史料，存留至今者實在太少有關。關於此一情形，據筆者查閱相關的史書之後，發現脫脫《宋史》〈韓琦傳〉，〔註2〕並無記載韓琦使遼的事蹟。而王稱《東都事略》〈韓琦傳〉、〔註3〕宋神宗〈兩朝顧命定策元勳之碑〉、〔註4〕王巖叟〈韓魏公別錄〉、〔註5〕強至〈韓魏公遺事〉、〔註6〕程瑀〈書忠獻魏王章表後〉〔註7〕也都未提

〔註1〕劉朴兵，〈近十幾年來韓琦研究綜述〉，《殷都學刊》第2期，2003年，頁51。

〔註2〕脫脫，《宋史》，卷312（台北：鼎文書局，民國67年9月），列傳第71，韓琦，頁10221～10230。

〔註3〕王稱，《東都事略》，卷第69（台北：國立中央圖書館，民國80年2月），傳52，韓琦，頁1～6。

〔註4〕宋神宗，〈兩朝顧命定策元勳之碑〉，收錄於《琬琰集刪存》，卷1（北京：北京圖書館出版社，2006年10月），頁3～7。

〔註5〕王巖叟，〈韓魏公別錄〉，《韓魏公集》，收錄於《叢書集成新編》（二），卷20

及韓琦曾經使遼。另外，宋人李清臣〈韓忠獻公琦行狀〉、〔註8〕佚名《韓魏公家傳》、〔註9〕清人楊希閔《宋韓忠獻公琦年譜》〔註10〕中，雖然有提到此一方面的事蹟，但是都只有短短一兩句。

至於韓琦本人所撰的詩文，在描述其接觸宋遼外交事蹟方面存留至今者也很少，例如在其所著的《安陽集》中，只收錄八首接伴遼使和四首使遼的詩作，〔註11〕這與當時某些曾經使遼的宋臣所作的使遼詩相比，算是比較少的。而很幸運的是，在韓琦《安陽集》中，另外收錄了一些其使遼的相關史料，即是其在往返遼國途中，接受本國境內地方官員招待所撰的遠迎啟，〔註12〕以及進入遼境之後，接受遼國君臣筵宴所撰的謝狀。〔註13〕這些是相當難得的史料，至少在筆者撰寫探討歐陽修、蘇轍兩人使遼的文章

（台北：新文豐出版公司，民國73年6月），頁267～272。

〔註6〕 強至，〈韓魏公遺事〉，《韓魏公集》，卷20，頁272～282。

〔註7〕 程瑀，〈書忠獻魏王章表後〉，《韓魏公集》，卷20，頁282～283。

〔註8〕 李清臣，〈韓忠獻公琦行狀〉，《名臣碑傳琬琰集》，卷48（台北：文海出版社，民國58年5月），頁1091～1114。

〔註9〕 佚名，《韓魏公家傳》，《韓魏公集》，卷10～19，頁153～265。按，《韓魏公家傳》為韓琦所留資料，為其子韓忠彥所作。

〔註10〕 楊希閔，《宋韓忠獻公琦年譜》（台北：台灣商務印書館，民國70年10月），頁1～49。

〔註11〕 韓琦，《安陽集》，《欽定四庫全書薈要》，卷4（台北：世界書局，民國77年2月），有收錄韓琦接伴遼使所作的八首詩，分別是〈離都〉、〈上巳〉、〈寓目〉、〈早行〉、〈寒食〉、〈登永濟驛樓〉、〈途中暑熱憶諸同舍〉、〈聞角〉。另外四首使遼詩為〈雄州遇雪〉、〈紫蒙遇風〉、〈使回戲成〉、〈過虎北口〉。（頁8～11）

〔註12〕 在韓琦《安陽集》卷39，有收錄韓琦往返遼國途中，接受本國境內地方官員招待所撰的遠迎啟，包括〈大使回諸州去日遠迎〉、〈副使回諸州去日遠迎〉、〈大使回天雄軍澶州二運使去日遠迎〉、〈副使回天雄軍澶州二運使去日遠迎〉、〈使副回去日不經歷州軍遠迎〉、〈大使回諸州回日遠迎〉、〈副使回諸州回日遠迎〉、〈大使回天雄軍澶州并二運使回日遠迎〉、〈大使去日回滑州書〉，這些是韓琦接觸宋遼外交的事蹟中較難得的史料。（頁1～3）

〔註13〕 在韓琦《安陽集》卷39，有收錄韓琦使遼，進出遼境時，接受筵宴所撰的謝狀，包括〈白溝謝筵狀〉、〈新城謝撫問表〉、〈燕京謝酒果狀〉、〈澶（檀）州謝湯藥表〉、〈副使澶（檀）州謝湯藥表〉、〈中京謝皮褐衣物等表〉、〈謝館宴狀〉、〈謝簽賜酒食狀〉、〈謝酒果狀〉、〈謝春盤幡勝狀〉、〈謝生鑣狀〉、〈謝射弓筵狀〉、〈謝餞筵狀〉、〈回燕王狀〉、〈副使回燕王狀〉、〈回中京留守狀〉、〈副使回中京留守狀〉、〈謝燕王請赴筵狀〉、〈副使謝燕王請赴筵狀〉、〈謝中京留守請赴筵狀〉、〈副使謝中京留守請赴筵狀〉、〈謝中京留守餞送狀〉、〈副使謝中京留守餞送狀〉、〈謝燕王餞送狀〉、〈副使謝燕王餞送狀〉，這些也是韓琦接觸宋遼外交的事蹟較難得的史料。（頁3～8）

時，所閱讀的史料當中，未曾出現過的內容。

但是這些史料對於筆者擬討論韓琦與宋遼外交的關係，實際上仍嫌不足，甚至於在史料有限的情況下，還出現了一部分不明確的地方，使筆者遇到一些困難與困惑。導致在寫作期間，曾因史料的不足和對問題不得其解，造成數度停頓。如今歷經三年多終於勉力完成，希望對讀者在了解韓琦生平事蹟上有些許的幫助。至於文中或有錯誤之處，尚請讀者專家惠予指正。

二、有關韓琦接伴遼使節的問題

宋朝廷對於派遣擔任出使遼國的人選，常有多方面的考量，除了考慮其家庭背景、身體健康、個人性格、才能、言行舉止，以及官職是否恰當之外，〔註14〕也會考慮是否曾經擔任過接（館、送）伴遼國使節的工作。因此韓琦在被派任使遼之前，曾經擔任過接伴遼使的工作。

但是在韓琦《安陽集》中雖然錄有八首詩，描述其接伴遼使途中的見聞與感觸，並且在第一首〈離都〉標題之下，註明「已下八首接伴途中作」，〔註15〕卻仍然讓我們產生一些問題，即是這八首詩並沒有提到年月日，導致我們因而無從知道韓琦到底是在何年何月前往宋國邊境接伴哪一位來聘的遼使？

為了解決這幾個問題，筆者先列出此八首詩的內容如下：

〔註14〕 以上有關宋朝廷選派使遼大臣各種條件的考量，近年來有多篇相關文章涉及這一方面史實的討論，例如有陶玉坤，〈遼宋對峙中的使節往還〉，《內蒙古大學學報》，1999 年 2 期，頁 10～17；蔣武雄，〈宋遼對兩國使節病與死的處理〉，《東吳歷史學報》第 9 期（台北：東吳大學，民國 92 年 3 月），頁 81～96；苗書梅、劉秀榮，〈宋代外交使節的選任制度〉，《10～13 世紀中國文化的碰撞與融合暨赤峰第三屆中國古代北方文化國際學術研討會論文匯編》，2004 年 7 月 24～29 日，頁 181～188；薛政超，〈宋初對外遣使及使者素質研究〉，《貴州社會科學》，2005 年 1 期，頁 137～140；薛政超，〈宋真宗朝對外遣使及使者素質研究〉（上）（下），湖北社會科學院網站，人文社會科學，2004 年，頁 1-6、1-5（網址：http：//www.hbsky58.net）；王慧杰，〈宋遣往遼國使節的素質初探〉，《廣西民族學院學報》（哲學社會科學版），2005 年 2 期，頁 252～254；吳曉萍，〈宋代外交使節的選派〉，《安徽師範大學學報》（人文社會科學版），2005 年 5 期，頁 567～571；王慧杰，〈宋朝遣往遼國的賀歲使節述論〉，《貴州文史叢刊》2005 年 4 期，頁 15～18；劉秋根、王慧杰，〈論宋朝遣遼使節的家族性特徵及其形成原因〉，《貴州社會科學》，2005 年 6 期，頁 126～132；王善軍、王慧杰，〈簡論使遼對北宋使臣政治性格的影響〉，《河北大學學報》（哲學社會科學版），2006 年 2 期，頁 1～5。

〔註15〕 《安陽集》，卷 4，頁 8。

〈離都〉（原注：已下八首接伴途中作）：「握節背都門，春天景半溫。柔鞭難駐馬，芳草易銷魂。遠目和煙重，離懷助酒昏。好花無奈野，時復映遙村。」〔註16〕

〈上巳〉：「遠道今逢祓禊辰，雨餘風物一番新。等閑臨水還思舊，取次看花使當春。絮雪暖迷西苑路，車雷晴起曲江塵。臺英正約尋芳會，誰是山陰作序人。」〔註17〕

〈寓目〉：「擁傳脩途倦，逢春旅思長。遠煙含樹色，細雨起塵香。隴麥成行綠，林鶯並對黃。揚鞭聊自慰，舉目見韶光。」〔註18〕

〈早行〉：「脂轄行傷早，揚旌興莫窮。水遙天色共，雲細月波通。巧舌爭啼曉，香牙盡入風。縱吟殊未已，初旭放晴紅。」〔註19〕

〈寒食〉：「漢宮新蠟未開煙，寒食東郊躍駿天。人面映花誰感事，客心燃火獨成篇。塞鴻歸渚遙書字，營柳因風強破眠。賴有目前隨分景，數村和樹起鞦韆。」〔註20〕

〈登永濟驛樓〉：「遠煙芳草媚斜陽，蕭索郵亭一望長。盡日倚欄還獨下，綠楊風軟杏花香。」〔註21〕

〈途中暑熱憶諸同舍〉：「振野驚風拂面塵，赫曦流爍犯征輪。酒非逃暑虛成會，花末忘憂謾映人。綠水已傷春別舊，碧雲長起暮愁新。朝來記得瀛洲夢，目斷英游極愴神。」〔註22〕

〈聞角〉：「古堞連雲瞑靄收，鳴鳴清調起邊樓。雍琴垂淚虛情恨，羌笛殘梅未勝愁。數曲伴風吹戍壘，幾番侵夢入賓郵。聽來便覺春心破，素髮生多不待秋。」〔註23〕

　　從以上八首詩的內容來看，固然可以讓我們知道韓琦自宋汴京啟程前往宋遼邊境接伴遼使，應是在春末夏初之際，但是因為都沒有明確提到何年何月何日，因此也讓我們無從知道韓琦究竟是在何年擔任此項工作。在李文亮、徐正英《安陽集編年箋注》中，將前引韓琦接伴遼使途中所作的八首詩，均

〔註16〕註同前。
〔註17〕同註15，頁8～9。
〔註18〕同註15，頁9。
〔註19〕同註15，頁9。
〔註20〕同註15，頁9。
〔註21〕同註15，頁9。
〔註22〕同註15，頁9～10。
〔註23〕同註15，頁10。

注明爲宋仁宗景祐年間所作。〔註24〕而筆者則進一步以〈韓忠獻公琦行狀〉所言：「景祐三年，求外補，得知舒州，留不行，以右司諫供職。……假右司郎中、昭文館直學士充接伴使；發解開封府舉人；……。」〔註25〕以及《韓魏公家傳》所說：「景祐……三年秋，以族貧求外補，得知舒州。將行，除右司諫供職，……四年秋，發解開封府舉人。」〔註26〕將此二則記載加以比對，推論韓琦接伴遼使的時間，應是在宋仁宗景祐四年（遼興宗重熙六年，西元一○三七年）的春末夏初之際。

爲了加強上述推論的正確性，筆者再列舉《長編》所記景祐元年至四年之間遼使來聘的時間如下：

景祐元年四月庚子（十一日），契丹國母遣右威衛上將軍耶律迪、利州觀察使王惟永，國主遣廣德節度使耶律述、永州觀察使高昇來賀乾元節。〔註27〕

景祐元年十二月辛巳（二十五日），契丹遣左牛衛上將軍耶律古、東上閤門使劉五常來賀正旦。〔註28〕

景祐二年六月甲子（十二日），契丹遣林牙保大節度使耶律庶幾、政事舍人劉六符來賀乾元節。〔註29〕

景祐二年十二月乙亥（二十五日），契丹遣利州觀察使耶律睦、大理少卿薄可久來賀正旦。〔註30〕

景祐三年四月己未（十一日），契丹遣鎮國節度使耶律信、政事舍人呂士宗來賀乾元節。〔註31〕

景祐三年十二月乙巳（二十五日），契丹遣遼州觀察使耶律兗、西上閤門使郭揆來賀正旦。〔註32〕

〔註24〕李文亮、徐正英，《安陽集編年箋注》（上）（成都：巴蜀書社，2000年10月），頁159～166。

〔註25〕同註8，頁1092～1093。

〔註26〕同註8，頁155～160。

〔註27〕李燾，《續資治通鑑長編》（以下簡稱《長編》），卷114（上海：上海古籍出版社，1986年2月），宋仁宗景祐元年四月庚子條，頁13。

〔註28〕《長編》，卷115，宋仁宗景祐元年十二月辛巳條，頁18。

〔註29〕《長編》，卷116，宋仁宗景祐二年六月甲子條，頁9。

〔註30〕《長編》，卷117，宋仁宗景祐二年十二月乙亥條，頁20。

〔註31〕《長編》，卷118，宋仁宗景祐三年四月己未條，頁9。

〔註32〕《長編》，卷119，宋仁宗景祐三年十二月乙巳條，頁16。

景祐四年四月癸丑（十一日），契丹遣林牙啓聖節度使耶律祥、崇祿少卿張素民來賀乾元節。〔註33〕

景祐四年十二月癸未（十六日），契丹遣始平節度使耶律甫、衛尉卿王澤來賀正旦。〔註34〕

《長編》所記是遼使到達宋汴京進行交聘活動的日期，以此和韓琦接伴遼使時所作八首詩的內容互相印證，我們可知韓琦不可能接伴十二月份來聘的遼使。因此這一段時間和遼使的人選，我們可以不必考慮，甚至於景祐二年六月所記的遼使，我們也可以不予考慮。剩下的是景祐元年四月、三年四月、四年四月三則所記，較有可能是韓琦接伴遼使的時間和對象。此三則都記載四月十一日遼使到達宋汴京賀乾元節，因此韓琦想要北上遠至宋國邊境雄州白溝驛迎接遼使，以當時往返的行程來計算，他最遲必須在三月初從汴京啓程，才能趕在四月十一日之前，帶領遼使回到汴京進行祝賀宋仁宗生日的交聘活動。而這一段時間的行程，也正符合了韓琦在其八首詩中，所提到的「上巳」、「祓禊」、「寒食」、「途中暑熱」等季節性的時間與活動。另外，其八首詩所描述的原野風光也正是三、四月間暮春初夏的情景。因此筆者推測韓琦應是在宋仁宗景祐四年三月、四月間擔任了接伴遼使的工作。

根據以上的推測，可知韓琦當時所接伴的遼使，應是以宋仁宗景祐四年來賀乾元節的遼使耶律祥、張素民兩人最有可能。此一推測是否正確？我們可以《遼史》〈興宗本紀〉關於出使宋國生辰使的人選爲何人來作印證。但是筆者在此必須先提到當時遼國皇帝所派遣出使宋國生辰、正旦使副的人事案，往往是在夏捺鉢和冬捺鉢的時段決定。例如《遼史》〈營衛志〉，說：「夏捺鉢……與北、南臣僚議國事，……冬捺鉢……與北、南大臣會議國事，……。」〔註35〕因此我們查閱《遼史》皇帝〈本紀〉可以發現，遼國皇帝派遣大臣擔任出使宋國的人選，其時間往往是在夏捺鉢或冬捺鉢的幾個月份。而在《遼史》〈興宗本紀〉中卽有以下的記載：「重熙五年（宋仁宗景祐三年，一〇三六年）……冬十月……甲子……以耶律祥、張素民、耶律甫、王澤充賀宋生辰、正旦使副。」〔註36〕因此論述至此，我們應可確定宋仁宗景祐四年四月，遼

〔註33〕《長編》，卷120，宋仁宗景祐四年四月癸丑條，頁6～7。

〔註34〕《長編》，卷120，宋仁宗景祐四年十二月癸未條，頁22。

〔註35〕脫脫，《遼史》，卷32，志第2，營衛志中（台北：鼎文書局，民國64年10月），頁374～375。

〔註36〕《遼史》，卷18，本紀第18，興宗1，頁218。

使耶律祥、張素民來賀乾元節，即是韓琦所接伴的對象。

　　但是《遼史》〈興宗本紀〉將此事繫於「十月」，筆者認為頗有問題，應該以「十二月」為正確。因為據《遼史》〈興宗本紀〉對於重熙五年冬季三個月行事的記載，說：「冬十月丁未，幸南京。辛亥，曲赦析津府境內囚。壬子，御元和殿，以日射三十六熊賦、幸燕詩試進士于廷，賜馮立、趙徽四十九人進士第。以馮立為右補闕，趙徽以下皆為太子中舍，賜緋衣、銀魚，遂大宴。御試進士自此始。宋遣宋郊（祁）、王世文來賀永壽節。甲子，宰臣張儉等請幸禮部貢院，歡飲至暮而罷，賜物有差。以耶律祥、張素民、耶律甫、王澤充賀宋生辰正旦使副。」〔註37〕此段記載的問題出在將這幾件事都繫於十月，而接下來卻沒有十一月、十二月這兩個月的行事記載。關於此種情形，傅樂煥在〈宋遼聘使表稿〉中曾指出「十月，宋遣宋郊、王世文來賀永壽節。以耶律祥、張素民、耶律甫、王澤充賀宋生辰、正旦使副。（一）宋祁，《遼史》作「宋郊」，誤。……（三）按此兩條雖皆次於十月之下，但中間尚隔數條，其後亦無十一月或十二月字樣，或本為十一、十二月事，偶將月份佚去也。」〔註38〕可見《遼史》對於耶律祥等人的派任，在時間的記載上應是有誤。筆者再細查《遼史》〈興宗本紀〉其他年份的記載，發現遼興宗在位的二十四年當中，有關派任大臣為賀宋生辰、正旦使副的時間，重熙元年至三年，均在七月份；〔註39〕四年，則是在六月份，〔註40〕而六年，是在十二月份；〔註41〕七年，則為十一月份；〔註42〕九年，又是十二月份；〔註43〕十年，卻又在六月份。〔註44〕其間五年、八年，以及十一年至二十四年，竟然都沒有記載在何月派遣大臣擔任賀宋生辰、正旦使副，這可謂是《遼史》的其中一項缺失，但是根據以上的記載和論述，已經可以讓我們作出判斷，韓琦所接伴的賀宋生辰使耶律祥、張素民，他們被派任的時間應是在重熙五年（宋仁宗景祐三年，一○三六年）十二月的時候。

〔註37〕　註同前，頁217～218。

〔註38〕　傅樂煥，〈宋遼聘使表稿〉，收錄於《遼史彙編》（八）（台北：鼎文書局，民國
　　　　　62年10月），頁557，原載於《中央研究院歷史語言研究所集刊》第14本。

〔註39〕　同註36，頁214、215、216。

〔註40〕　同註36，頁216。

〔註41〕　同註36，頁219。

〔註42〕　同註36，頁220。

〔註43〕　同註36，頁222。

〔註44〕　《遼史》，卷19，本紀第19，興宗2，頁225～226。

在結束此節的討論之前，筆者還要提到的是，既然韓琦在宋仁宗景祐四年擔任接伴來聘遼使的工作，而依照當時宋朝廷外交事宜的規定，往往擔任某次接伴遼使的大臣，往往也將是該次送伴遼使的人選，〔註45〕因此可以推測韓琦應該也在同年擔任遼使耶律祥、張素民返回遼國時的送伴使，可是在目前所能見到有關韓琦生平事蹟的史料當中，卻都未見有相關的記載。

三、韓琦被派任為賀契丹正旦使

根據《長編》卷 122，說：「宋仁宗寶元元年（遼興宗重熙七年，一〇三八年）八月……丙子（十二日），工部郎中知制誥王舉正為契丹生辰使、禮賓副使張士禹副之。右司諫直集賢院韓琦為正旦使、左藏庫使高繼嵩副之。」〔註46〕另外，《韓魏公家傳》卷1，說：「（宋仁宗）寶元元年八月，（韓琦）假太常少卿、昭文館直學士，充北朝正旦國信使，以知環州高繼嵩副之。」〔註47〕此年韓琦才三十一歲，即擔任此一任務，在當時可謂比較少見，因為據筆者所發表過有關歐陽修、蘇轍使遼的文章，他們當時的年齡，歐陽修是四十九歲、〔註48〕蘇轍是五十一歲，〔註49〕因此韓琦以三十一歲擔任賀契丹正旦使

〔註45〕參閱聶崇岐，〈宋遼交聘考〉中「伴使之選派」，收錄於《宋史叢考》（下）（台北：華世出版社，民國 75 年），頁 304～306。

〔註46〕《長編》，卷 122，宋仁宗寶元元年八月丙子條，頁 6。

〔註47〕同註9，卷十，頁 160。

〔註48〕蔣武雄，〈歐陽修使遼行程考〉，《東吳歷史學報》第 8 期（台北：東吳大學，民國 91 年 3 月），頁 3。

〔註49〕蔣武雄，〈蘇轍使遼始末〉，《東吳歷史學報》第 13 期（台北：東吳大學，民國 94 年 6 月），頁 19。另外，據薛政超，〈宋真宗朝對外遣使及使者素質研究〉（下），說：「使者出使時年齡可考者 14 人次……，依次如下：李繼昌 58／60（歲，以下略）；張崇貴 51／52；韓國華 49；邵曄 57 左右；孫僅 37；宋搏 64；陳知微 39；王曾 35；張士遜 52 左右；張佶 66；呂夷簡 40；崔遵度 66；……14 人平均年齡為 51‧86 歲。由此可推斷宋真宗朝外交使者的年齡基本限于30 至 70 歲之間，其中又以 50 歲以上者為主。」（《湖北省社會科學院網站，人文社會科學，頁 3。網址：http：//www.hbsky58.net）；又據王慧杰，〈宋遣往遼國使節的素質初探〉，說：「宋遣往遼國使節出使時年齡可考者為 12人，……依次為：李繼昌 59；宋準 38；辛仲甫 50；韓國華 49；呂端 41；王欽臣 52；宋搏 65；陳知微 34；張佶 65；王拱辰 45；劉庫 46；杜守元 58 等。由于史籍記載的缺失，不能找到全部的個案進行統計，但是我們仍然能推測出這個外交群體的平均年齡為 50‧16 歲。由此推斷，宋遣往遼國使節以中年為主，青年和老年人均居次。」（《廣西民族學院學報》，哲學社會科學版，2005年 6 月，人文科學專輯，頁 252）從以上兩項引文，可以更加瞭解韓琦在三十一歲擔任使遼使節，在當時宋朝廷所派的使遼人選當中，確實是很年輕的。

出使遼國，就年齡而言，是相當年輕的，正如《宋史》〈韓琦〉傳，所說：「（韓）琦蚤有盛名，識量英偉，……其為學士臨邊，年甫三十，天下已稱為韓公。」〔註50〕可見韓琦在年輕時，即已受到宋朝廷的倚重。

但是韓琦對於將和他同行的副使人選高繼嵩卻另有看法，據《韓魏公集》卷 10，〈乞急遣高繼嵩還邊奏〉，說：「（高）繼嵩知環州，因軍人得遺箭，繫以匿名文字，言繼嵩將叛。繼嵩心不自安。遂乞還朝，乃差充國信副使。臣察其事之偽者有二、辨其惑者有一。繼嵩久在西邊，頗以勇敢聞，或為西賊所惡，設反間而去之。不然，則馭下嚴，而為戍卒巧計以中之，此其偽可察二也。且繼嵩背義投誠，元昊忠於朝廷，則當密奏其事，何必以遺箭達其叛狀乎？此又其惑可辨一也。臣愚以謂宜急遣繼嵩還邊，其元告匿名文字，亦請論罪如律，外以杜點賊行間之謀，內以破墮兵詭中之計。次堅繼嵩用命之心，使邊郡聞之，孰不畏朝廷之明，而勵忠義之懷乎？」〔註51〕顯然當時韓琦一則因身為右司諫，基於職責所在，另一乃是為國家的邊務著想，因此特別提出仍然以高繼嵩續留環州鎮守西邊為宜。宋朝廷採納韓琦的建議後，即在同月十六日，「詔（高）繼嵩復知環州，以西染院副使兼閤門通事舍人王從益代使契丹」。〔註52〕因此後來與韓琦一起前往遼國祝賀正旦的副使，改由王從益擔任，而王從益本人曾經在宋仁宗明道元年（遼興宗重熙元年，一〇三二年）八月，被派任為契丹國母正旦副使，〔註53〕已經有與遼國交聘的經驗，正是比較恰當的人選。

四、韓琦赴遼在本國境內的行程

韓琦既然在宋仁宗寶元元年八月十二日，被宋朝廷派任為出使遼國的正旦使，但是他在該年何月何日從汴京啟程赴遼，筆者查閱相關史料，卻都未見提及。依據筆者推測，在派任之後，其必須經過約一個半月的準備，包括使節團人事的安排，以及準備合乎外交禮儀的禮物，甚至於對其家人的安頓等事宜，因此韓琦一行人應是至十月份才有可能從宋汴京出發。而據《長編》卷 122，說：「宋仁宗寶元元年十月……甲戌（十一日）……右司諫韓琦請赦

〔註50〕同註2，頁 10229。
〔註51〕同註9，卷 10，頁 160～161；另見《長編》卷 122，宋仁宗寶元元年八月丙子條，頁 6。
〔註52〕同註46。
〔註53〕《長編》，卷 111，宋仁宗明道元年八月壬子條，頁 10。

前一月約束京師犯盜罪至徒，若傷人者，勿赦。從之。」〔註54〕可知至十月十一日，韓琦仍在宋汴京，因此其啓程赴遼的時間，應是在十月十一日之後。

至於韓琦從宋汴京北上之後，前往宋遼邊境時，在宋國境內的行程如何，相關的史料也很欠缺，幸好在其所撰《安陽集》當中，有收錄數篇答謝宋國境內地方官員的遠迎啓，讓我們稍可知道其行程的大概情形。例如其撰有〈大使回諸州去日遠迎〉，說：「右某啓，此者肅將朝命，遠奉聘儀。方道出於藩圻，即刺通於候舍。猥承陛念，先枉珍題。認降挹之有加，固悚藏而斯在。」〔註55〕〈副使（回諸州去日遠迎）〉，說：「右某啓，此者睦鄰修好，展幣戒行。顧名部以經塗，辱芳函之垂問，即諧款晤，彌積欣銘。」〔註56〕〈大使去日回滑州書〉，說：「右某啓，此者恭持信幣，言聘殊鄰。幸弭蓋於邑居，徒晞風於府署。敢期英念，遐枉珍題。犒行之禮甚豐，服惠之誠益著。尚遙披奉，彌積傾瞻。」〔註57〕〈大使回天雄軍澶州二運使去日遠迎〉，說：「右某，此者聘結歡鄰，叨奉建檀之命。塗經會府，即申修刺之儀。豈謂過沐隆慈，曲頒精翰。荷遜勤之良厚，固欣悚以兼常。」〔註58〕〈副使（回天雄軍澶州二運使去日遠迎）〉，說：「右某，此者叨聯使節，出奉聘儀。已促征軺，言由盛府。豈謂俯回眷念，特貽函封。幸趨拜之匪遙，固欣銘之舉集。」〔註59〕〈使副回去日不經歷州軍遠迎〉，說：「右某啓，此者祇奉朝綸，出修鄰聘。過承厚念，遐枉芳香題，載欽冲挹之私，但積悚藏之素。」〔註60〕從以上諸所引，可知韓琦十月初自宋汴京啓程赴遼後，一路北上，歷經數州，曾接受某些地方長官的招待。

約至十一月初，韓琦到達宋臨遼邊境的重鎮——雄州，因此撰有〈雄州遇雪〉一詩，並且在詩題之下注：「已下四首北使日作。」該詩內容說：「雲壓孤城勢漸低，昏昏臺榭雪霏霏。人遊兔苑何妨醉，使適龍沙未得歸。夜館

〔註54〕 《長編》，卷122，宋仁宗寶元元年十月甲戌條，頁11。
〔註55〕 《安陽集》，卷39，〈大使回諸州去日遠迎〉，頁1。
〔註56〕 書同前，卷39，〈副使回諸州去日遠迎〉，頁1。按，副使王從益的遠迎啓和謝筵狀，當時均由大使韓琦代筆。
〔註57〕 同註55，〈大使去日回滑州書〉，頁2～3。
〔註58〕 同註55，〈大使回天雄軍澶州二運使去日遠迎〉，頁1。
〔註59〕 同註55，〈副使回天雄軍澶州二運使去日遠迎〉，頁1～2。
〔註60〕 同註55，〈使副回去日不經歷州軍遠迎〉，頁2。按，註57～62所列六則遠迎啓，在李之亮、徐正英，《安陽集編年箋注》（下），均稱是「寶元二年，充北朝正旦使返國時作」，頁1220～1223、1225，似有誤，應爲前往遼國在宋國境內途中所作。

月明交素影，曉塗霜重借嚴威。風前似慰征軺意，先學楊花二月飛。」〔註61〕雄州在今河北省雄縣，屬宋朝河北東路，經此地北行，不久可至白溝驛，渡過白溝河（又稱巨馬河、拒馬河），即進入遼國境內，當時宋遼使節均由此進出。而從此首詩內容來看，可知韓琦至雄州後，面臨即將進入異國境內，以及嚴寒的氣候、漫長的路途，使他思鄉之情不禁油然而起。

五、韓琦赴遼在遼國境內的行程

韓琦進入遼國境內之後的行程，目前一般所見的宋人著作均未見記載，只有在其本人所撰的《安陽集》中，收錄有沿途接受遼國官員招待的謝啟，可做為我們探討此一史實的依據，例如其所撰〈白溝謝筵狀（在此書狀題下注有「以下契丹國表狀」）〉，說：「歲元更歷，時聘講歡。展幣以行，奉邦儀而載肅。謁關而問，推宴禮以兼優。仰荷眷私，彌增感抃。」〔註62〕〈新城謝撫問表〉，說：「祗膺思撫，伏用兢榮。中謝。竊以獻歲更端，睦鄰修好。致比年之禮式，謹於彝章。慰行路之勤曲，形於嘉問。仰承渥惠，增紀愚衷。」〔註63〕〈燕京謝酒果狀〉，說：「拭玉申歡，受書將命。顧都城之所歷，承醴齊之載加。仍兼籩實之珍，益甚使軺之寵。仰懷恩錫，第極悚藏。」〔註64〕〈澶（檀）州謝湯藥表〉，說：「寵賚有加，感悚彌至。中謝。竊以聘儀為重，敢懷蒙犯之勞？藥劑稱珍，曲示慰安之禮。仰恩輝之下暨。顧行色以增和。上戴慈仁，彌深感服。」〔註65〕〈副使（檀州謝湯藥表）〉，說：「猥荷鴻私，曲頌靈劑。中謝。伏以歡鄰講好，獲參為介之行。上藥均和，遽沐蠲痾之賜。載欽惠貺，徒積兢銘。」〔註66〕〈中京謝皮褐衣物等表〉，說：「祗膺恩檢，就賜珍裘。被寵兼常。撫躬增惕。中謝。伏念寶鄰胥協，信幣交修。屬多律之方嚴，眷使軺而加念。式頒寒服，益示至慈。建茲騶隸之行，亦均輕暖之賜，欽承厚禮，實感丹悰。」〔註67〕從以上各則謝啟的標題和內容來看，我們可以知道韓琦進入遼境之後，沿路受到遼國外交禮儀的招待。〔註68〕首先

〔註61〕《安陽集》，卷4，〈雄州遇雪〉，頁10。

〔註62〕同註55，〈白溝謝筵狀〉，頁3。

〔註63〕同註55，〈新城謝撫問表〉，頁3。

〔註64〕同註55，〈燕京謝酒果狀〉，頁3。

〔註65〕同註55，〈澶（檀）州謝湯藥表〉，頁3。

〔註66〕同註55，〈副使澶（檀）州謝湯藥表〉，頁4。

〔註67〕同註55，〈中京謝皮褐衣物等表〉，頁4。

〔註68〕可參閱蔣武雄，〈宋使節在遼的飲食活動〉，《東吳歷史學報》，第16期（台北：

在白溝驛接受遼國接伴使的筵宴，然後繼續北上前行，經過新城，此縣屬遼南京道，在今河北省新城縣東南，當時距涿州約六十里。而至遼燕京（南京）後，又得到酒果的招待。燕京即是遼南京，今北京市，在遼時為五京之一，因此韓琦在此受到隆重的招待。接著韓琦前行至檀州，此地屬遼南京道，今北京市密雲縣，由於韓琦行至此，已深入遼境，因此遼政府念及其行程勞頓，特別賜以湯藥，以增補其體力。至中京之後，韓琦又獲得遼政府贈送皮褐衣物，以表示遼政府對於韓琦來到寒地的關懷，唯恐其受到風寒的侵襲。

另外，韓琦在遼南京（燕京）和中京也分別接到燕王和中京留守的歡迎函，因此在《安陽集》中，韓琦撰有〈回燕王狀〉，說：「玉幣申歡，獲將于慶禮。椒蘭飲德，即奉于英標。豈謂殊私，先貽妙翰。載認撝勤之旨，伏深感著之懷。」〔註69〕〈副使（回燕王狀）〉，說：「參奉聘儀，謹修鄰好。言由盛府，將奉溫儀。認謙禮之載加，辱榮緘之見問。其為悚荷，曷既敷陳。」〔註70〕〈回中京留守狀〉，說：「載旃將命，方塵于隰之行。促駕經途，載仰維垣之重。敢期英念，先枉珍函。認謙禮之彌加，固銘懷而斯在。」〔註71〕〈副使（回中京留守狀）〉，說：「獲貳使輻，嗣修時聘。屆名城之甚邇，沐芳翰之見臨。為禮至優，感懷增厚。」〔註72〕

而且在遼南京和中京也分別接受燕王和中京留守的酒宴，因此韓琦又撰有〈謝燕王請赴筵狀〉，說：「受書講信，方歷于名都。折俎申歡，過敦于厚禮。仍貽芳翰，曲示寵招。即諧款奉之私，但切欣銘之素。」〔註73〕〈副使（謝燕王請赴筵狀）〉，說：「參持慶幣，獲屆樂都。過形削牘之勤，曲示犒賓之禮。載欽嘉召，彌極感悰。」〔註74〕〈謝中京留守請赴筵狀〉，說：「適停輻馭，甫憩都城。俄推置醴之勤，仍沐載緘之召。永言銘戢，豈易述宣。」〔註75〕〈副使（謝中京留守請赴筵狀）〉，說：「修聘寶鄰，停驂會府。遽承芳檢，曲示寵招。荷主禮之載豐，置感懷而增厚。」〔註76〕

東吳大學，民國95年12月），頁1～24。
〔註69〕同註55，〈回燕王狀〉，頁5。
〔註70〕同註55，〈副使回燕王狀〉，頁6。
〔註71〕同註55，〈回中京留守狀〉，頁6。
〔註72〕同註55，〈副使回中京留守狀〉，頁6。
〔註73〕同註55，〈謝燕王請赴筵狀〉，頁6。
〔註74〕同註55，〈副使謝燕王請赴筵狀〉，頁6。
〔註75〕同註55，〈謝中京留守請赴筵狀〉，頁6～7。
〔註76〕同註55，〈副使謝中京留守請赴筵狀〉，頁7。

　　此處有兩個問題必須提出，即是當時燕王和中京留守分別是指何人？由於史料不足，至今仍未能確定。筆者查閱《遼史》，曾被封爲燕王，而又曾出任南京留守者，有遼聖宗時北府宰相蕭孝穆，據《遼史》〈蕭孝穆〉傳，說：「蕭孝穆，……太平……三年，封燕王，南京留守，兵馬都總管。……興宗即位，徙王秦，尋復爲南京留守。」〔註77〕但是他在「重熙六年，進封吳國王，拜北院樞密使」。〔註78〕也就是韓琦在遼重熙七年使遼時，蕭孝穆已非燕王，也非南京留守了。另一人則是遼聖宗第四子，卽遼興宗三弟耶律吳哥，據《遼史》〈皇子表〉說：「（遼）聖宗子……吳哥……第四。燕王。開泰二年爲惕隱，出爲南京留守。」〔註79〕但是此一事蹟是在蕭孝穆之前，因此在吳廷燮〈遼方鎭年表〉中，雖然列有蕭孝先在重熙六年任南京留守，〔註80〕但是接下來重熙七年至九年，吳廷燮均未列出南京留守的姓名，〔註81〕反而將耶律吳哥列在重熙十年一欄中。〔註82〕因此韓琦使遼時所面見的燕王，到底是何人，至今仍無法確定。至於中京留守爲何人？也是因史料的欠缺，因此吳廷燮在〈遼方鎭平表〉中未列遼興宗重熙元年至重熙末中京留守的姓名，〔註83〕而楊若薇在其《契丹王朝政治軍事制度研究》〈遼五京留守年表〉中，也是未列出重熙元年至十三年中京留守的姓名。〔註84〕因此在重熙七年招待韓琦的中京留守又是誰？目前也無法知悉。

六、韓琦賀遼正旦的行蹤

　　據《遼史》〈興宗本紀〉，說：「（遼興宗重熙）七年……九月丁未（十四日），駐蹕平淀。冬十月甲子朔（一日），渡遼河。丙寅，駐蹕白馬淀。……八年春正月壬辰朔（一日），宋遣韓琦、王從益來賀。」〔註85〕可見當時遼興

〔註77〕　《遼史》，卷87，列傳第17，蕭孝穆，頁1331～1332。
〔註78〕　註同前，頁1332。
〔註79〕　《遼史》，卷64，表第2，皇子表，頁990。
〔註80〕　吳廷燮，〈遼方鎭年表〉，收錄於《遼史彙編》（四）（台北：鼎文書局，民國62年10月），頁10。
〔註81〕　註同前。
〔註82〕　同註80。
〔註83〕　同註80，頁12。
〔註84〕　楊若薇，《契丹王朝政治軍事制度研究》（北京：中國社會科學出版社，1991年2月），〈遼五京留守年表〉，頁290。
〔註85〕　《遼史》，卷18，本紀第18，興宗1，頁220～221。李之亮、徐正英，《安陽集編年箋注》（下），稱韓琦至中京晉見遼興宗（卷39，頁1231～1233），似有誤，因爲當時遼興宗駐蹕白馬淀，或長春州之地，而不在中京。

宗冬捺鉢的駐在地，並不在中京，而是在白馬淀。另外，據《長編》卷 97，說：「先是，宋綬等使還，上〈契丹風俗〉云：『綬等始至木葉山，山在中京東微北。自中京東過小河、昌吉山，……北六十里至羖河館，過惠州，……七十里至榆林館，……七十里至努圖克烏蘇館，……七十里至香山子館，……其東北三十里即長泊也，涉沙磧，過白馬淀……。』」〔註86〕可知白馬淀距中京約有三百里的路程。因此韓琦過了中京必須繼續往前行，才能到達遼興宗的駐在地，其間經過紫蒙館，韓琦撰〈紫蒙遇風〉記其事，說：「草白崗長暮驛賒，朔風終日起平沙。寒鞭易促郌泥躍，冷袖難勝便面遮。迴嶺卷回雲族破，遠天吹人雁行斜。土囊微乞緘餘怒，留送歸程任擺花。」〔註87〕可知在寒地行走頗為艱難。

但是筆者對於以上所論，韓琦在白馬淀晉見遼興宗，賀遼正旦，實在仍持懷疑的態度。因為據前引《遼史》〈興宗本紀〉，說：「（遼興宗重熙）八年春正月壬辰朔（一日），宋遣韓琦、王從益來賀。丙申（五日），如混同江觀漁。」〔註88〕筆者認為混同江遠在長春州之東，以其與白馬淀的距離，遼興宗不太可能從壬辰至丙申，僅五天的時間，即由冬捺鉢白馬淀移駐於春捺鉢長春州之地。因此據此推論，韓琦在春正月壬辰晉見遼興宗，並賀遼正旦的地點，應是在長春州境內，而非在白馬淀。由於史料的欠缺，筆者特將以上兩則推論同時提出，以便讀者參考。

韓琦到達遼興宗的駐在地之後，即依照外交賀正旦禮儀，進行一連串的活動。當時宋遼使節逗留對方的京城或駐在地，按規定最多是十天，〔註89〕因此韓琦在這段期間的行事必定很緊湊而忙碌。據《遼史》〈禮志〉的記載，宋使節參與的禮儀活動，大致有「宋使見皇太后儀：宋使賀生辰、正旦」、「宋使見皇帝儀：宋使賀生辰、正旦」、「曲宴宋使儀」、「賀生辰正旦宋使朝辭太后儀」、「賀生辰正旦宋使朝辭皇帝儀」、「拜表儀」、「正旦朝賀儀」等。〔註90〕而韓琦在其〈使回戲成〉詩中提到「禮煩偏苦元正拜」，並在此句下，注「虜廷元日拜禮最煩」。〔註91〕關於此種情形，筆者特別引《遼史》〈禮志〉四，「宋

〔註86〕《長編》，卷 97，宋真宗天禧五年九月甲申條，頁 12。
〔註87〕《安陽集》，卷 4，〈紫蒙遇風〉，頁 10。
〔註88〕《遼史》，卷 18，本紀第 18，興宗 1，頁 221。
〔註89〕可參閱蔣武雄，〈宋遼使節逗留對方京城日數的探討〉，《空大人文學報》，第 12 期（台北：空中大學人文學系，民國 92 年 12 月），頁 197～212。
〔註90〕《遼史》，卷 51，志第 20，禮志 4，賓儀，頁 848～854。
〔註91〕《安陽集》，卷 4，〈使回戲成〉，頁 10～11。

使見皇帝儀」作為印證，其說：「宋使賀生辰、正旦。至日，臣僚昧爽入朝，使者至幕次。奏『班齊』，聲警，皇帝升殿坐。……引首相南階上殿，奏宋使并從人牓子，就位立。……引南使副北洞門入，丹墀內面殿立。……宰相對皇帝讀訖，舍人引使副北階上殿，欄內立。揖生辰大使少前，俛伏跪，附起居。俛伏興，復位立。大使俛伏跪，奏訖，俛伏興，退；引北階下殿，揖使副北方，南面鞠躬。舍人鞠躬，通南朝國信使某官某以下祗候見，起居，七拜畢；揖班首出班，謝面天顏，舞蹈，五拜畢；出班，謝遠接、御筵、撫問、湯藥，舞蹈，五拜畢，贊各祗候。……舍人傳宣賜衣。使副并從人服賜衣畢，舍人引使副入，丹墀內面殿鞠躬。舍人贊謝恩，拜，舞蹈，五拜畢，贊上殿祗候。引使副南階上殿，就位立。……曲破，臣僚并使副並起，鞠躬。贊拜，應坐臣僚并使副皆拜，稱「萬歲」。贊各祗候。引使副南階下殿，丹墀內舞蹈，五拜畢，贊各祗候。引出。次引眾臣僚下殿出畢，報閣門無事。皇帝起，聲蹕」。〔註92〕由此一記載，可知遼朝廷在元旦日所舉行的宋使拜見儀確實相當繁瑣。

另外，從韓琦所撰的謝狀，也可進一步略知其在此一段期間，與遼君臣互動的情形，例如〈謝館宴狀〉，說：「都幾爰止，方循卽館之儀。牢醴具陳，亟荷宴賓之禮。仰鴻私之曲被，銘丹慊以良深。」〔註93〕〈謝簽賜酒食狀〉，說：「璧琮申聘，甫及于名都。肴醳均恩，俄推于厚賚。仰欽慈渥，但激鄙悰。」〔註94〕〈謝酒果狀〉，說：「乘軺講好，授館修儀。猥荷眷仁，荐推恩賜。載挹醇醪之味，仍均芳實之珍。優禮所加，悚銘斯至。」〔註95〕〈謝春盤幡勝狀〉，說：「緹律回春，青陽戒節。鏤勝俯遵于俗尚，雕盤榮錫于時珍。上荷恩私，至深銘刻。」〔註96〕〈謝生餼狀〉，說：「旌軺就館，方展于聘儀。牢積在廷，爰豐于餼禮。仰銜恩惠，伏積兢銘。」〔註97〕〈謝射弓筵狀〉，說：「百名將幣，式奉于鄰歡。五善講儀，恭陪于射禮。仍。涘示慈之宴，彌欽觀德之容。上載恩私，伏增銘悚。」〔註98〕〈謝餞筵狀〉，說：「拭璧修歡，既講聘儀之重。回轅即路，仍推宴餞之私。荷恩惠之載周，在感榮之兼至。」〔註99〕

〔註92〕同註90，頁850～851。
〔註93〕《安陽集》，卷39，〈謝館宴狀〉，頁4。
〔註94〕註同前，〈謝簽賜酒食狀〉，頁4。
〔註95〕同註93，〈謝酒果狀〉，頁4～5。
〔註96〕同註93，〈謝春盤幡勝狀〉，頁5。
〔註97〕同註93，〈謝生餼狀〉，頁5。
〔註98〕同註93，〈謝射弓筵狀〉，頁5。
〔註99〕同註93，〈謝餞筵狀〉，頁5。按，註97～100，所列諸謝狀，在《安陽集編年

以上諸謝狀，正顯現出韓琦在祝賀遼國元旦期間，所進行的各項交聘活動。

七、韓琦返宋的行程

　　如以韓琦祝賀遼國元旦的時間，其前後約爲十天來計算，則韓琦從遼興宗駐在地啓程返宋的日期應是在一月十日之後。而此時既然已完成外交任務，因此韓琦以輕鬆的心情踏上歸途，其在〈使回戲成〉詩中說：「專對慚非出使才，拭圭申好斂旌回。禮煩偏苦元正拜，戶大猶輕永壽杯。欹枕頓無歸夢擾，據鞍潛覺旅懷開。明朝便是侵星去，不怕東風拂面來。」〔註100〕顯然此刻的心情與來時大不相同。在回程途中，經過遼中京、南京，韓琦又先後接受中京留守和燕王的餞別，因此其撰有〈謝中京留守餞送狀〉，說：「年聘成儀，使旆復命。都城就館，重煩延接之私。祖帳飛觴，彌示眷勤之厚。仰欽優待，增極鄙悰。」〔註101〕〈副使（謝中京留守餞送狀）〉，說：「獲馳介乘，欽奉鄰歡。方揭節以言還，沐至郊而爲餞。感藏斯至，染述奚周。」〔註102〕〈謝燕王餞送狀〉，說：「已達聘儀，再由都會。荷眷勤之彌渥，加宴餞以過豐。其在銘懷，固非勝道。」〔註103〕〈副使（謝燕王餞送狀）〉，說：「參修聘問，回歷都畿。遽修祖道之儀，實厚送賓之禮。其爲悚佩，無假開陳。」〔註104〕後來經過虎北口，韓琦也撰有〈過虎北口〉詩，說：「東西層巘郁嵯峨，關口才容數騎過。天意本將南北限，即今天意又如何？」〔註105〕

　　韓琦返至宋國境內後，再度經過原先所過諸州，因此又撰有謝啓，例如在〈大使回諸州回日遠迎〉，說：「右，某啓：此者拭玉修歡，甫成于聘禮。回轅即路，再歷于名藩。豈謂殊私，先貽妙翰。仰荷遜勤之旨，豈勝銘悚之懷。」〔註106〕〈副使（回諸州回日遠迎）〉，說：「右：某此者已達聘儀，再由郡境。修名致謁，即敘賓儀。馳使裁緘，過敦于主禮。仰欽勤重，彌積腼銘。」

　　　　箋注》中，均稱是「寶元二年，在契丹中京作」（頁1231～1233），似有誤，
　　　　應是在遼興宗駐在地白馬淀或長春州之地所作。
〔註100〕同註91。
〔註101〕同註93，〈謝中京留守餞送狀〉，頁7。
〔註102〕同註93，〈副使謝中京留守餞送狀〉，頁7。
〔註103〕同註93，〈謝燕王餞送狀〉，頁7。
〔註104〕同註93，〈副使謝燕王餞送狀〉，頁7～8。
〔註105〕同註91，〈過虎北口〉，頁11。
〔註106〕同註93，〈大使回諸州回日遠迎〉，頁2。

〔註 107〕〈大使回天雄軍澶州并二運使回日遠迎〉，說：「右：某此者持玉幣以出疆，甫成聘禮。駐旌軺而就館，再展賓儀。豈謂過沐隆慈，曲頒尊和。荷愛存之斯至，固兢刻以兼懷。」〔註 108〕

至於韓琦何時返抵宋汴京？由於相關的史書均未記載，因此後人也無從考定。但是據《長編》卷 123，說：「宋仁宗寶元二年……三月……壬子（二十一日），右司諫韓琦言：『乞自今差國信及接伴使副，委中書、樞密選擇進名，若有臣僚輒敢陳乞，望賜嚴斷。』從之。」〔註 109〕可見韓琦最遲在三月二十一日以前，已經返抵宋汴京，而且此次使遼，使他對宋朝廷選派使節和接伴使的辦法有進一步的觀察，因此提出了這一項改進的建言。

八、結論

筆者撰寫本文主要目的，是想要填補和擴大對韓琦生平事蹟的研究，稍盡綿薄之力，並且使讀者瞭解在研究韓琦事蹟的工作上，其實仍然有很多有待努力和開拓的空間。同時透過本文的探討，使我們發現韓琦在對遼外交的工作上，也曾經有過實際的接觸，不僅在三十歲之年，被派任負責接伴遼使節，也在翌年以正旦使的身份出使遼國，與遼國君臣有面對面的直接互動，甚至於贏得遼國君臣的敬重。〔註 110〕另外，在這次使遼往返的行程中，韓琦觀察了遼國的國情和宋遼邊境的情勢，筆者認為這對日後韓琦在處理遼和西夏邊事，以及對宋朝廷提出邊防、外交等各項建議，必然有很大的幫助與影響。

〔註 107〕同註 93，〈副使回諸州回日遠迎〉，頁 2。
〔註 108〕同註 93，〈大使回天雄軍澶州并二運使回日遠迎〉，頁 2。
〔註 109〕《長編》，卷 123，宋仁宗寶元二年三月壬子條，頁 7。
〔註 110〕據《宋史》〈韓琦傳〉，說：「（韓琦）在魏都久，遼使每過，移牒必書名，曰：『以韓公在此故也。』（韓）忠彥使遼，遼主問知其貌類父，即命工圖之，其見重於外國也如此。」（《宋史》卷 312，列傳第 71，頁 10229）

徵引書目

一、史料

1. 王稱，《東都事略》，台北：國立中央圖書館，民國 80 年。
2. 李燾，《續資治通鑑長編》，上海：上海古籍出版社，1986 年。
3. 杜大珪，《名臣碑傳琬琰集》，台北：文海出版社，民國 58 年。
4. 杜大珪，《琬琰集刪存》，北京：北京圖書館出版社，2006 年。
5. 脫脫，《遼史》，台北：鼎文書局，民國 64 年。
6. 脫脫，《宋史》，台北：鼎文書局，民國 67 年。
7. 韓琦，《安陽集》，台北：世界書局，民國 70 年。
8. 韓琦，《韓魏公集》，台北：新文豐出版公司，民國 73 年。

二、近人著作

1. 李之亮、徐正英，《安陽集編年箋注》，成都：巴蜀書社，2000 年。
2. 楊若薇，《契丹王朝政治軍事制度研究》，北京：中國社會科學出版社，1991 年。
3. 楊希閔，《宋韓忠獻公琦年譜》，台北：台灣商務印書館，民國 70 年。

三、論文

1. 王慧杰，〈宋遣往遼國使節的素質初探〉，《廣西民族學院學報》，2005 年 2 期。
2. 王慧杰，〈宋朝遣往遼國的賀歲使節述論〉，《貴州文史叢刊》，2005 年 4 期。
3. 王善軍、王慧杰，〈簡論使遼對北宋使臣政治性格的影響〉，《河北大學學報》，2006 年 2 期。
4. 吳廷燮，〈遼方鎮年表〉，收錄於《遼史彙編》（四），台北：鼎文書局，民國 62 年。
5. 吳曉萍，〈宋代外交使節的選派〉，《安徽師範大學學報》，2005 年 5 期。
6. 苗書梅、劉秀榮，〈宋代外交使節的選派制度〉，《10～13 世紀中國文化的碰撞與融合暨赤峰第三屆中國古代北方文化國際學術研討會論文匯編》，2000 年。
7. 陶玉坤，〈遼宋對峙中的使節往還〉，《內蒙古大學學報》，1999 年 2 期。
8. 傅樂煥，〈宋遼聘使表稿〉，收錄於《遼史彙編》（八），台北：鼎文書局，民國 62 年。
9. 劉朴兵，〈近十幾年來韓琦研究綜述〉，《殷都學刊》，2003 年 2 期。
10. 劉秋根、王慧杰，〈論宋朝遣遼使節的家族性特徵及其形成原因〉，《貴州社會科學》，2005 年 6 期。

11. 蔣武雄，〈歐陽修使遼行程考〉，《東吳歷史學報》第八期，民國 91 年。

12. 蔣武雄，〈宋遼使節逗留對方京城日數的探討〉，《空大人文學報》第 12 期，民國 92 年。

13. 蔣武雄，〈宋遼對兩國使節病與死的處理〉，《東吳歷史學報》第 9 期，民國 92 年。

14. 蔣武雄，〈蘇轍使遼始末〉，《東吳歷史學報》第 13 期，民國 94 年。

15. 蔣武雄，〈宋使節在遼的飲食活動〉，《東吳歷史學報》第 16 期，民國 95 年。

16. 薛政超，〈宋初對外遣使及使者素質研究〉，《貴州社會科學》，2005 年 1 期。

17. 薛政超，〈宋真宗朝對外遣使及使者素質研究〉（上）（下），湖北省社會科學院網站，人文社會科學，2004 年。（網址：http：//www.hbsky58.net）

18. 聶崇岐，〈宋遼交聘考〉，收錄於《宋史叢考》（下），台北：華世出版社，民國 75 年。

——《東吳歷史學報》第 19 期〔民國 97 年 6 月〕，頁 47～76

歐陽修使遼行程考

摘　要

　　目前所看到的歐陽修年譜、傳記或專題著作,對於其出使遼國的行程常有錯誤的敘述。因此筆者蒐集有關的史料、論著文章,經過考證、分析,寫成〈歐陽修使遼行程考〉,不僅對其使遼的行程和事蹟加以闡釋,並且提出較合理的敘述。

關鍵詞:歐陽修、宋、遼、外交、劉敞

一、前言

近五年來筆者專力於遼與五代、北宋外交史事的研究，〔註1〕因此想要撰寫歐陽修使遼的文章。原先筆者認爲歐陽修是宋代名臣、傑出的文學家、經學家、史學家，近現代學者對於其生平事蹟的纂輯和研究都已經有很豐碩的成果，因此關於其出使遼國的活動應該也是受到注意才對。但是經過筆者將近一年蒐集、閱讀此方面的史料、論著文章之後，卻發現可能因史書記載不多，以致於研究者少，而且在一些學者所編著的歐陽修年譜、傳記或專題著作中，對於其使遼行程有錯誤的敘述。〔註2〕（筆者在本文中不列出這些書籍的內容，請讀者自行閱讀）因此筆者以〈歐陽修使遼行程考〉爲題，按年月日記事，針對其使遼行程以及與宋遼外交有關的事蹟加以闡釋。

〔註1〕 筆者目前發表過有關遼與五代、北宋外交的文章，有〈遼與後梁外交幾個問題的探討〉，《東吳歷史學報》第 5 期（台北：東吳大學，民國 88 年 3 月），頁 31～48；〈遼與後唐外交幾個問題的探討〉，《東吳歷史學報》第 6 期（台北：東吳大學，民國 89 年 3 月），頁 35～63；〈遼與後晉外交幾個問題的探討〉，《空大人文學報》第 9 期（台北：空中大學人文學系，民國 89 年 10 月），頁 165～187；〈遼與北漢外交幾個問題的探討〉，《東吳歷史學報》第 7 期（台北：東吳大學，民國 90 年 3 月），頁 1～18；〈從宋人使北詩論使遼旅程的艱辛〉，《史學與文獻》（三）（台北：東吳大學歷史學系，民國 90 年 3 月），頁 99～117；〈遼與後漢、後周外交幾個問題的探討〉，《空大人文學報》第 10 期（台北：空中大學人文學系，民國 90 年 12 月），頁 123～133。

〔註2〕 關於歐陽修使遼的事蹟，在許多歐陽修的年譜或傳記中往往被省略或語焉不詳。切題的文章，筆者只見一篇，郭正忠，〈歐陽修與宋遼關係〉，《社會科學輯刊》1982 年第 2 期，頁 87～90。至於對歐陽修使遼行程似乎有誤的著作，例如蔡世明，《歐陽修的生平與學術》（台北：文史哲出版社，民國 69 年 9 月），頁 30；林子鈞，《六一居士歐陽修》（台北：莊嚴出版社，民國 72 年 10 月），頁 53；洪本健，《醉翁的世界——歐陽修評傳》（鄭州：中州古籍出版社，1990 年 6 月），頁 127～130；劉德清，《歐陽修論稿》（北京：北京師範大學出版社，1991 年 9 月），頁 51；嚴杰，《歐陽修年譜》（南京：南京出版社，1993 年 11 月），頁 190～194；劉德清，《歐陽修傳》（哈爾濱：哈爾濱出版社，1995 年 9 月），頁 168～171、458～462；黃進德，《歐陽修評傳》（南京：南京大學出版社，1998 年 10 月），頁 190；陳銘，《歐陽修傳》（廣州：廣東高等教育出版社，1998 年 10 月），頁 125～127。

二、使遼任務的派任

（一）宋仁宗至和二年（遼興宗重熙二十四年，西元一○五五年）八月辛丑（十六日），歐陽修受命爲遼（契丹）國太后國信生辰使，並將持仁宗畫像致送遼興宗

此年，歐陽修四十九歲。宋遼外交自宋眞宗景德元年（遼聖宗統和二十二年，一○○四年）兩國簽訂澶淵盟約之後，雙方即經常互派使節進行交聘活動。〔註3〕就宋國使節來說，其任務有很多項，其中一項爲賀生辰國信使，即是前往遼國祝賀其皇帝、皇太后的生日，簡稱爲生辰使。〔註4〕據李燾《續資治通鑑長編》（以下簡稱《長編》），卷180記載：「（宋仁宗至和二年八月）辛丑（十六日），翰林學士吏部郎中知制誥史館修撰歐陽修爲契丹國母生辰使。」〔註5〕另據胡柯《廬陵歐陽文忠公年譜》（以下簡稱《年譜》），說：「（宋仁宗至和二年）八月辛丑，（歐陽修）假右諫議大夫充賀契丹國母生辰使，將持送仁宗御容。」〔註6〕當年十二月戊子（五日）爲遼法天太后生日，稱爲「應聖節」，〔註7〕宋朝廷依例派遣使節前往祝賀，並且以文臣擔任正使。〔註8〕而宋朝廷任命使臣赴遼，常在八、九月間，〔註9〕

〔註3〕關於宋遼兩國聘使往來頻繁的情形，據傅樂煥，〈宋遼聘使表稿〉，說：「宋遼約和自澶淵之盟（一○○五年）迄燕雲之役（一一二二年）凡一百十八年，益以開寶迄太平興國間之和平（九七四～九七九年，凡六年），綜凡一百二十四年。估計全部聘使均一千六百餘人，《長編》、《遼史》所載者約一千一百五十人，以其他文籍補苴者一百四十餘人，待考者尚有三百二、三十人。」收錄於《遼史彙編》（八）（台北：鼎文書局，民國62年10月），頁580，原載於中央研究院《歷史語言研究所集刊》第十四本。

〔註4〕參閱聶崇岐，〈宋遼交聘考〉，《宋史叢考》（台北：華世出版社，民國75年12月），頁286～287，原載於《燕京學報》第27期；黃鳳岐，〈遼宋交聘及其有關制度〉，《社會科學輯刊》1985年第2期，頁96～97。

〔註5〕李燾，《續資治通鑑長編》（以下簡稱《長編》）（台北：世界書局，民國50年11月），卷180，宋仁宗至和二年八月辛丑條，頁18。

〔註6〕胡柯，《廬陵歐陽文忠公年譜》，收錄於《歐陽修文忠公文集》（一）（台北：台灣商務印書館，民國54年），頁18。

〔註7〕傅樂煥，前引文中〈遼帝后生辰改期受賀考〉，認爲「法天（太后）實生三月初五，改於十二月五日受賀」。（《遼史彙編》（八），頁594）因此歐陽修在宋仁宗至和二年八月受命爲契丹國母生辰使。

〔註8〕李燾，《長編》，說：「（宋仁宗慶曆八年八月）甲寅，詔自今使契丹……，其文臣擇有出身才望學問人。」（卷161，宋仁宗慶曆八年八月甲寅條，頁3）另參閱聶崇岐，前引文，頁288；陶晉生，〈從宋詩看宋遼關係〉，《宋遼關係史研究》（台北：聯經出版公司，民國73年7月），頁181。

因此歐陽修得以在本月十六日受命此一外交任務。〔註 10〕至於「將持送仁宗御容」一事，自從宋遼結盟後，交往密切，兩國皇帝常以年紀長幼論輩份。至遼興宗時，頗想知道宋仁宗的容貌，因此當宋仁宗皇祐三年（遼興宗重熙二十年，一○五一年），宋臣王洙被任爲契丹生辰使，「使至輦淀，契丹使劉六符來伴宴，且言：『耶律防善畫，向持禮南朝，寫聖容以歸，欲持至館中。』王洙曰：『此非瞻拜之地也。』六符言：『恐未得其眞。』欲遣防再往傳繪。洙力拒之」。〔註11〕但是遼興宗仍然很希望能見到比較眞確的宋仁宗畫像，因此在宋仁宗至和元年（遼興宗重熙二十三年，一○五四年）九月，遼派蕭德、吳湛「來告與夏國平，且言通好五十年，契丹主思南朝皇帝無由一會見，嘗遣耶律防來使竊畫帝容貌，曾未得其眞，欲交馳畫象，庶瞻覿以紓兄弟之情」。〔註12〕在此條記載之下，有原注說：「交馳畫象，朝廷多有議論，趙抃疏其一也。蘇頌作孫抃行狀，云：或者慮敵得御容，敢行咒詛，抃言其不然，卒許之。張唐英《政要》云：敵後得御容，具儀仗拜謁，驚嘆。今皆不取。」〔註13〕此注雖然是李燾說明其對史料取捨的情形，但是等於也告訴我們，當時在宋朝廷中對於是否要答應致送宋仁宗的畫像給遼興宗，曾經進行過熱烈的討論，而最後是傾向於答應給予。至宋仁宗至和二年（遼興宗重熙二十四年，一○五五年）四月，「契丹國母遣……蕭知微、……王澤，契丹主遣……耶律防、……王懿來賀乾元節，并獻契丹主繪像」。〔註14〕可見遼興宗很誠心地想要得到宋仁宗的畫像，因

〔註 9〕 傅樂煥，前引文，說：「宋遼互賀，雙方遣使，例在賀期前三、二月。如賀正旦使，例遣於九月左右。大體命既下後，受命者尚準備一、二月，期前一月許始啟行。其時使臣逗留敵國都城例在十日左右，而沿途行程預有規定，無遲滯之虞，故無需早行也。考《長編》所記賀遼生辰聘使，自興宗之後，統命遣於八、九月間，與賀正旦使同時。 則到遼亦應在十二月、一月之間。」（《遼史彙編》（八），頁 587～588）

〔註10〕 實際上歐陽修接觸宋遼外交事宜，並非始於此次任務。早在宋仁宗慶曆四年（遼興宗重熙十三年，一○四四年）四月，其即曾「押伴契丹賀生辰人使御筵於都亭驛」。（胡柯，《年譜》，頁 15）

〔註11〕 李燾，《長編》，卷 171，宋仁宗皇祐三年八月乙未條，頁 3。

〔註12〕 書同前，卷 177，宋仁宗至和元年九月乙亥條，頁 4。另外，《遼史》〈興宗本紀〉也記載：「（遼興宗）詔大臣曰：『朕與宋主約爲兄弟，歡好歲久，欲見其繪像，可諭來使。』」見脫脫，《遼史》（台北：鼎文書局，民國 67 年 11 月），卷 20，本紀第 20，興宗 3，頁 246。

〔註13〕 註同前。

〔註14〕 李燾，《長編》，卷 179，宋仁宗至和二年四月己亥條，頁 7。

此先派人送來自己的畫像。而在此條記載之下，有原注說：「李埴《十朝綱要》：己亥，契丹主遣使以其畫像來獻，求易御容，以代相見，篤兄弟之情。」〔註15〕因此至此年八月，宋朝廷派歐陽修使遼，除了祝賀遼太后生日外，也另負有「將持送仁宗御容」的任務。

（二）八月癸丑（二十八日），改受命為賀遼道宗登寶位使

由於當時宋「朝廷未知契丹主（遼興宗）已卒，故生辰、正旦遣使如例」。〔註16〕其實遼興宗已在此年八月己丑（四日）去世，〔註17〕而宋朝廷並未即時獲悉，雖然遼國在八月「癸巳（八日），遣使報哀于宋」，〔註18〕但是直至八月「辛亥（二十六日），雄州以契丹主之喪來奏」，〔註19〕宋朝廷才得知此事，隨即於八月「癸丑（二十八日），改命歐陽修、向傳範爲賀契丹登寶位使」。〔註20〕此一情勢的變化，不僅使歐陽修使遼任務有所改變，而原先「將持送仁宗御容」也告暫停，經過一段時間後，改由其他大臣送往。〔註21〕

另外，筆者要提到的是，當時歐陽修患眼疾，因此對於將要出使遼國，似乎顯得很無可奈何的樣子。例如據其〈與王懿恪公君貺〉書簡，說：「昨受命使北，初欲辭免，蓋以目疾畏風寒，兼多著綿氊衣服不得。其如受敕之日，北人訃音已至，由此更不敢辭。」〔註22〕又據其〈與程文簡公天球〉其五，說：「近以被命出疆，初緣持送御容，須一學士，同列五人，皆以曾往，遂不敢辭，繼以虜中凶訃，義益難免。然冒風霜，衣皮毛，附火食麵，皆於目疾有損，亦無如之何。」〔註23〕可見歐陽修使遼，就其個人身體健康而言，似

〔註15〕 註同前。
〔註16〕 李燾，《長編》，卷180，宋仁宗至和二年八月辛亥條，頁18。
〔註17〕 書同前頁16。另見《遼史》，卷20，本紀第20，興宗3，頁248。
〔註18〕 《遼史》，卷21，本紀第21，道宗1，頁252。
〔註19〕 李燾，《長編》，卷180，宋仁宗至和二年八月辛亥條，頁18。
〔註20〕 書同前，卷180，宋仁宗至和二年八月癸丑條，頁19。
〔註21〕 可參閱李燾，《長編》，卷185，宋仁宗嘉祐二年三月乙未條，頁5～6；卷186，嘉祐二年九月庚子條，頁9～10；卷186，嘉祐二年十月己酉條，頁10；歐陽修，〈論契丹求御容劄子〉，《歐陽文忠公文集》（二），卷111，《奏議集》，卷第15，翰苑，頁851～852。
〔註22〕 歐陽修，〈與王懿恪公君貺〉，《歐陽文忠公文集》（二），卷146，書簡，卷第3，頁1179。王君貺即王拱辰，其與歐陽修爲同年進士。二人後又同爲參知政事薛奎的女婿，歐陽修先娶王拱辰夫人的姐姐，後因歐陽修夫人死，又娶其妹，因此二人爲連襟關係。
〔註23〕 歐陽修，〈與程文簡公天球〉其五，書同前，卷145，書簡，卷第2，頁1163。程天球即程琳，與歐陽修爲莫逆之交，歐陽修在〈鎮安軍節度使同中書門下

乎頗爲勉強。

三、使遼前安頓家人與啓程的時間

（一）九月間，移居高橋，託薛仲孺、焦千之照顧妻小

歐陽修受命使遼後，除顧慮自己的身體狀況外，也很擔心家中的妻小在他使遼的一百多天期間乏人照顧。因此在當年九月，他做了一些安排，例如在〈與韓門下持國〉書簡，說：「承已受命，未克馳賀，蓋以治行徙居，日併牽率也。」〔註24〕而在〈與王懿恪公君貺〉書簡中，也提到，「昨受命使北，……家中少人照管，且移高橋，去薛家稍近，然公期管勾，往來須及百餘日，但得回來耳靜，便是幸也。」〔註25〕歐陽修這樣的安排，是因爲高橋距離薛夫人的娘家較近，方便其內弟薛仲孺就近幫忙處理家務。可是歐陽修還是放心不下，因此又寫信給正在太學補監生的焦千之，要焦千之請假，代爲管教家中諸兒，其〈與焦殿丞千之〉其二，說：「蓋知請假甚艱也，某恐不久出疆，欲且奉託，與照管三數小子。某來日遂移過高橋宅中，俟稍定疊便去般出學。恐先要知，仍請具此白胡先生知爲妙。」〔註26〕可見歐陽修在啓程赴遼之前，曾頗費心地對家中妻小的生活和學業做妥善的安排。

（二）約在十月初，啓程赴遼

歐陽修在當年何月何日啓程赴遼，史書中均未見有明確的記載，只有在當時被任爲「契丹國母生辰使」的劉敞，〔註27〕於赴遼途中所撰〈寄永叔（歐

平章事贈中書令謚文簡程公墓誌銘〉曾說：「公平生寡言笑，慎於知人，既已知之，久而益篤。喜飲酒引滿，然人罕得其驩，而與余尤相好也。」（見《歐陽文忠公文集》，卷30，《居士集》，卷第30，墓誌，頁241）。

〔註24〕歐陽修，〈與韓門下持國〉，書同前，卷145，書簡，卷第2，頁1167。韓持國即韓維，「以進士奏名禮部，……父沒後，閉門不仕。……富弼辟河東幕府，史館修撰歐陽修薦爲檢討，知太常禮院。」見脫脫，《宋史》（台北：鼎文書局，民國67年9月），卷315，列傳第74，韓維，頁10304。

〔註25〕同註22。

〔註26〕歐陽修，〈與焦殿丞千之〉其二，《歐陽文忠公文集》（二），卷150，書簡，卷第7，頁1216。焦千之追隨歐陽修研經習文，爲歐陽修學術繼承人之一，當時正在太學補監生。

〔註27〕原先宋朝廷在至和二年八月辛丑（十六日）任「右正言知制誥劉敞爲契丹生辰使，文思副使竇舜卿副之。」（同註16）但是因遼興宗去世，宋朝廷在八月甲寅（二十九日），「改命劉敞、竇舜卿爲契丹國母生辰使」。（李燾，《長編》，卷180，宋仁宗至和二年八月甲寅條，頁19）

陽修)〉詩題下有原注，說：「永叔後予數日使北」，〔註 28〕該詩內容爲：「俱使強漢節，共下承明殿。相從不相及，相望不相見。平生慕儔侶，宿昔異鄉縣。展轉多遠懷，恍惚猶對面。」〔註 29〕後來歐陽修使遼回來後，曾撰詩〈重贈劉原父（劉敞）〉，也說：「自言我亦隨往矣，行即逢君何恨邪?豈知前後不相及，歲月匆匆行無涯。……。」〔註 30〕但是依據這些史料，我們仍然無法知道歐陽修是在何月何日啓程赴遼。

近現代學者所撰的歐陽修年譜、傳記或專題著作，往往稱歐陽修是在九月啓程赴遼。但是筆者仔細查閱史料，加以考證，認爲應是至十月初，他才啓程赴遼。筆者的考證如下：1、在其〈與王懿恪公君貺〉的書簡中有提到「昨受命使北，初欲辭免，……其如受敕之日，北人訃音已至，由此更不敢辭。因改爲賀使，行期頗緩，正在嚴凝，與君貺行時無異也」。〔註 31〕可見當時因爲遼興宗去世，不僅使歐陽修使遼的任務，由賀契丹國母生辰使改爲賀登寶位使，而且事出突然，使宋朝廷必須再進一步瞭解狀況。另外，賀登寶位一事並非經常之舉，也使宋朝廷必須擬好恰當的外交國書、安排適當的使節團，以及準備合乎禮儀的禮物，因此延遲了歐陽修啓程赴遼的時間。2、歐陽修在啓程之前，曾寫信給一些親友，除了前文所提〈與王懿恪公君貺〉和〈與焦殿丞千之〉兩書簡之外，在〈答宋咸書〉中也提到「屬奉使出疆，匆匆不具」。〔註 32〕而根據《長編》卷 181 記載歐陽修所上奏〈論修河第二狀〉的日期，是在「（至和二年九月）丙子」，〔註 33〕「丙子」日爲二十一日，

〔註 28〕 劉敞，〈寄永叔〉，《公是集》，卷 13，頁 12，《文淵閣四庫全書》集部 3，別集類 2，（台北：台灣商務印書館，民國 72 年 10 月）。

〔註 29〕 註同前。

〔註 30〕 歐陽修，〈重贈劉原父〉，《歐陽文忠公文集》（一），卷 6，《居士集》，卷第 6，古詩，頁 82。

〔註 31〕 同註 22。

〔註 32〕 歐陽修，〈答宋咸書〉，《歐陽文忠公文集》（一），卷 47，《居士集》，卷第 47，書簡，頁 345。據《宋史翼》，卷 23 說：「宋咸，字貫之，……天聖二年進士乙科，知尤溪縣，累官知邵武軍。慶曆元年，除太常博士，知瓊州，……母喪服除，知韶州。皇祐中，狄青經制廣西，薦爲轉運判官。邕州賊平，以勞轉職方員外郎，仍留任。尋遷轉運使。……」見陸心源，《宋史翼》（台北：鼎文書局，民國 67 年 9 月），卷 23，列傳第 23，儒林 1，宋咸，頁 1，附於《宋史》出版。

〔註 33〕 李燾，《長編》，卷 181，宋仁宗至和二年九月丙子條，頁 2。另見歐陽修，〈論修河第二狀〉，《歐陽文忠公文集》（二），卷 109，《奏議集》，卷第 13，翰苑，頁 836。

可見至當年九月二十一日，歐陽修尚未啓程赴遼。3、筆者認為最有力的證據是，歐陽修從至和元年（一○五四年）至嘉祐五年（一○六○年）擔任翰林學士期間，為皇帝所代擬的詔令文書，歐陽修曾在嘉祐六年（一○六一年）八月，很完整地編成《內制集》。並且依時間先後順序標明每一篇代擬的日期，這在歐陽修本人的著作中是很難得的，因為其他的著作，歐陽修並沒有如此完整地標出日期。因此筆者仔細查閱後，發現不僅在至和二年九月二十三日，他曾代擬〈南京鴻慶宮開啓皇帝本命道場青詞〉，〔註34〕甚至於在十月二日，他還代擬了〈賜鎮海軍節度使檢校太尉同中書門下平章事判亳州陳執中詔〉、〈賜知建昌軍張貴和敕書〉、〈啓聖禪院修設故秦晉國肅恭賢正夫人林氏盡七大會齋一中齋文〉、〈賜吏部肖書同中書門下平章事文彥博生日禮物口宣〉等四篇，〔註35〕可見歐陽修在當年十月二日仍然尚未啓程，因此筆者推斷其啓程赴遼的時間應是在十月二日之後的十月初，而非於九月啓程。

四、使遼途中記事

（一）赴遼途中於恩州與冀州之間會晤沈遘

歐陽修此次北上赴遼，行至恩州與冀州之間，與老友沈遘相逢。隔年歐陽修撰〈醉翁吟并序〉（一作〈醉翁述〉）記其事，說：「去年秋，余奉使契丹，沈君會余恩冀之間」。〔註36〕另〈贈沈遘〉（一作〈贈沈博士歌并序〉），則提到「去年冬，予奉使契丹，沈君會予恩冀之間」。〔註37〕就此兩則引文來說，連歐陽修本人對於使遼的時間都出現兩種說法，確實增加了我們想知道其使遼時間的困難度。但是幸好歐陽修在至和三年（嘉祐元年）另一〈答宋咸書〉中，說：「去年冬，承惠問，時以奉使契丹，不皇為答。」〔註38〕顯然歐陽修

〔註34〕歐陽修，〈南京鴻慶宮開啓皇帝本命道場青詞〉，《歐陽文忠公文集》（一），卷84，《內制集》，卷第3，頁628。

〔註35〕歐陽修，〈賜鎮海軍節度使檢校太尉同中書門下平章事判亳州陳執中詔〉、〈賜知建昌軍張貴和敕書〉、〈啓聖禪院修設故秦晉國肅恭賢正夫人林氏盡七大會齋一中齋文〉、〈賜吏部尚書同中書門下平章事文彥博生日禮物口宣〉，書同前，頁628。

〔註36〕歐陽修，〈醉翁吟并序〉，《歐陽文忠公文集》（一），卷15，《居士集》，卷第15，雜文，頁141。

〔註37〕歐陽修，〈贈沈遘〉，書同前，卷6，《居士集》，卷第6，古詩，頁82。

〔註38〕歐陽修，〈答宋咸書〉，書同前，卷69，《居士外集》，卷第19，頁519。

的使遼時間還是以多天爲比較恰當的說法，如此也印証了筆者在前文所說，歐陽修啓程赴遼的時間應是在冬初的十月，而非在秋末的九月。

（二）約在十一月初，至雄州邊城，入遼境

歐陽修一行人繼續北上，約於十一月初，抵達雄州邊城。歐陽修對於邊地的情況似乎已有某種程度的瞭解，因爲其曾在至和元年，使遼的前一年撰〈邊戶〉詩，說：

> 家世爲邊戶，年年常備胡。兒僮習鞍馬，婦女能彎弧。胡塵朝夕起，虜騎蔑如無。邂逅輒相射，殺傷兩常俱。自從澶州盟，南北結歡娛。雖云免戰鬥，兩地供賦租。將吏戒生事，廟堂爲遠圖。身居界河上，不敢界河漁。〔註39〕

而至至和二年冬，歐陽修在赴遼途中，得以親身見聞北地邊境的情形，更使其產生很多感觸，因此撰有多首使北詩，例如〈奉使契丹初至雄州〉（一題〈過塞〉），說：

> 古關衰柳聚寒鴉，駐馬城頭日欲斜。猶去西樓二千里，行人到此莫思家。〔註40〕

〈奉使道中作三首〉，說：

> 執手意遲遲，出門還草草。無嫌去時速，但願歸時早。北風吹雪犯征裘，夾路花開回馬頭。若無二月還家樂，爭奈千山遠客愁。
> 爲客莫思家，客行方遠道。還家自有時，空使朱顏老。禁城春色暖融怡，花倚春風待客歸。勸君還家須飲酒，記取思歸未得時。
> 客夢方在家，角聲已催曉。匆匆行人起，共怨角聲早。馬蹄終日踐冰霜，未到思回空斷腸。少貪夢裏還家樂，早起前山路正長。〔註41〕

〈過塞〉，說：

> 身驅漢馬踏胡霜，每嘆勞生祇自傷。氣候愈寒人愈北，不如征雁解隨陽。〔註42〕

〔註39〕歐陽修，〈邊戶〉，書同前，卷5，《居士集》，卷第5，古詩，頁80。

〔註40〕歐陽修，〈奉使契丹初至雄州〉，書同前，卷12，《居士集》，卷第12，律詩，頁121。

〔註41〕歐陽修，〈奉使道中作三首〉，書同前，卷54，《居士外集》，卷第4，古詩，頁402。

〔註42〕歐陽修，〈過塞〉，書同前，卷56，《居士外集》，卷第6，律詩，頁417。

（三）赴遼途中與返宋的祭奠使正副呂公弼、郭諮相遇

據歐陽修撰詩〈奉使契丹道中答劉原父桑乾河見寄之作〉，說：「……前日逢呂郭，解鞍憩山腰。僮僕相問喜，馬鳴亦蕭蕭。出君桑乾詩，寄我慰寂寥。」〔註43〕此詩中所提到的「呂郭」，是指呂公弼、郭諮二人。在同年八月癸丑（二十八日），宋朝廷以「龍圖閣直學士兵部郎中呂公弼爲契丹祭奠使，西上閤門使英州刺史郭諮副之」。〔註44〕因此其二人也在該年使遼，而且啓程日期比劉敞、歐陽修還要早，因爲據劉敞〈寄呂侍郎（呂公弼）〉詩，題下有原注，說：「呂先予數日北行」，〔註45〕另〈寄永叔（歐陽修）〉詩，題下有原注，說：「永叔後予數日使北」。〔註46〕當時宋朝廷爲了配合遼在「十一月甲子（十日），葬興宗皇帝於慶陵，宋及高麗遣使來會」〔註47〕的時間，因此呂公弼、郭諮必須提早啓程，而依據宋臣使遼逗留遼上京一般約爲十天（後文註54有討論）來看，呂公弼應是在十一月底回國途中，和正在前往遼上京的歐陽修相遇。

歐陽修入遼境後北上的路線，如果僅從其本人有關的文集著作來探討，實在無法得知。而且其回國後上奏於朝廷的《北使語錄》又已失傳，因此增加了我們瞭解其入遼境後前進路線的困難。今筆者試從當時擔任「契丹國母生辰使」也北行的劉敞所撰詩歌來加以探討，因爲其使北詩作品較多首，而且有些詩歌的標題明確地寫出其所經過的驛館名稱，可供我們參考。例如有〈順州馬上望古北諸山〉、〈發桑乾河〉、〈古北口守歲二首〉、〈古北口〉、〈楊無敵廟〉、〈初出古北口大風〉、〈檀州〉、〈出山〉、〈鐵漿館〉、〈陰山〉、〈金山館〉、〈宿麃子嶺穹廬中〉、〈思鄉嶺〉、〈壽山〉、〈過中京走馬上平安奏狀〉、〈過臨潢〉、〈過中京後寄和貢父弟〉、〈臨都館〉、〈松子嶺〉、〈朱橋〉、〈十二月二十七日宿柳河聞永叔是日宿松山作七言寄之〉等。〔註48〕

以上所舉劉敞的使北詩，我們從其標題或內容可略知其入遼之後北上的路線，大概是從燕京經順州、檀州、古北口、柳河館、鐵漿館、中京、臨都

〔註43〕歐陽修，〈奉使契丹道中答劉原父桑乾河見寄之作〉，書同前，卷6，《居士集》，卷第6，古詩，頁81。

〔註44〕同註20。

〔註45〕劉敞，〈寄呂侍郎〉，《公是集》，卷7，頁4。

〔註46〕劉敞，〈寄永叔〉，《公是集》，卷13，頁12～13。

〔註47〕《遼史》，卷21，本紀第21，道宗1，頁252。

〔註48〕參閱蔣祖怡、張滌雲編，《全遼詩話》（長沙：岳麓書社，1992年5月），頁272～279。

館、松山館，而到達上京。關於此一路線，筆者再查閱陳襄《神宗即位使遼語錄》，〔註49〕其所走的路線是白溝關、新城、涿州、良鄉、燕京永年館、望京館、順州、檀州、金溝館、古北口、新館、臥如館、打造館、牛山館、鹿峽館、鐵漿館、富谷館、長興館、中京大同館、臨都館、鍋窰館、松山館、崇信氈館、廣寧館、會星館、咸熙氈館、黑崖館、三山館、赤崖館、上京。又查閱沈括《熙寧使虜圖抄》，〔註50〕其所走路線也大致與陳襄相同。而聶崇岐在〈宋遼交聘考〉也說：「宋使入遼自白溝起，北行為新城縣，再經涿州、良鄉縣，而至燕京。若往中京則自燕京東北行，經順州、檀州，出古北口，歷新館、臥如來館、柳河館、打造部落館、牛山館、鹿兒峽館、鐵漿館、富谷館、通天館，遂至中京。若往上京，則自中京北行，歷臨都館、松山館、崇信館、廣寧館、姚家寨館、咸寧館、保和館、宣化館、長泰館，遂至上京。」〔註51〕從以上的討論，我們也已大概知道歐陽修入遼赴上京的路線了。

五、抵遼上京，頗受禮遇

（一）約在十二月十三日前一兩天抵遼上京，並與劉敞相逢

歐陽修約在十二月十日前後抵達遼上京，筆者的考證是，當時劉敞的身份為「契丹國母生辰使」，據《遼史》〈道宗本紀〉，說：「十二月……戊子（五日），應聖節，上太皇太后壽。」〔註52〕顯然劉敞應是在十二月五日的前一兩天已到達遼上京。而歐陽修的身份是「賀契丹登寶位使」，據《遼史》〈道宗本紀〉，說：「十二月……丙申（十三日），宋遣歐陽修等來賀即位。」〔註53〕可知歐陽修也應是在十二月十三日前一兩天抵達遼上京。同時據傅樂煥〈宋遼聘使表稿〉，說：「其時使臣逗留敵國都城例在十日左右」。〔註54〕因此大約

〔註49〕 陳襄，《神宗即位使遼語錄》，收錄於《遼史彙編》（六），頁65～78。
〔註50〕 沈括，《熙寧使虜圖抄》，收錄於《永樂大典》（台北：世界書局，民國51年2月），卷10877，第58冊，頁9～13。
〔註51〕 聶崇岐，前引文，頁303～304。有關宋遼使節來往的路線，另可參閱傅樂煥，〈宋人使遼語錄行程考〉，原載於《國學季刊》5卷4期，民國24年，收錄於《遼史彙編》（八），頁207～235；田村實造，〈遼宋の交通と遼朝の經濟的發達〉，收錄於《中國征服王朝の研究》（上），頁223～270，京都：東洋史研究會，昭和39年。
〔註52〕 《遼史》，卷21，本紀第21，道宗1，頁253。
〔註53〕 註同前。
〔註54〕 傅樂煥，〈宋遼聘使表稿〉，頁587。傅氏稱「其時使臣逗留敵國都城例在十日左右」，其考證說：「《長編》卷262記熙寧八年四月遼使蕭禧在宋久留不行云

是在劉敞將要啓程離遼上京回國的前幾天和剛抵達遼上京的歐陽修相逢了。兩位老友經過長程的跋涉，終於在異國的京城相逢，當然是高興、激動不已，因此兩人都曾撰詩以記其事。例如歐陽修〈奉使契丹道中答劉原父桑乾河見寄之作〉，說：

> 憶昨初受命，同下紫宸朝。問君當何之，笑指北斗杓。共念到幾時，春風約回鑣。所持既異事，前後忽相遼。歲月坐易失，山川行知遙。回頭三千里，雙闕在紫霄。……前日逢呂郭，解鞍憩山腰。僮僕相問喜，馬鳴亦蕭蕭。出君桑乾詩，寄我慰寂寥。又喜前見君，相期駐征軺。雖知不久留，一笑樂亦聊。……。〔註55〕

歐陽修回國後所撰的〈重贈劉原父〉，也提到：

> 憶昨君當使北時，我往別君飲君家。……自言我亦隨往矣，行即逢君何恨邪？豈知前後不相及，歲月匆匆行無涯。古北嶺口踏新雪，馬盂山西看落霞。風雲暮慘失道路，硐谷夜靜聞麏麚。行迷方向但看日，度盡山險方逾沙。客心漸遠誠易感，見君雖晚喜莫加。……。

〔註56〕

『故事：使者留京不過十日。禧至以三月庚子，既入辭，猶不行……留京師幾一月』。此爲遼使在宋故事，宋使在遼當亦類此。《宋會要》載『大中祥符四年四月十二日，入契丹使李迪言今月廿日回至雄州，緣契丹國主親督兵伐高麗，以是久駐中京。四月十二日迪到關上奏，所謂今月廿日到雄州，當爲三月二十日，則迪等離遼廷在二月末或三月初，視常時遲兩月。《契丹國志》記天慶五年宋使羅選、侯益來賀，因天祚親征女眞，『道梗中京’阻程兩月，不得見天祚而回』。後兩事與蕭禧之在宋，均以居留時日較長，特有記載，可反証平時絕無久留之事。大中祥符元路振使遼，十二月廿四日到達，正月九日離去，凡留十五日，治平四年陳襄使遼，六月十五日到，二十一日返，僅留六日耳。』筆者另查《長編》，卷70，宋眞宗大中祥符元年十一月壬午（二十五日）條、十二月乙未（九日）條，頁16、17；卷181，宋仁宗至和二年十二月己酉（二十六日）條，頁15；卷182，宋仁宗嘉祐元年正月己未（六日）條，頁1；卷188，嘉祐三年十二月辛卯（二十五日）條，頁15；卷189，嘉祐四年正月辛丑（六日）條，頁2；卷271，宋神宗熙寧八年十二月癸丑（二十六日）條，頁15；卷272，熙寧九年正月癸亥（六日）條，頁1；卷350，宋神宗元豐七年十二月辛卯（二十六日）條，頁13；卷351，元豐八年正月辛丑（六日）條，頁1；卷403，宋哲宗元祐三年七月戊午（九日）條、戊辰（十九日）條，頁5、19；卷519，宋哲宗元符二年十二月癸亥（二十六日）條，頁10；卷520，元符三年正月癸酉（六日）條，頁1，都有提到遼使在宋汴京來聘和辭行的日期，可作爲宋遼兩國使節在對方京城逗留例爲十天的參考。』

〔註55〕同註43。
〔註56〕同註30。

至於劉敞則撰〈逢永叔〉，說：

> 絕域逢君喜暫留，舉杯相屬問刀頭。久持漢節旄空盡，獨拜穹廬死
> 可羞。醉裏歲華驚易老，愁邊溝水愴分流。玉關生入知無恨，不願
> 張騫博望侯。〔註57〕

（二）在遼上京期間，頗受禮遇，出於常例

據韓琦《安陽集》〈故觀文殿學士太子少師致仕贈太子太師歐陽公墓誌銘〉，說：「嘗奉使契丹，其主必遣貴臣押宴，出于常例，且謂公（歐陽修）曰：『以公名重故耳。』其爲外夷欽服如此。」〔註58〕歐陽發等述〈先公事跡〉，說：「至和二年，先公（歐陽修）奉使契丹。契丹使其貴臣陳留郡王宗愿、惕隱大王宗熙、北宰相蕭知足、尙父中書令晉王蕭孝友來押宴，曰：『此非常例，以卿名重。』宗愿‧宗熙，並契丹皇叔；北宰相，番官中最高者；尙父中書令晉王，是太皇太后弟。送伴使耶律元寧言：『自來不曾如此一併差近上親貴大臣押宴。』」〔註59〕吳充〈故推誠保德崇仁翊戴功臣觀文殿學士特進太子少師致仕上柱國樂安郡開國公食邑四千三百戶食實封一千二百戶贈太子太師歐陽公行狀〉，說：「至和初，公（歐陽修）奉使契丹，契丹使其貴臣惕隱及北宰相蕭知足等來押宴，曰：『非常例也，以公名重故爾。』其爲外夷所畏如此。」〔註60〕蘇轍《欒城後集》〈歐陽文忠公神道碑〉，說：「（至和）二年，（歐陽修）奉使契丹，契丹使其貴臣宗愿、宗熙、蕭知足、蕭孝友四人押燕，曰：『此非常例，以卿名重故爾。』」〔註61〕

從以上諸所引，可知歐陽修使遼頗受禮遇，出於常例，爲宋遼外交史上所僅見。爲何會如此呢？筆者認爲一則是歐陽修的詩名、文采早已傳至遼國，而遼道宗本人也頗喜好詩賦，〔註62〕因此對於歐陽修的到來，自是以厚

〔註57〕劉敞，〈逢永叔〉，《公是集》，卷23，頁4。

〔註58〕韓琦，〈故觀文殿學士太子少師致仕贈太子太師歐陽公墓誌銘〉，《安陽集》，卷50，頁9，《文淵閣四庫全書》，集部3，別集類2。另《宋史》〈歐陽修〉傳，也說：「（歐陽修）奉使契丹，其主命貴臣四人押宴，曰：『此非常制，以卿名重故爾。』」（《宋史》，卷319，列傳第78，歐陽修，頁10378）

〔註59〕歐陽發，〈先公事跡〉，《歐陽文忠公文集》（二），附錄，卷第5，頁1291。

〔註60〕吳充，〈故推誠保德崇仁翊戴功臣觀文殿學士特進太子少師致仕上柱國樂安郡開國公食邑四千三百戶食實封一千二百戶贈太子太師歐陽公行狀〉，書同前，附錄，卷第1，頁1253。

〔註61〕蘇轍，〈歐陽文忠公神道碑〉，《欒城後集》，卷23，頁6，《文淵閣四庫全書》，集部3，別集類2。

〔註62〕關於遼道宗喜好文辭詩賦，據侯延慶，《退齋閑雅錄》，說：「宣和初，劉遠守

禮待之。另一原因應是與蔡襄所撰〈四賢一不肖詩〉五首傳之於遼地有關，據《宋史》〈蔡襄〉傳，說：「范仲淹以言事去國，余靖論救之，尹洙請與同貶，歐陽修移書責司諫高若訥，由是三人者皆坐譴。襄作〈四賢一不肖詩〉，都人士爭相傳寫，鬻書者市之，得厚利。契丹使適至，買以歸，張於幽州館。」〔註63〕此四賢是指范仲淹、余靖、尹洙、歐陽修，而一不肖則指高若訥，詩共五首，其中以描述歐陽修的內容最長

> ……帝圖日盛人世出，今吾永叔誠有望。處心學士貴適用，異端莫得窺其墻。……哀來激憤抑復奮，強食不得下喉吭。位卑無路自聞達，目視雲闕高蒼茫。裁書數幅責司諫，落筆駸駸騰康莊。刃迎縷析解統要，其間大意可得詳。……遂令百世覽前史，往往心憤涕泗滂。斯言感切固已至，讀者不得令激昂。……我蹉時輩識君淺，但推藻翰高文場。斯人滿腹有儒術，使之得地能施張。皇家太平幾百載，正當鑑古修紀綱。賢才進用忠言錄，祖述聖德垂無疆。〔註64〕

歐陽修這種崇高的品德、操守與儒者的風範，隨著此詩流傳於遼國，使遼人對其敬仰不已，因此促成了歐陽修此次使遼深受遼朝廷的禮遇，出於常例。

六、返國途中記事

（一）約在十二月二十日左右，離遼上京返國

前文提到劉敞約在十二月五日前一兩天到達遼上京，歐陽修則約在十二月十三日前一兩天抵達，因此據慣例逗留外交國的京城十天來算，歐陽修應是在十二月二十日左右，離開遼上京啓程返國。歐陽修在〈奉使契丹回出上京馬上作〉詩中描述當天啓程返國欣喜的心情，說：「紫貂裘暖朔風驚，潢水冰光射日明。笑語同來向公子，馬頭今日向南行。」〔註65〕可惜在題下未注

祁州，嘗接遼使李處能。處能謂遠云：『本朝道宗皇帝好文，……。』」（轉引自《全遼詩話》，頁14）

〔註63〕 《宋史》，卷320，列傳第79，蔡襄，頁10397。另，據王闢之，《澠水燕談錄》，說：「時蔡君謨（蔡襄）爲〈四賢一不肖詩〉，布在都下，人爭傳寫，鬻書者市之，頗獲厚利。遼使至，密市以還。張中庸奉使過幽州館，中有君謨詩在壁上。四賢希文、安道、師魯、永叔，一不肖謂若訥也。」（卷2，頁9，《文淵閣四庫全書》，子部12，小說家類1）

〔註64〕 蔡襄，〈四賢一不肖詩〉，《端明集》，卷1，頁8～9，《文淵閣四庫全書》，集部3，別集類2。

〔註65〕 歐陽修，〈奉使契丹回出上京馬上作〉，《歐陽文忠公文集》（一），卷12，《居士集》，卷第12，律詩，頁121。

明日期，使我們無法知道他在何日啓程返國。當時劉敞比歐陽修先離開遼上京，因此撰有〈留別永叔〉詩，說：「回車欲度幕南庭，此地那知眼界清。老覺鬢毛俱種種，醉看風物盡冥冥。平時慟哭休論事，遠別悲歌更忍聽。且共春風同入塞，憶君時計短長亭。」〔註66〕而歐陽修在〈重贈劉原父〉詩中，也說：「我後君歸只十日，君先躍馬未足誇。」〔註67〕但是均未提到明確的日期，使我們還是無法確知歐陽修離開遼上京啓程返國的日期是在何月何日，筆者也只能作以上的推斷。

（二）十二月二十七日，返國途中宿於松山館

據胡柯《年譜》，說：「（至和二年）十二月庚戌（二十七日），（歐陽修）宿虜界松山。」〔註68〕由於此項記載屬於較早的史料，也明確提到歐陽修使遼行程的日期。因此被很多近現代編著歐陽修年譜、傳記或專題著作的學者所引用，但是可能未進一步仔細查證，往往將此日的行程當作是歐陽修尚在前往遼上京的途中，並且說歐陽修是在至和三年（嘉祐元年）一月抵達遼上京。筆者認為這應是錯誤的，其實十二月二十七日已是歐陽修從遼上京啓程返國之後的數天了，而且在這一天宿於松山館。筆者為何提出這種說法呢?是因為除了在前文已提到其約於十二月二十日左右啓程返國外，筆者又再查證，發現劉敞所撰的使北詩，有一首〈十二月二十七日宿柳河聞永叔是日宿松山作七言寄之〉，其內容為：「相望不容三日行，多岐無奈百長亭。欲知河柳春來綠，正似松山雪後晴。」〔註69〕（筆者認為胡柯《年譜》所言「十二月庚戌，宿虜界松山」，可能就是根據這一首詩）我們如將前文所提到歐陽修、劉敞等人赴遼所行的路線顛倒過來看，就可知道先行返國的劉敞必然先到達位於比較南方的柳河館，而後行的歐陽修當

〔註66〕劉敞，〈留別永叔〉，《公是集》，卷23，頁14。

〔註67〕同註30。

〔註68〕胡柯，《年譜》，前引書，頁18。

〔註69〕劉敞，〈十二月二十七日宿柳河聞永叔是日宿松山作七言寄之〉，此首詩是筆者查閱清人曹廷棟所編《宋百家詩存》（卷4，頁44，《文淵閣四庫全書》，集部，總集類）所得。但是另查同樣收錄於《文淵閣四庫全書》的劉敞《公是集》，卷28，頁12，有詩題〈柳河〉，內容與前詩稍有不同，其說：「相望不容三日行，多岐無奈百長亭。欲知河柳春來綠，正似山松雪後青。」筆者再查《全宋詩》（傅璇琮等編，北京大學，1988年12月），卷488，第9冊，頁5916，也有詩題〈柳河〉，內容與《公是集》〈柳河〉詩相同，但是詩題下有注「名賢本、明抄本等題作十二月二十七日宿柳河聞永叔是日宿松山作七言寄之」。以上所述，謹供讀者參考。

然此時才走到位於比較北方的松山館。如果將十二月二十七日歐陽修宿於松山館，當作是赴遼途中，則從這首詩來看，就形成了自宋國先出發的劉敞反而落後於歐陽修，因此這顯然是錯誤的。再從歐陽修〈重贈劉原父〉詩中「我後君歸只十日，君先躍馬未足誇」〔註 70〕來看，也應是劉敞在十二月二十七日已先到達柳河館，而歐陽修則才走到松山館。另外劉敞有詩〈古北口守歲二首〉，也可說明劉敞在十二月二十七日已到達柳河館，才有可能在除夕當天行至古北口守歲。該二首詩的內容為「春渡遼東海，星回幕北天。悠悠鄉國別，明日便經年。」、「山盡寒隨盡，春歸客亦歸。一杯分歲酒，送臘強依依。」〔註 71〕正是描述他在歲末歸國的情形。而再從劉敞另一首詩〈元日發古北口寄禹玉直孺昌言三閣老〉〔註 72〕來看，詩中有注「今年歲至甲寅」'指的正是至和三年（嘉祐元年）一月一日，以及題下有注「初入燕境」四字，都可說明劉敞在十二月二十七日確實是於返國的途中。以上的考證也相對的印證了歐陽修於該日同樣是在返國的途中，並且宿於松山館，而不是還在赴遼上京的途中。

　　為了提高這種說法的正確性，筆者又查閱其他史料，發現後來曾擔任賀遼道宗生辰國信使的蘇轍，在其所撰的使北詩〈贈知雄州王崇拯二首〉，〔註 73〕其中有一句「使君約我南來飲，人日河橋柳正黃」，此句之下有原注「生辰使例以人日還至雄州」。「人日」即是一月七日，因為「托名東方朔《占書》云：『歲後八日，一日雞，二日犬，三日豬，四日羊，五日牛，六日馬，七日人，八日穀。其日晴，所主之物宥，陰則災。』」〔註 74〕這項史料等於告訴我們曾同樣為生辰使的劉敞，在他返國的行程中，應該也是預定於一月七日要到達雄州，因而在十二月二十七日，他已返抵柳河館。筆者又參閱王民信《沈括熙寧使虜圖抄箋証》〈宋使入遼行程驛名對照表〉，〔註 75〕發現從柳河館到雄州這一段剩下來的驛程，劉敞在至和三年一月七日那天應可走完。這項考證也相對的證明了歐陽修於十二月二十七日已在返國途中，並且已走到松山館。

〔註 70〕同註 30。

〔註 71〕劉敞，〈古北口守歲二首〉，《公是集》，卷 27，頁 6。

〔註 72〕劉敞，〈元日發古北口寄禹玉直孺昌言三閣老〉，《公是集》，卷 25，頁 7。

〔註 73〕蘇轍，〈贈知雄州王崇拯二首〉，《欒城集》，卷 16，頁 15，《文淵閣四庫全書》，集部 3，別集類 2。

〔註 74〕轉引自《全遼詩話》，〈蘇轍使遼詩〉，註九，頁 315。

〔註 75〕王民信，《沈括熙寧使虜圖抄箋証》（台北：學海出版社，民國 65 年 12 月），〈宋使入遼行程驛名對照表〉，頁 161。

筆者再從〈宋使入遼行程驛名對照表〉中，發現曾為皇帝登寶位告北朝皇太后國信使的陳襄共花了約十天左右的時間，走完從柳河館到松山館之間的十個驛程，這也說明了劉敞比歐陽修提前十天返國，因此當劉敞走到柳河館時，歐陽修則走到松山館。

筆者再繼續查閱其他史料，又發現後來以生辰國信使出使遼國的蘇頌，其去回的行程和曾同為生辰使的劉敞很類似。在其〈後使遼詩注〉，說：「（宋神宗）熙寧十年八月，自國史院被命假龍圖閣直學士給事中充大遼生辰國信使。十月三日進發，明年正月二十八日還闕。道中率爾成詩，以紀經見之事，及歸，錄之。」〔註76〕，共二十八首，其中一首〈發柳河〉，題下原注「十二月二十七日早發柳河。蹉程山路，險滑可懼。因見舊遊，宛然如昨」。〔註77〕筆者認為這項史料也可做為印證劉敞和歐陽修回國行程的參考。

基於以上各項考證，筆者遂不認同目前有些學者編著歐陽修年譜、傳記或專題著作的說法——將歐陽修在至和二年十二月二十七日宿於松山館的記載當作是赴遼上京途中的行程。而認為歐陽修在這一天正在返國途中宿於松山館，並且已經離開遼上京數天了。

（三）返國途中撰〈奉使道中五言長韻〉、〈奉使契丹道中答劉原父桑乾河見寄之作〉、〈書素屏〉、〈馬齧雪〉、〈風吹沙〉、〈奉使道中寄坦師〉等詩

歐陽修既已離開遼上京返國，行走於途中，對於能達成此次使遼的任務，固然感到欣慰，同時有感於不久即可返抵故國家園，心中也充滿了企盼、思鄉的情懷。因此撰詩多首，〔註78〕其中〈奉使道中五言長韻〉，說：

> 初旭瑞霞烘，都門祖帳供。親持使者節，曉出大明宮。城闕青煙起，樓臺白霧中。繡韉驕躍躍，貂袖紫蒙蒙。朔野驚飆慘，邊城畫角雄。過橋分一水，回首羨南鴻。地里山川隔，天文日月同。兒童能走馬，婦女亦腰弓。度險行愁失，盤高路欲窮。山深聞喚鹿，林黑自生風。

〔註76〕蘇頌，〈後使遼詩注〉，《蘇魏公文集》，卷 13，頁 7，《文淵閣四庫全書》，集部 3，別集類 2。

〔註77〕蘇頌，〈發柳河〉，書同前，卷 13，頁 13。

〔註78〕以下所引各詩大多描述歐陽修本人返國時思鄉的情懷，因此可參閱本文註 1 所提蔣武雄，〈從宋人使北詩論使遼旅程的艱辛〉，頁 110～114，筆者對以下各詩不再加以闡釋。

松壑寒逾響，冰溪咽復通。望平愁驛迥，野曠覺天穹。駿足來山北，
輕禽出海東。合圍飛走盡，移帳水泉空。講信鄰方睦，尊賢禮亦隆。
斫冰燒酒赤，凍臉縷霜紅。白草經春在，黃沙盡日濛。新年風漸變，
歸路雪初融。祇事須彊力，嗟予乃病翁。深慚漢蘇武，歸國不論功。

〔註79〕

〈奉使契丹道中答劉原父桑乾河見寄之作〉，說：

憶昨初受命，同下紫宸朝。問君當何之，笑指北斗杓。共念到幾時，
春風約回鑣。所持既異事，前後忽相邅。歲月坐易失，山川行知遙。
回頭三千里，雙闕在紫霄。我老倦鞍馬，安能事吟嘲。君才緒有餘，
新句益飄飄。前日逢呂郭，解鞍憩山腰。僮僕相問喜，馬鳴亦蕭蕭。
出君桑乾詩，寄我慰寂寥。又喜前見君，相期駐征軺。雖知不久留，
一笑樂亦聊。歸路踐冰雪，還家脫狐貂。君行我即至，春酒待相邀。

〔註80〕

〈書素屏〉，說：

我行三千里，何物與我親。念此尺素屏，曾不離我身。曠野多黃沙，
當午白日昏。風力若牛弩，飛砂還射人。暮投山椒館，休此車馬勤。
開屏置床頭，輾轉夜向晨。臥聽穹廬外，北風驅雪雲。勿愁明日雪，
且擁狐貂溫。君命固有嚴，羈旅誠苦辛。但苟一夕安，其餘非所云。

〔註81〕

〈馬齧雪〉，說：

馬飢齧雪渴飲冰，北風卷地來崢嶸。馬悲躑躅人不行，日暮塗遠千
山橫。我謂行人止嘆聲，馬當勉力無悲鳴。白溝南望如掌平，十里
五里長短亭。臘雪銷盡春風輕，火燒原頭青草生。遠客還家紅袖迎，
樂哉人馬歸有程。男兒雖有四方志，無事何須勤遠征。〔註82〕

〈風吹沙〉，說：

北風吹沙千里黃，馬行確犖悲摧藏。當冬萬物慘顏色，冰雪射日生
光芒。一年百日風塵道，安得朱顏長美好。攬鞍鞭馬行勿遲，酒熟

〔註79〕歐陽修，〈奉使道中五言長韻〉，《歐陽文忠公文集》（一），卷12，《居士集》，
　　　　卷第12，律詩，頁121。
〔註80〕同註43。
〔註81〕同註43。
〔註82〕同註43，頁81～82。

花開二月時。〔註83〕

〈奉使道中寄坦師〉，說：

>……塞垣春枯積雪溜，沙礫威怒黃雲愁。五更匹馬隨雁起，想見鄴
>郭花今稠。百年夸奪終一丘，世上滿眼眞悠悠。寄聲萬里心綢繆，
>莫道異趣無相求。〔註84〕

（四）返國經大名府，賈昌朝設宴，妓歌歐陽修詞

據陳師道《後山談叢》卷2，說：「文元賈公（賈昌朝）居守北都，〔註85〕
歐陽永叔使北還，公預戒官妓辦詞以勸酒，妓唯唯，復使都廳召而喻之，妓
亦唯唯。公怪嘆，以爲山野。既燕，妓奉觴，歌以爲壽。永叔把盞側聽，每
爲引滿。公復怪之，召問所歌，皆其詞也。」〔註86〕可見歐陽修詞流傳甚廣。

七、返國後記事

（一）宋仁宗至和三年（嘉祐元年，遼道宗清寧二年，一〇五六年） 二月五日以前或十五日以前返抵宋汴京。二十二日，進《北 使語錄》

此年，歐陽修五十歲。雖然胡柯《年譜》，說：「（嘉祐元年）二月甲辰（二
十二日），使還，進《北使語錄》。」〔註87〕但是此處所謂二月二十二日，應
是指其進《北使語錄》的日期，因爲筆者查閱史料，發現在《歐陽文忠公文
集》《內制集》中，有歐陽修回國後仍任翰林學士，爲皇帝代擬的〈西太一宮
開啓皇帝本命道場青詞〉，其題下有注明日期「至和三年二月十五日」，〔註88〕
此篇是緊接在至和二年十月二日歐陽修啓程赴遼之前，所代擬的〈賜吏部尚
書同中書門下平章事文彥博生日禮物口宣〉〔註89〕之後，再下一篇是〈撫問

〔註83〕同註43，頁82。
〔註84〕歐陽修，〈奉使道中寄坦師〉，《歐陽文忠公文集》（一），卷54，《居士外集》，
卷第4，古詩，頁402。
〔註85〕此處「北都」指大名府，據王珪，《華陽集》（《文淵閣四庫全書，集部3，別
集類2》，卷56，〈賈昌朝墓誌銘〉稱賈昌朝在嘉祐元年「再任大名」，頁10。
〔註86〕陳師道，《後山談叢》，卷2，頁9，《文淵閣四庫全書》，子部12，小說家類1
雜事之屬。
〔註87〕胡柯，《年譜》，《歐陽文忠公文集》（一），頁18。
〔註88〕歐陽修，〈西太一宮開啓皇帝本命道場青詞〉，《歐陽文忠公文集》（一），卷84，
《內制集》，卷第3，頁628。
〔註89〕歐陽修，〈賜吏部尚書同中書門下平章事文彥博生日禮物口宣〉，註同前。

麟府代州路臣寮口宣〉，〔註90〕其題下所注日期卻倒退回去爲「二月五日」，也就是放在〈西太一宮開啓皇帝本命道場青詞〉之後。不知是否有誤？但是無論如何已告訴我們，歐陽修應是在二月五日以前或二月十五日以前返抵汴京，而不是二月二十二日。

　　另有一事須提及者，即是歐陽修對於此次使遼之行頗覺辛苦。因爲在其〈答陸學士經〉書簡中，說：「使北往返六千里，早衰多病，不勝其勞。使者輩往凡七、八，獨疲劣者尤覺其苦也。還家，人事日益，區區浮生，何處得少休息。」〔註91〕可見當時歐陽修使遼是抱病而行的。

八、結論

　　從以上的論述，使我們知道了歐陽修使遼的行程和事蹟，尤其是他在遼上京期間，所受到優厚的禮遇，實爲宋遼外交史上的一大盛事。但是近現代學者對於歐陽修的研究，往往偏重在政治、文學、史學、經學方面，以致於忽略了其使遼的事蹟，也因而對歐陽修使遼經過產生錯誤的敘述。除了其使北詩是否在去程或回程所撰的時間問題外，也誤把歐陽修使遼的行程，認爲是在至和二年九月啓程，十二月二十七日在途中宿於松山館，〔註92〕翌年一月抵達遼上京，二月二十二日返抵宋汴京。筆者認爲此種說法有矛盾，因爲如果依此說法，我們將可發現歐陽修從宋汴京啓程至遼上京，共花了三個月以上的時間，而從遼上京返抵宋汴京，卻只花了一個多月的時間。因此筆者經過考證之後，在本文中認爲歐陽修應是在十月二日之後的十月初才啓程赴遼，十一月初經雄州進入遼境，十二月十三日前一兩天抵達遼上京，逗留約十天，至十二月二十日左右從遼上京啓程返國，十二月二十七日返國途中宿於松山館，翌年二月五日以前或二月十五日以前返抵宋汴京，並且在二月二十二日進《北使語錄》。

〔註90〕歐陽修，〈撫問麟府代州路臣寮口宣〉，同註88，頁629。
〔註91〕歐陽修，〈答陸學士經〉，《歐陽文忠公文集》（二），卷151，書簡，卷第8，頁1225。有關歐陽修身體多病的情形，可參閱江正誠，〈歐陽修的健康情形〉，《中華文化復興月刊》第15卷10期，頁52～57，民國71年10月。
〔註92〕筆者只見到清人華孳亨著，《增訂歐陽文忠公年譜》（昭代叢書丙集補卷3，北京圖書館藏珍本，北京圖書館編，年譜叢刊第13冊，1999年4月），頁33，對於至和二年歐陽修使遼一事有比較恰當的敘述。其先敘述歐陽修在遼上京受到隆重禮遇的情形，然後再提到「十二月庚戌宿虜界松山」，表示歐陽修是在回國途中宿於松山館，這種敘述較合理。但是該書編年，在至和元年之後，即是至和三年，顯然是至和二年之誤。

最後筆者要強調的是，由於有關歐陽修使遼的史料並不多，又有不明之處，因此筆者以上所做的各項考證、推論，或許也有錯誤的地方。但是如果能因而引起讀者的注意，對歐陽修使遼的詩作和行程的正確性再加以思考、探討，則此正是筆者撰寫本文所期待的。

徵引書目

一、史料

1. 王珪，《華陽集》，收錄於《文淵閣四庫全書》，台北：台灣商務印書館，民國 72 年。

2. 王闢之，《澠水燕談錄》，收錄於《文淵閣四庫全書》，台北：台灣商務印書館，民國 72 年。

3. 沈括，《熙寧使虜圖抄》，收錄於《永樂大典》第五八冊，台北：世界書局，民國 51 年。

4. 李燾，《續資治通鑑長編》，台北：世界書局，民國 50 年。

5. 侯延慶，《退齋閑雅錄》，轉引自《全遼詩話》，長沙：岳麓書社，1992 年。

6. 胡柯，《廬陵歐陽文忠公年譜》，收錄於《歐陽文忠公文集》（一），台北：台灣商務印書館，民國 54 年。

7. 脫脫，《遼史》，台北：鼎文書局，民國 67 年。

8. 脫脫，《宋史》，台北：鼎文書局，民國 67 年。

9. 曹廷棟，《宋百家詩存》，收錄於《文淵閣四庫全書》，台北：台灣商務印書館，民國 72 年。

10. 陳襄，《神宗即位使遼語錄》，收錄於《遼史彙編》（六），台北：鼎文書局，民國 62 年。

11. 陳師道，《後山談叢》，收錄於《文淵閣四庫全書》，台北：台灣商務印書館，民國 72 年。`

12. 陸心源，《宋史翼》，台北：鼎文書局，民國 67 年。

13. 華孳亨，《增訂歐陽文忠公年譜》，北京圖書館，1999 年，

14. 傅璇琮，《全宋詩》，北京大學，1998 年。

15. 蔡襄，《端明集》，收錄於《文淵閣四庫全書》，台北：台灣商務印書館，民國 72 年。

16. 劉敞，《公是集》，收錄於《文淵閣四庫全書》，民國 72 年。

17. 蔣祖怡、張滌雲，《全遼詩話》，長沙：岳麓書社，1992 年。

18. 歐陽修，《歐陽文忠公文集》（一）（二），台北：台灣商務印書館，民國54年。

19. 韓琦，《安陽集》，收錄於《文淵閣四庫全書》，台北：台灣商務印書館，民國72年。

20. 蘇頌，《蘇魏公文集》，收錄於《文淵閣四庫全書》，台北：台灣商務印書館，民國72年。

21. 蘇轍，《欒城集》，收錄於《文淵閣四庫全書》，台北：台灣商務印書館，民國72年。

22. 蘇轍，《欒城後集》，收錄於《文淵閣四庫全書》，台北：台灣商務印書館，民國72年。

二、近人著作

1. 王民信，《沈括熙寧使虜圖抄箋証》，台北：學海出版社，民國65年。

2. 田村實造，《中國征服王朝の研究》，京都：東洋史研究會，昭和39年。

3. 林子鈞，《六一居士歐陽修》，台北：莊嚴出版社，民國72年。

4. 洪本健，《醉翁的世界——歐陽修評傳》，鄭州：中州古籍出版社，1990年。

5. 陶晉生，《宋遼關係史研究》，台北：聯經出版公司，民國73年。

6. 陳銘，《歐陽修傳》，廣州：廣東高等教育出版社，1998年。

7. 黃進德，《歐陽修評傳》，南京：南京大學出版社，1998年。

8. 蔡世明，《歐陽修的生平與學術》，台北：文史哲出版社，民國69年。

9. 劉德清，《歐陽修論稿》，北京：北京師範大學出版社，1991年。

10. 劉德清，《歐陽修傳》，哈爾濱：哈爾濱出版社，1995年。

11. 聶崇岐，《宋史叢考》，台北：華世出版社，民國75年。

12. 嚴杰，《歐陽修年譜》，南京：南京出版社，1993年。

三、論文

1. 田村實造，《遼宋の交通と遼朝の經濟的發達》，收錄於《中國征服王朝の研究》（上），京都：東洋史研究會，昭和39年。

2. 江正誠，〈歐陽修的健康情形〉，《中華文化復興月刊》第15卷10期，民國71年10月。

3. 郭正忠，〈歐陽修與宋遼關係〉，《社會科學輯刊》第2期，1982年。

4. 黃鳳岐，〈遼宋交聘及其制度〉，《社會科學輯刊》第2期，1985年。

5. 陶晉生，〈從宋詩看宋遼關係〉，《宋遼關係史研究》，台北：聯經出版公司，民國73年。

6. 傅樂煥，〈宋遼聘使表稿〉，《歷史語言研究所集刊》第14本，收錄於《遼史彙編》（八），台北：鼎文書局，民國62年10月。

7. 傅樂煥，〈宋人使遼語錄行程考〉，《國學季刊》5 卷 4 期，收錄於《遼史彙編》（八），台北：鼎文書局，民國 62 年 10 月。

8. 蔣武雄，〈遼與後梁外交幾個問題的探討〉，《東吳歷史學報》第 5 期，民國 88 年 3 月。

9. 蔣武雄，〈遼與後唐外交幾個問題的探討〉，《東吳歷史學報》第 6 期，民國 89 年 3 月。

10. 蔣武雄，〈遼與後晉外交幾個問題的探討〉，《空大人文學報》第 9 期，民國 89 年 10 月。

11. 蔣武雄，〈遼與北漢外交幾個問題的探討〉，《東吳歷史學報》第 7 期，民國 90 年 3 月。

12. 蔣武雄，〈從宋人使北詩論使遼旅程的艱辛〉，《史學與文獻》（三），東吳大學歷史學系，民國 90 年 4 月。

13. 蔣武雄，〈遼與後漢、後周外交幾個問題的探討〉，《空大人文學報》第 10 期，民國 90 年 12 月。

14. 聶崇岐，〈宋遼交聘考〉，《燕京學報》第 27 期，收錄於《宋史叢考》（下），台北：華世出版社，民國 75 年 12 月。

——《東吳歷史學報》第 8 期（民國 91 年 3 月），頁 1～27

從宋臣陳襄《神宗皇帝即位使遼語錄》
論其使遼事蹟

摘　要

　　在宋遼長期的和平外交中，以宋國來說，殘存至今的使遼報告——《使遼語錄》可說是非常少，而陳襄所撰的《神宗皇帝即位使遼語錄》卻是幸運的被保存下來，並且對於其在遼國交聘活動情形有很詳細的記載。因此筆者在本文中，先論述其《使遼語錄》的收錄過程與史料價值，同時也依據此一《使遼語錄》的內容，討論陳襄使遼的幾項事蹟，包括使遼的任務與在夏天赴遼、在遼境內往返的行程與晉見遼道宗的地點、遼臣向陳襄等人探問舊識宋臣的近況、在遼境內參與酒宴的種類、陳襄與遼臣的宴座之爭、提前向遼道宗辭行返國等六項，以期使讀者能透過本文的閱讀，對宋遼外交史有比較深入的了解。

關鍵詞：宋、遼、陳襄、外交、交聘

一、前言——兼論陳襄《語錄》收錄過程與史料價值

在宋代初期，即宋太祖（927～976）、宋太宗（939～997）時期，曾經與遼進行過一段前後約六年的短暫和平外交，後來因宋太宗在滅北漢之後，又轉而攻打遼南京（幽州、燕京），造成兩國外交中斷。〔註1〕直至宋眞宗（968～1022）景德元年（遼聖宗統和二十二年，1004），與遼簽訂澶淵盟約之後，兩國才建立起長期的和平外交關係，並且頻繁地進行交聘的活動。這些交聘活動包括賀正旦、賀帝后生辰、賀即位、賀上尊號、賀冊封、回謝、告帝后駕崩、告即位、奠祭、弔慰、送遺留物、商議與訂立盟約等。〔註2〕

當時被派任的宋使節往往會將赴遼途中的所見、所聞、所感，包括暫別家國的離愁、沿途的民情風俗、北國寒氣逼人的感受、路途遙遠的艱辛，以及和遼君臣應對酬答的情形等，寫成使遼詩（也稱使北詩）。而在返回宋國之後，也會依規定向國信所遞交一份例行的使遼報告，即是所謂的《使遼語錄》（又稱《行程錄》、《奉使錄》、《使北錄》、《使北記》）。因此在今天，我們想要研究宋遼交聘活動的史實，除了可以參考《宋會要輯稿》、〔註3〕《續資治通鑑長編》（以下簡稱《長編》）、〔註4〕《宋史》、〔註5〕《遼史》、〔註6〕《契丹國志》〔註7〕等相關記載之外，最直接、最珍貴的史料，應該就是使遼詩和《使遼語錄》了。誠如傅樂煥在〈宋人使遼語錄行程考〉中，說：「這些往返

〔註1〕 可參閱蔣武雄，〈宋滅北漢之前與遼的交聘活動〉，《東吳歷史學報》第 11 期（台北：東吳大學，民國 93 年 6 月），頁 1～27；王曉波，〈宋太祖時期宋遼關係的變化〉，《宋代文化研究》第 7 輯（成都：巴蜀書社，1998 年 5 月），頁 222～237；蔣武雄，〈遼與北漢興亡的關係〉，《東吳歷史學報》第 3 期（台北：東吳大學，民國 86 年 3 月），頁 61～102；李裕民，〈宋太宗平北漢始末〉，《山西大學學報》1982 年第 2 期，頁 86～94。

〔註2〕 關於宋遼訂立澶淵盟約之後，兩國的交聘活動與使節任務，可參閱聶崇岐，〈宋遼交聘考〉，收錄於《宋史叢考》（下）（台北：華世出版社，民國 75 年 12 月），頁 283～375；黃鳳岐，〈遼宋交聘及其有關制度〉，《社會科學輯刊》1985 年第 2 期，頁 95～99；賈玉英，〈宋遼交聘制度之管窺〉，收錄於張希清等人主編，《澶淵盟約新論》（上海：上海人民出版社，2007 年 3 月），頁 388～399。

〔註3〕 徐松，《宋會要輯稿》（北京：中華書局，1997 年 6 月）。

〔註4〕 李燾，《續資治通鑑長編》（以下簡稱《長編》）（上海：上海古籍出版社，1986 年 2 月）。

〔註5〕 脫脫，《宋史》（台北：鼎文書局，民國 67 年 9 月）。

〔註6〕 脫脫，《遼史》（台北：鼎文書局，民國 67 年 9 月）。

〔註7〕 葉隆禮，《契丹國志》，收錄於《遼史彙編》（七）（台北：鼎文書局，民國 62 年 10 月）。

於兩國間的使臣，其屬於遼朝的，不可詳知；至於宋朝的，則在他們回國以後照例須作一個《語錄》上之於政府。《語錄》中主要的在報告他在遼庭應對酬答的情形，附帶記載著所經地點及各該地方的民物風俗等。這些都是同時人的親見親聞，就史料說，價值很高，⋯⋯。」〔註8〕可見當時宋使節所撰的《使遼語錄》，不僅可以提供我們宋遼外交方面的珍貴史料，也能提供我們許多關於遼國境內地理民物風俗的史料。〔註9〕

從宋遼長達一百多年的外交關係史來看，當時出使遼國的宋臣，至少約有七、八百位，〔註10〕因此應該撰有很多的使遼詩和《使遼語錄》。但是實際上，使遼詩留存至今者並不多，其中留存比較完整而又比較多首者，例如有劉敞、歐陽修、蘇頌、蘇轍、彭汝礪等人。〔註11〕至於其他人則往往只有數首使遼詩流傳下來，甚至有均未能傳之於後代者，例如末代名臣包拯（999～

〔註 8〕 傅樂煥，〈宋人使遼語錄行程考〉，收錄於《遼史叢考》（北京：中華書局，1984年 11 月），頁 1～2。

〔註 9〕 關於宋使節所撰的《使遼語錄》，其史料價值據趙永春編注《奉使遼金行程錄》序言，說：「本書中行程錄⋯⋯為研究宋遼、宋金交通、東北歷史地理提供珍貴資料，⋯⋯為研究古城歷史及其建築規模和技術的重要資料，足補正史記載之不足。《行程錄》中保存大量遼金政治制度的資料，含官制、兵制等等，皆可補充史傳不足，或可互相參証。《行程錄》所記經濟史料十分珍貴，足以補充史書記載之不足，對于我們了解遼金時東北邊疆地區的經濟生活，大有幫助。《行程錄》中保存了大量遼金文化及社會風俗方面的資料，亦為不可多得的寶貴資料。關于宋遼、宋金交聘禮儀，各種史書不是失載，就是語焉不詳，《行程錄》記載較詳，足可彌補這一缺憾，為我們研究宋遼、宋金外交禮儀，提供了十分珍貴的資料。」（吉林：吉林文史出版社，1995 年 10 月，頁3）以上所言，應有助於我們了解《使遼語錄》史料價值的珍貴。

〔註10〕 在宋遼一百多年的和平外交史當中，兩國互派使節的人數，據傅樂煥，〈宋遼聘使表稿〉，說：「宋遼約和自澶淵之盟（1005 年）迄燕雲之役（1122 年）凡一百十八年。益以開寶迄太平興國間之和平（974～979 年，凡六年），綜凡一百二十四年，估計全部聘使約一千六百餘人，《長編》、《遼史》所載者約一千一百五十人，以其他文籍補苴者一百四十餘人，待考者尚有三百二、三十人。」（「三」附考，甲、聘使統計），收錄於《遼史叢考》，頁 232。另可參閱吳曉萍，〈宋朝朝廷遣使表〉，《宋代外交制度研究》（合肥：安徽人民出版社，2006年 12 月），頁 286～313。

〔註11〕 宋臣使遼詩留存至今，較完整且較多者，例如劉敞約有五十首、歐陽修約有十餘首、蘇頌有〈前使遼詩〉三十首，〈後使遼詩〉二十八首、蘇轍約有二十八首、彭汝礪約有六十首。另外，筆者撰有〈歐陽修使遼行程考〉，《東吳歷史學報》第 8 期（台北：東吳大學，民國 91 年 3 月），頁 1～27；〈蘇轍使遼始末〉，《東吳歷史學報》第 13 期（台北：東吳大學，民國 94 年 6 月），頁 17～43，此二文可供讀者參考。

1062）雖然也曾經出使遼國，但是因其詩歌文章未被整理編纂成詩文集，以致於近年出版的《全宋詩》，竟然也只能收錄其所作的一首詩〈書端州郡齋壁〉，而其使遼詩與《使遼語錄》在今日則都已無法見及。〔註12〕

　　至於《使遼語錄》留存至今者更是缺少，據傅樂煥（1913～1966）〈宋人使遼語錄行程考〉，說：「使臣年年派遣，《語錄》自也不斷的出現，因此當時的人對於這種同時人的記載，習以為常，當作官樣文章，並不特別的重視。因此，其流傳下來的本來不多，而保存到現在的，尤其是少而又少，這實是一件非常可惜的事情。……統計以上所舉共得十四種。宋遼約和百餘年，加之以例外的使臣，語錄之數，當不下於數百種。這眞可謂十不存一了。然而即此殘餘的十幾種中，其保存到現在的也還不到一半。據我所知，今存的只有七種（實際上只六種），即：路振《乘軺錄》……王沂公《上契丹事》……《薛映記》……《富鄭公行程錄》……宋綬《上契丹事》……陳襄《神宗皇帝即位使遼語錄》……張舜民《使遼錄》……就中路振、陳襄兩者乃近年所新發見，張舜民《使遼錄》只殘餘下記契丹風俗的幾條，今皆暫置不談。其餘四種中，王曾記白溝〈宋遼國界〉到中京一段，富弼及薛映皆記中京到上京一段，宋綬記中京到木葉山一段，過去所恃以考證宋遼交通的材料，僅此而已。」〔註13〕另外，劉浦江〈宋代使臣語錄考〉，也說：「……以上共計26種，前21種為宋人使遼之入國語錄，其中9種今有足本或殘本傳世。後5種為北宋之接伴送伴語錄，其中僅《元祐七年賀正旦使接送伴語錄》有殘本存世。」〔註14〕此二位學者對於《使遼語錄》殘存的種數，雖然所言不一致，但是已經可以使我們了解，當時宋使節所撰的《使遼語錄》留存至今者，確實少之又少，而且又多有殘缺。

　　基於以上的情形，使我們今天在研究宋遼外交史實的工作上，難免常有史料不足的感嘆。但是幸運的是，在這些殘存的《使遼語錄》中，陳襄（1017～1080）（字述古，福州古靈人，鄉人號為古靈先生）所撰的《神宗

〔註12〕包拯，〈書端州郡齋壁〉，收錄於傅璇琮編，《全宋詩》（北京：北京大學出版社，1998年12月），卷226，頁2641。按，筆者曾撰〈包拯使遼事蹟的探討〉（未刊稿），知其本人的史料在今日只存《孝肅包公奏議》（也稱《包孝肅公奏議》或《包拯集》）（台北：台灣商務印書館，1966年3月），而缺文集、詩集，深以為憾。

〔註13〕傅樂煥，〈宋人使遼語錄行程考〉，收錄於《遼史叢考》，頁2、6～7。

〔註14〕劉浦江，〈宋代使臣語錄考〉，收錄於張希清主編，《10～13世紀中國文化的碰撞與融合》（上海：上海人民出版社，2006年11月），頁282。

皇帝即位使遼語錄》（以下簡稱《語錄》），〔註15〕卻是被比較完整的保存下來。

論及陳襄《語錄》被留存至今的過程可謂相當難得，因爲其最初並未被收錄於陳襄的《古靈集》中。〔註16〕據陸心源（1838～1894）〈宋本陳古靈集跋〉，說：

> 是集爲古靈長嗣……紹夫所編，同里徐世昌刊于家，歲久漫漶。紹興三十年，其四世侄孫輝知贛州，命僚士參校，及其子曄推次年譜，鋟木贛州。〔註17〕

以及金毓黻（1887～1962）在其所編陳襄《神宗皇帝即位使遼語錄》後頁，收錄陳襄玄侄孫陳輝和五世從孫陳曄敘述收藏與刊刻《語錄》的原委，說：

> 先密學少師，治平中抗節北遼，使不辱命，歸而以往來所紀爲《語錄》一編，恭上之。歲月云遠，偶失其傳。輝自幼年聞有是書，長而隨牒四方，博訪莫獲，常疚于懷。近者九江令叔祖祖卿寄示其本，謹令燁（曄）子校正，仍求序于御史芮公，刊以傳永。庶幾少發前人之幽光，此子孫之職也。乾道改元（1165）十月己丑，玄侄孫……輝謹書。〔註18〕

> 先正文哲公家集二十五卷，先君少師頃歲刊于章貢郡齋，垂三十有七年，字將譌闕，曄今刊于臨汀郡齋，附以治平《使遼錄》一卷于後，用示毋忘先君克揚前休之意。慶元三年（1197）七月一日，五世從孫……曄拜手謹題。〔註19〕

從以上諸所引可知，在南宋高宗（1107～1187）紹興年間，陳襄長子陳紹夫爲其父親初編《古靈集》時，並未將陳襄的《語錄》收錄於其中。及至孝宗（1127～1194）乾道元年，陳襄玄侄孫陳輝蒐得《語錄》，才將《語錄》加以刊刻。而至寧宗（1168～1224）慶元三年，陳輝子陳曄重刊《古靈集》時，始將《語

〔註15〕 筆者在本文中，所採用陳襄，《神宗皇帝即位使遼語錄》，乃是依據金毓黻編，《遼海叢書》（瀋陽：遼瀋書社，1985 年 3 月），第 8 集，《神宗皇帝即位使遼語錄》，頁 1～8。

〔註16〕 陳襄，《古靈集》，《文淵閣四庫全書》珍本 3 集（台北：台灣商務印書館，民國 72 年 10 月），共 25 卷。

〔註17〕 陸心源，〈宋本陳古靈集跋〉，收錄於《儀顧堂題跋》（台北：廣文書局，民國 57 年 3 月），卷 10，頁 15；另可參閱陳曄，〈古靈先生文集跋〉，收錄於陸心源《皕宋樓藏書志》（台北：廣文書局，民國 57 年 3 月），卷 74，頁 1～5。

〔註18〕 此文附於金毓黻編，《遼海叢書》，第 8 集，陳襄，《神宗皇帝即位使遼語錄》之後，頁 9。

〔註19〕 註同前。

錄》附刊於《古靈集》之後。

至於今日通行的陳襄《語錄》，則是金毓黻依據日本靜嘉堂文庫所藏宋刊本《古靈集》，再參以抄本校補而成，並且收入其所編《遼海叢書》第八集。〔註20〕金氏在〈陳襄《使遼語錄》敘〉，說：

> 日本靜嘉堂文庫所藏宋本《古靈集》，末附《使遼語錄》一卷，中有闕文，幸庫中別有鈔本，據以校補，缺者復完。此所謂宋本者，即歸安陸氏皕宋樓故物也。……余商文庫主人允為錄出，爰亟刊入叢書，以備徵遼事者采撷焉。〔註21〕

論述至此，使我們不禁深深體認今日能見及陳襄《語錄》實在頗為難得。而且更令人感到慶幸的是，「保存至今的各種宋人語錄雖不下十餘種，但多為殘本，而《神宗皇帝即位使遼語錄》是少有的幾種足本之一」。〔註22〕金毓黻在〈陳襄《使遼語錄》敘〉也提到，「遼人禁以文字流傳域外，宋人紀遼事者，亦甚罕見。王沂公、富鄭公、薛映諸行程錄，胡嶠《陷虜記》、張舜民《使遼錄》，雖附《契丹國志》以傳，皆寥寥短章。史愿《亡遼錄》僅見稱引，而原書佚已久矣。此錄（陳襄《語錄》）為宋刊本，亦王、富二公紀事之比，而其詳過之，洵足珍也。」〔註23〕也就是說今日我們所見的陳襄《語錄》，是諸多宋使節所撰《使遼語錄》的殘存本當中，被保存比較完整者。而且筆者要再進一步指出的是，陳襄此一《語錄》把其本人以及同行的幾位使副與遼君臣在交聘過程中，有關言行互動的情形描述得很詳細，不同於其他宋使節所撰的《使遼語錄》，往往比較偏重於遼境內驛館里程遠近、山川形勢、沿途景物的記載。〔註24〕因此關於陳襄《語錄》的內容，筆者認為在宋遼外交史料的價值上，具有特別的意義與作用，同時也促成筆者依據陳襄《語錄》的記載，在本文中對其使遼事蹟作出下列幾項的討論。

〔註20〕金毓黻編，《遼海叢書》，第 8 集，陳襄，《神宗皇帝即位使遼語錄》（以下簡稱陳襄，《語錄》），頁 1～8。

〔註21〕金毓黻，〈陳襄《使遼語錄》敘〉，《遼海叢書》，第 8 集，頁 1。

〔註22〕劉浦江，〈宋代使臣語錄考〉，收錄於《10～13 世紀中國文化的碰撞與融合》，頁 274～275。

〔註23〕同註21。

〔註24〕例如路振，《乘軺錄》（收錄於趙永春編注，《奉使遼金行程錄》，頁 14～27）、王曾，《王沂公使遼錄》（又稱《上契丹事》、《北行錄》）（收錄於趙永春編注，《奉使遼金行程錄》，頁 28～31）、沈括《熙寧使虜圖抄》（收錄於趙永春編注，《奉使遼金行程錄》，頁 85～95），均比較偏重對遼境內館驛里程遠近、山川形勢、沿途景物的記載。

二、使遼的任務與在夏天赴遼

據《宋史》〈英宗本紀〉，說：「（治平）四年（遼道宗咸雍三年，1067）正月……丁巳（八日），帝（英宗）崩於福寧殿，……。」〔註25〕〈神宗本紀〉，說：「（治平）四年正月丁巳（八日），英廟（英宗）崩，帝（神宗）即皇帝位。……辛酉（十二日）遣孫坦等告即位于遼。」〔註26〕《宋史》〈陳襄傳〉，說：「（宋）神宗立，（陳襄）奉使契丹……。」〔註27〕以及《遼史》〈道宗本紀〉，說：「咸雍三年（宋英宗治平四年，1067）六月辛亥（十五日），宋以（神宗）即位，遣陳襄來報。」〔註28〕可知當時宋英宗（1032～1067）死，神宗（1040～1085）即位後，即派遣使節前往遼國，告以新皇帝即位之事。但是《宋史》〈神宗本紀〉稱，「遣孫坦等告即位于遼」，而《宋史》〈陳襄傳〉和《遼史》〈道宗本紀〉，則稱「（陳襄）奉使契丹」、「遣陳襄來報」，在使節的姓名上似有所矛盾。其實當時陳襄所任為「皇帝登寶位北朝皇太后國信使」，而孫坦所任則為「皇帝登寶位北朝皇帝國信使」，因此史書所記，遂有掛名不同的記載，但是其二人後來還是同行赴遼。我們如再根據陳襄《語錄》，說：「臣襄等昨奉勑差充皇帝登寶位北朝皇太后、皇帝國信使副。」〔註29〕以及陳襄《古靈集》卷2附錄《古靈先生年譜》，說：「治平四年丁未，公年五十一，神宗皇帝即位，公以諫議大夫奉使於遼，八月還，有《使遼錄》一卷。」〔註30〕則更加可以知道陳襄此次使遼的名目和任務。

接著筆者想要進一步告訴讀者，陳襄是在治平四年何月何日從宋汴京啓程赴遼？但是因相關史書均未有記載，而現存的《長編》又剛好佚失了從宋英宗治平四年（遼道宗咸雍三年，1067）四月至宋神宗熙寧三年（遼道宗咸雍六年，1070）三月的部分，〔註31〕使我們無法查明其啓程赴遼的日期到底

〔註25〕《宋史》，卷13，本紀第13，英宗，頁260。
〔註26〕《宋史》，卷14，本紀第14，神宗1，頁264。按，此處言「辛酉（十二日），遣孫坦等告即位于遼」，但查閱《長編》，則未記載「辛酉」該日史事。
〔註27〕《宋史》，卷321，列傳80，陳襄，頁10420。按，《宋史》無〈孫坦傳〉。
〔註28〕《遼史》，卷22，本紀第22，道宗2，頁266。
〔註29〕陳襄，《語錄》，頁1。
〔註30〕陳襄，《古靈集》，《文淵閣四庫全書》珍本三集，卷25，附錄《古靈先生年譜》，頁47。
〔註31〕《長編》，缺宋英宗治平四年四月至宋神宗熙寧三年三月的記載。雖然清代黃以周等人曾輯注《續資治通鑑長編拾補》（北京：中華書局，2004年1月），

是在何日？因此我們只好從其《語錄》中提到「……於五月十日到雄州白溝驛。」〔註32〕推測陳襄約在一月中旬被宋朝廷任命，並且在完成使遼的各項準備事宜，包括國書的撰擬、禮物的齊備、使節團的組成，甚至於對家人的安頓等，期間經歷了二月、三月、閏三月，直至四月十日至十五日之間才啓程赴遼，然後經過近一個月國內路段的行程之後，終於在五月十日到達宋與遼的邊境驛館──白溝驛，等待遼接伴使副來帶領其進入遼境內。

由以上的論述，可知當時陳襄出使遼國的季節是在夏季，這也使陳襄此次的交聘活動顯得比較特別。因爲從宋遼外交史來看，在宋遼一百多年的交聘活動當中，宋使節出使遼國的名目和任務，以正旦使和生辰使爲最多，〔註33〕而且遼國有些帝后特意把生日的祝賀日期改爲年底，例如遼道宗的生日即從八月七日改爲十二月七日。〔註34〕因此就宋使節使遼時的季節來說，除了正旦使和生辰使大致上是在冬季赴遼之外，其他比較少數包括告哀使、祭奠使、弔慰使、告即位使、賀即位使、送遺留物使、泛使（橫使）等臨時派遣的使節，則有可能在春、夏、秋、冬任一個季節前往遼國。而陳襄此次是以告登位使身份使遼，約在四月中旬啓程，至五月十一日進入遼境，因此其往返於遼境內的行程大半是在夏季的時候。例如其在五月上旬，行至宋邊境雄州時，作詩〈登雄州南門偶書呈知府張皇城〉，說：「城如銀甕萬兵環，悵望孤城野蓼間。池面綠陰通易水，樓頭青靄見狼山。漁舟掩映江南浦（雄州，人謂塞北江南）使驛差池古北關。雅愛六韜名將後，塞垣無事虎貔閒。（何六宅有蓼花亭在城西南）」〔註35〕以及往返於遼境所作兩首使遼詩，〈黑崖道中作〉，說：

補述這幾年的史事，但是也未提到陳襄在何日從汴京啓程赴遼。
〔註32〕陳襄，《語錄》，頁1。
〔註33〕可參閱聶崇岐，〈宋遼交聘考〉，收錄於《宋史叢考》（下）（台北：華世出版社，民國75年12月），頁283～375。該文頁334～375，附有「正旦國信使副表」、「生辰國信使副表」、「祭弔等國信使副表」，「泛使表」。
〔註34〕傅樂煥，〈宋遼聘使表稿〉（三）附考，丙、遼帝后生辰改期受賀考，收錄於《遼史叢考》，頁246～247。至於遼帝后將其生日改期的原因，據傅氏在該文，說：「……使臣供應之煩擾，（宋遼）兩國均視以爲畏途。在中國重禮儀尚虛文，對此尚可安之，生活質樸簡單之塞外民族，自感不耐。而『國主自遠而至，躬親延接』一點，當亦爲改期一大原因。蓋遼帝等終年遊獵，居處無定所。今爲接待異國使人，須趕往三數地點，坐待無謂禮儀之舉行，其爲苦事，可想像而知也。……是使臣之蒞臨，打斷其『鈎魚射鵝』之樂，加之以『拱手朝會』之苦，改賀之制在以上種種局勢下產生，事甚自然也。」（頁244）
〔註35〕陳襄，〈登雄州南門偶書呈知府張皇城〉，《古靈集》，卷24，頁7。

「陰山窮漠外，六月苦行人。水迸金蓮曉，湯回鐵腳春。馬饑思漢草，僕病
臥沙塵。夜夢金華阻，披衣望北辰。」〔註36〕〈使還咸熙館道中作〉，說：「土
曠人稀使驛賒，山中殊不類中華。白沙有路鴛鴦泊，芳草無情妯娌花。氊館
夜燈眠漢節，石梁秋吹動邊笳。歸來攬照看顏色，斗覺霜毛兩鬢加。」〔註37〕
顯然此三首使遼詩對於宋邊境與遼境內夏季時的景色風光都有所描述。

三、在遼境內往返的行程與晉見遼道宗的地點

據陳襄《語錄》，說：

> （陳襄）於五月十日到雄州白溝驛。十一日，接伴使副泰州觀察使
> 蕭好古、太常少卿楊規中差人傳語，送到主名、國諱、官位，及請
> 相見。……臣（孫）坦問受禮何處？規中言在神恩泊，此去有三十
> 一程，……。〔註38〕

依此段記載，顯示陳襄在五月十日抵達宋國北方邊境雄州白溝驛之後，第二
天即與遼朝廷所派的接伴使副蕭好古、楊規中相見，並且得知此時遼道宗
（1032～1101）的駐帳地是在神恩泊，因此從白溝驛往前行，將須經過三十一
個驛程才能到達神恩泊晉見遼道宗。首先，筆者要指出的是，此三十一個驛
程，遠於宋正旦使、生辰使在冬季使遼時所行的路程。因為遼皇帝在冬季為
了避寒，往往會駐帳於較溫暖的南方，而陳襄是在夏季使遼，此時遼道宗為
了避暑，其駐帳地正移帳於較涼爽的北方，因此陳襄必須行至較遠的北方——
—神恩泊晉見遼道宗，也就是其所行的路程比眾多宋使節在冬季使遼時，走
了較遠的路程。〔註39〕

至於陳襄在遼境內往返的行程，何日至何驛館，在其《語錄》中均有記
載。因此筆者根據《語錄》內容，將其在遼境內往返行程所經過的驛館，列
表如下：〔註40〕

月　份	日　期	到達驛館
五月	十日	至雄州白溝驛

〔註36〕陳襄，〈黑崖道中作〉，《古靈集》，卷23，頁7。
〔註37〕陳襄，〈使還咸熙館道中作〉，《古靈集》，卷24，頁8。
〔註38〕陳襄，《語錄》，頁1。
〔註39〕可參閱傅樂煥，〈宋人使遼語錄行程考〉，所列二表——「宋臣使遼所經館驛
　　　　名稱表」、「宋臣使遼路線系統表」，收錄於《遼史叢考》，頁26～28。
〔註40〕陳襄，《語錄》，頁1～8。

	十一日	至新城縣驛
	十二日	到涿州
	十三日	次良鄉縣
	十四日	到燕京，宿永年館
	十五日	逗留燕京
	十六日	宿望京館
	十七日	到順州
	十八日	到檀州
	十九日	宿金溝驛
	二十日	至古北口館
	二十一日	至新館
	二十二日	至臥如館
	二十三日	宿柳河館
	二十四日	宿打造館
	二十五日	宿牛山館
	二十六日	宿鹿峽館
	二十七日	至鐵漿館
	二十八日	至富谷館
	二十九日	至長興館
六月	一日	至中京，……宿大同館
	二日	逗留中京
	三日	宿臨都館
	四日	至鍋窰館
	五日	至松山館
	六日	至崇信甋館
	七日	至廣寧館
	八日	宿會星館
	九日	至咸熙甋館
	十日	至黑崖館
	十一日	至三山館
	十二日	至赤崖館
	十三日	至柏石館

	十四日	至中路館、至頓城館
	十五日	詣帳前，引至客省，……臣襄致國書于其母
	十七日	赴曲宴
	二十一日	入至客省帳前，……辭其母及其君
	二十二日	發頓城館，宿柏石館
	二十三日	至赤崖館
	二十四日	至三山館
	二十五日	至黑崖館
	二十六日	至咸熙（甄）館
	二十七日	蹉會星館，至廣寧館
	二十八日	至崇信館
	二十九日	至松山館
	三十日	蹉鍋窰館，至臨都館
七月	一日	至中京，……宿大同館
	二日	逗留中京
	三日	蹉長興館，至富谷館
	四日	至鐵漿館
	五日	宿鹿峽館
	六日	至牛山館
	七日	宿打造館
	八日	至柳河館
	九日	蹉臥如館，……宿新館
	十日、十一日	（原文漏記）
	十二日	到檀州
	十三日	到順州
	十四日	蹉望京館，至燕京，……宿永平館
	十五日	逗留燕京
	十六日	宿良鄉縣
	十七日	到涿州，……宿涿州館
	十八日	至新城縣
	十九日	至北溝，……送伴使副酌送于白溝橋之北，臣等酌送于白溝橋之南，……是夕，宿雄州。

　　由上表可知，陳襄從五月十一日，進入遼境之後，首先經過新城縣驛，再繼續往前行，期間除了曾在燕京、中京各逗留兩天之外，其他驛館都是一天的行程，因此在六月十四日至頓城館爲止，共經歷了三十一個驛程。接著從六月十五日開始，約有七天的時間，與遼帝后進行交聘的活動，因此《遼史》〈道宗本紀〉，說：「咸雍三年（宋英宗治平四年，1067）六月辛亥（十五日），宋以（神宗）即位，遣陳襄來報。」〔註41〕然後陳襄提前向遼帝后辭行（後文將有討論），在六月二十二日，從頓城館啓程返宋，至七月十八日，返行至遼宋邊境的新城縣驛，期間雖然《語錄》有缺兩日的記載，但應該也是共經歷三十一個驛程。

　　關於陳襄至神恩泊晉見遼道宗一事，頗有加以討論的必要，因爲就其地點來說，是比較特別的一次。筆者曾撰〈遼皇帝接見宋使節的地點〉一文，〔註42〕在該文中列舉多處遼皇帝駐帳地的地點，而宋使節當時必須配合前往該地點才能見到遼皇帝，其中前往神恩泊的宋使節，就只見於陳襄《語錄》。也就是以目前現存的史料來說，在多位的宋使節當中，只有陳襄此次使遼是前往神恩泊晉見遼道宗。

　　另外，據《全遼詩話》的考證，說：「神恩泊，其名僅見于陳襄《使遼語錄》，乃遼接伴副使太常少卿楊規中所言。查《遼史・游幸表》，道宗是年（遼道宗咸雍三年，1067）三月"駐蹕于細葛泊"，七月"獵于赤山"，與陳襄《語錄》所述遼接伴使所言其君"七月上旬漸往秋山打圍"相合。故神恩泊當即細葛泊之美稱。然細葛泊志書亦無載明所在。據陳襄《語錄》逐日所記途程與館名，自豐州廣寧館後，即與上京臨潢府之館名相異，然僅多兩館，即多出兩日之途程，當與上京相距不遠。按《遼史・地理志・上京道》懷州，奉陵軍，乃葬遼太宗、穆宗之所，云："有清涼殿，爲行幸避暑之所。皆在州西二十里。"懷州在上京臨潢府西北百餘里處，對照陳襄《語錄》，神恩泊當在懷州西部。」〔註43〕此段引文告訴我們陳襄《語錄》所稱的「神恩泊」，當即是《遼史》〈游幸表〉所稱的「細葛泊」，而且當在遼國懷州西部。但是筆者要進一步指出《遼史》〈游幸表〉所稱的「細葛泊」，其實爲「納葛泊」

〔註41〕同註28。

〔註42〕蔣武雄，〈遼皇帝接見宋使節的地點〉，《東吳歷史學報》第 14 期（台北：東吳大學，民國 94 年 12 月），頁 223～252。

〔註43〕蔣祖怡、張滌雲編，《全遼詩話》（長沙：岳麓書社，1992 年 5 月），頁 294～295。

之誤，因爲筆者詳閱《遼史》〈道宗本紀〉和〈游幸表〉之後，發現〈游幸表〉
只有一次提到「細葛泊」，被列在咸雍三年（1067）三月一欄。〔註44〕但是再
查本紀中的咸雍三年三月並未記載此事，反而在同年五月，提到「道宗駐蹕
納葛濼（泊）」，而且在〈道宗本紀〉清寧五年（1059）六月、六年（1060）
五月、八年（1062）二月、咸雍三年（1067）五月、七年（1071）四月、大
康五年（1079）四月、六年（1080）六月、八年（1082）六月、大安二年（1086）
五月、壽隆（昌）六年（1100）五月均提到「駐蹕納葛濼（泊）」，〔註45〕因
此應是以「納葛濼（泊）」爲正確的地名。

四、遼臣向陳襄等人探問舊識宋臣的近況

　　自從宋眞宗景德元年（遼聖宗統和二十二年，1004）與遼訂立澶淵盟約
之後，兩國即經常互派使節進行交聘的活動，因此至陳襄在宋英宗治平四年
（遼道宗咸雍三年，1067）被宋朝廷派任出使遼國時，期間兩國的和平交往
已有六十三年之久。而在這段期間宋遼使節至對方國家京城（或遼皇帝駐帳
地）時，除了晉見對方皇帝之外，也與對方國家接伴、送伴使副在往返的路
程上有所互動。另外在對方京城（或遼皇帝駐帳地）逗留期間，受館伴使副
的招待，兩國大臣之間也得以互相認識、交際。因此在陳襄往返於遼境內的
過程中，曾有多位遼臣先後向陳襄等人探問自己舊識宋臣的近況，其事例據
陳襄《語錄》，說：

　　五月……十一日，接伴使副泰州觀察使蕭好古、太常少卿楊規中差
　　人傳語，……規中問臣坦，南朝兩府大臣，別無除改？臣坦答參政
　　歐陽侍郎以眼疾懇請出鎮亳州，樞密副使吳奎侍郎除參知政事。又
　　問文相公、曾相公及樞密副使，有無移動？答云並如舊。又問馮館
　　使甚處相逢？臣愈答曰雄州相見。……十三日，……規中問臣咸融，
　　富相公今在何處？答以見判河陽三城。又問臣等張昇相公，答以昨
　　判忠武軍，近已致仕。……十四日，……燕京副留守中書舍人韓近
　　郊迎，置酒九琖。臣襄爲治平元年曾於陳橋接伴，賜近等御筵。近
　　先問臣襄，昨者持禮到陳橋，蒙諫議迎接，多幸復在此相見。臣襄

〔註44〕《遼史》，卷68，表第6，游幸表，頁1071。
〔註45〕《遼史》，卷21，本紀第21，道宗1、卷22，本紀第22，道宗2、卷24，本
　　　　紀第24，道宗4、卷26，本紀第26，道宗6，頁257、258、261、266、270、
　　　　283、285、287、291、313。

答云，奉別已三年矣。臣襄問，同番大使蕭禧觀察今在何處？近云，見持禮。……十五日，……三司使禮部尚書劉雲伴宴，……雲又問呂侍郎、胡侍郎，莫只在朝否？臣襄並答以實。又言雲奉使南朝，是呂侍郎館伴。……二十五日，……規中問臣愈劉忿太保今在何處？答以見在闕下。……六月……二日，……度支使戶部侍郎趙微伴宴，……微問臣襄，蔡內翰今在何處？答以丁母憂。又云，微奉使南朝，是蔡內翰館伴。兼言往年歐陽修侍郎來賀登位，是微接伴。……十一日，……規中問臣咸融，向傳范防禦當甚處？答以見判三班院。……十八日，……太尉夷离畢蕭素伴宴，……素問張揉，臣坦答以見克（充）群牧使。（太常少卿）（楊）益誠問劉永年，臣咸融答以見任岱州。……二十日，……樞密副使太師耶律格伴宴，……格問臣等，韓相公、富相公，莫只在朝否？並答以實。……七月……二日，……度支使左承李翰伴宴，……翰問臣等首廳相公是誰？臣襄答云韓侍中。又歷問兩府大臣及翰林學士是何人？臣襄並答以實。〔註46〕

此段記載使我們可感受到當時宋遼的交聘活動，不僅次數頻繁，而且雙方的互動是和睦的，因此不論是遼臣接伴、送伴、館伴過的宋使節，或遼臣出使宋國時所認識的宋臣，在此時均成為遼臣紛紛向陳襄等人探問的對象。這些對象包括了文彥博（1006～1097）、歐陽修（1007～1072）、富弼（1004～1083）、呂公望（1018～1089）、蔡襄（1012～1067）等有名的宋朝大臣。

　　陳襄《語錄》記載此類情事，在今天也成為一種可以幫助我們印證當時宋臣宦途升遷情形的史料。因此金毓黻在〈陳襄《使遼語錄》敘〉，說：

録（陳襄《語錄》）中所紀兩國間酬答之語，於史多有徵。所云參政歐陽侍郎以眼疾懇請出鎮亳州。樞密副使吳奎除參知政事，文相公、曾相公並如舊，韓侍中為首廳相公，無一不與《宋史》紀、傳合。又云，富相公見判河陽三城，張昇（昇）相公昨判忠武軍，近已致仕，而本紀則云，改富弼武寧軍節度使，張昇（昇）改河陽三城節度使，又以太子太師致仕。所紀微有歧異，豈以遠道傳聞之誤耶？録中所紀諸館之名，視王、富諸錄為詳，多可互證，如富錄之官窖

館，即此錄之鍋窑館，其異文也。〔註47〕

金氏此段所言，使我們益加體認陳襄《語錄》的史料價值確實很可貴。

五、在遼境內參與酒宴的種類

自從宋與遼簽訂澶淵盟約，建立起和平的外交關係之後，宋朝廷即經常派遣使節至遼國進行交聘的活動。而遼國政府對於宋使節的來聘，自然也都是將其當作貴賓，予以高規格的招待。因此從宋使節進入遼國境內，在往返於遼皇帝駐帳地（或京城）的途中，均會由接伴使、送伴使或朝廷大臣以奉遼皇帝命令的名義賜宴招待，另外沿途地方官員也會設宴迎送，而至遼皇帝駐帳地（或京城）之後，又有客省司負責設宴招待。〔註48〕因此筆者在此根據陳襄《語錄》的記載，將其使遼時接受遼國政府招待的酒宴，分為下列三種，加以論述：

（一）遼接伴、送伴使副或朝廷大臣奉遼道宗命令，對陳襄等人往返沿途的賜宴——據陳襄《語錄》，說：

> 臣襄等昨奉勅，差充皇帝登寶位北朝皇太后、皇帝國信使副，於五月十日到雄州白溝驛。十一日，接伴使副泰州觀察使蕭好古、太常少卿楊規中差人傳語，送到主名、國諱、官位，及請相見。臣等即時過白溝橋北，……至于北亭，規中以其君命賜筵，酒十三琖。……至新城縣驛，有入內左承制宋仲容來問勞。……到燕京……有西頭供奉官韓資道賜臣等酒果，東頭供奉官鄭嗣宗賜筵，三司使禮部尚書劉雲伴宴，酒十三琖。雲勞臣等云：「盛暑道遠，衝涉不易。」再三勸臣等飲酒，稱：「兩朝通好多年，國信使副與接伴使副相見，如同一家。」臣襄答云：「所謂南北一家，自古兩朝歡好，未有如此。」雲答言：「既然如是，今日敢請國信使副盡酒。」臣襄答云：「深荷厚意，但恨飲酒不多。」雲又問：「呂侍郎、胡侍郎莫只在朝否？」臣襄並答以實。又言：「雲奉使南朝，是呂侍郎館伴。」又稱：「本家有十二人曾奉使南朝，今者又差伴筵，緣契如此，各請飲盡甚好。」臣等並隨量飲，以答其意。……到檀州，……宿密雲館，有入內供奉官秦正賜臣等湯藥各一銀合子。……至中京，……有左承制韓君

〔註47〕金毓黻，〈陳襄《使遼語錄》敘〉，《遼海叢書》，第8集，頁1～2。

〔註48〕可參閱蔣武雄，〈宋使節在遼的飲食活動〉，《東吳歷史學報》第16期（台北：東吳大學，民國95年12月），頁1～24。

祐賜臣等酒果，東頭供奉官鄭全翼賜筵，度支使戶部侍郎趙微伴宴，酒十一琖。……至中路館，……有左班殿眞（直）閤門祗候李思問賜臣等酒果，左承制劉達賜筵，酒十一琖。……至頓城館，有左承制閤門祗候祈純古來問勞。……辭，……，發頓城館至腰館，有吉（右）承制魯溥賜臣等酒果，左承制韓君卿賜筵，翰林學士給事中王觀伴宴，酒九琖，館伴使副弼、益誠、送伴使副好古、規中與焉。……至中京，……有東頭供奉官閤門祗候王崇彝就館賜臣等筵，左承制閤門祗候王綏賜酒果，度支使左承李翰伴宴，酒十一琖。……至燕京，……有東頭供奉官閤門祗候馬世章賜臣等筵，西頭供奉官劉侁賜酒果，步軍太傅伴宴，酒十一琖。……到涿州，……有東頭供奉官閤門祗候郝振來問勞，不赴茶酒，餘並如儀。是夕，送伴使副置酒十三琖，與臣等解換。……至北溝，有東頭供奉官閤門祗候馬世延來賜臣等筵，酒九琖。〔註49〕

依據此段記載，可知陳襄進入遼國境內之後，首先即由接伴使副奉遼道宗命令賜宴招待，接著經過遼國新城縣驛、燕京、檀州、中京、中路館、頓城館，以及回程途中，經過腰館、中京、燕京、涿州、北溝等地，也都有遼國相關的大臣以賜酒果、賜宴、賜湯藥等方式招待陳襄一行人。

　　（二）遼地方官員對陳襄等人往返沿途設宴迎送──據陳襄《語錄》，說：

臣襄等……於五月十日到雄州白溝驛，十一日……過白溝橋北，……行次，有易州容城縣尉董師義、涿州新城縣尉趙琪、歸義縣尉王本立道傍參候。……十二日，到涿州，知州太師蕭知善及通判吏部郎中鄧愿郊迎，並飲于南門之亭，酒十一琖。十三日，知善等出餞，酒五琖。……將次良鄉縣，本縣尉南應、范陽縣尉梁克用道傍參候。……十四日，……燕京副留守中書舍人韓近郊迎，置酒九琖。……燕京留守耶律仁先送臣等酒食。……十六日，近出餞，酒五琖。……十七日，到順州，有懷柔縣尉劉九思道傍參候，知州太傅楊規正郊迎，置酒七琖。……十八日，規正出餞，酒五琖。……到檀州，有密雲縣尉李易簡道傍參候，知州常侍呂士林郊迎，置酒七琖。……十九日，士林出餞，酒五琖。……二十八日，至富谷館，中京留守相公韓迴遣人送臣等酒菓。……六月一日，至中京，副留守大卿牛

〔註49〕陳襄，《語錄》，頁1～8。

> 玹郊迎，置酒九琖。……三日，玹出餞，酒五琖。……二十一日，……
> 回程……二十二日，發頓城館，……七月一日，至中京，大定府少
> 尹大監李庸郊迎，置酒九琖。……三日，庸出餞，酒五琖。……十
> 二日，到檀州，知州給事中李仲燕郊迎，置酒五琖。十三日，仲燕
> 出餞，酒五琖。將到順州，知州太傅楊規正郊迎，置酒五琖。十四
> 日，規正出餞，酒五琖。……至燕京，析津府少尹少府少監程冀郊
> 迎，置酒五琖。……十六日，冀出餞，酒七琖。……十七日，到涿
> 州，知州太師耶律德芳及通判吏部郎中鄧愿郊迎，置酒五琖。……
> 十八日，德芳等出餞，酒九琖。……十九日，……是夕，宿雄州。
> 〔註50〕

根據此段引文，可知陳襄從雄州白溝驛進入遼國境內之後，即有遼邊境附近
容城、新城、歸義等縣的地方長官迎於道旁。而後經過涿州、燕京、順州、
檀州、中京，以及回程途中，經過中京、檀州、順州、燕京、涿州等地，每
次陳襄進出該州城時，有關的地方長官也都會安排「郊迎、置酒」和「出餞」
等活動，給予陳襄等人沿途迎送的招待。

（三）陳襄等人在遼道宗駐帳地朝見遼帝后的酒宴──據陳襄《語錄》，
說：

> 六月……十五日，黎明，館伴使副與臣等，自頓城館二十里，詣
> 帳前，引至客省。與大將軍客省使耶律儀、趙平相見，置酒三
> 琖。……閤門舍人……引臣等……入見，臣襄致國書于其母，面
> 傳聖辭，置酒三琖。又詣其君帳前，臣坦致國書于其君，傳聖辭
> 如前。並問南朝皇帝聖躬萬福，臣等恭答之。置酒五琖，仍賜臣
> 等衣帶及三節人有差。十六日，有束頭供奉官李崇賜臣等生
> 鱻。……十七日，赴曲宴，酒九琖。館伴使副差人齎詔，賜臣等
> 生鱻及三節人有差，臣等依例恭受，致表。十八日，有右班殿直
> 閤門祗候韓貽訓賜臣等酒果，右班殿直閤門祗候馬初賜筵，太尉
> 夷离畢蕭素伴宴，酒十三琖。……十九日，有西頭供奉官韓宗來
> 賜臣等簽食並酒。……館伴使副差人齎詔，賜臣等生鱻及三節人
> 有差，臣等恭受，致表。館伴使副請聚食，酒八琖。二十日，有
> 供奉官閤門祗候耿可觀賜臣等酒果，韓宗賜射弓筵，樞密副使太

〔註50〕陳襄，《語錄》，頁 1～8。

師耶律格伴宴，酒十三琖。……賜臣等弓馬衣幣，及三節人有差。
二十一日，入至客省帳前，置酒三琖。……遂辭其母及其君，逐
帳置酒如初。授臣等信書，賜衣各三對，及弓馬衣幣，各三節人
有差。是夕，館伴使副置酒三琖。〔註51〕

由此段引文，可知陳襄從六月十五日至二十一日這七天當中，曾先後接受遼
道宗和朝廷大臣的招待。其中「曲宴」是由遼皇帝親自主持的盛宴，據《遼
史》〈禮志〉記載其禮儀，說：「曲宴宋使儀：昧爽，臣僚入朝，宋使至幕次。
皇帝升殿，殿前、教坊、契丹文武班，皆如初見之儀。宋使副綴翰林學士班。
東洞門入，面西鞠躬。……皇帝出閤，復坐。御床入揖應坐，臣僚、使副及
侍立臣僚鞠躬。贊拜，稱『萬歲』，贊各就坐。贊兩廊從人，亦如之。行單茶、
行酒，行膳，行果。殿上酒九行，使相樂曲。……。」〔註52〕同書〈樂志〉，
也說：「曲宴宋國使樂次：酒一行，觱篥起，歌。酒二行，歌。酒三行，歌，
手伎入。酒四行，琵琶獨彈。餅、茶，致語。食入，雜劇進。酒五行，闕。
酒六行，笙獨吹，合法曲。酒七行，箏獨彈。酒八行，歌，擊架樂。酒九行，
歌，角觝。」〔註53〕可見遼朝廷對於宋使節的來聘相當尊重，因此往往待之
以盛宴厚儀。另外，此處言及「射弓筵」，乃是指遼宋外交賓禮中射弓遊讌之
禮，兩國交聘活動皆會安排此一儀禮歡迎對方使節。在宋仁宗寶元元年（遼
興宗重熙七年，1038）八月，韓琦被派任為賀契丹正旦使，當其在遼興宗駐
帳地進行交聘活動時，撰有〈謝射弓筵狀〉，說：「百名將幣，式奉于鄰歡。
五善講儀，恭陪于射禮。仍浹示慈之宴，彌欽觀德之容。上載恩私，伏增銘
悚。」〔註54〕可資讀者參考。

六、陳襄與遼臣的宴座之爭

陳襄在遼國境內，雖然有如上文所言，受到遼政府以酒宴招待。但是在
這些酒宴當中，陳襄卻有多次不滿遼臣對於酒宴座次的安排，認為有失國格
與尊嚴，而和遼臣發生不愉快的互動。據其《語錄》，說：

臣（陳）襄等昨奉勑差充皇帝登寶位北朝皇太后、皇帝國信使副。

〔註51〕陳襄，《語錄》，頁 5～6。
〔註52〕《遼史》，卷 51，〈禮志〉，頁 851～852。
〔註53〕《遼史》，卷 54，〈樂志〉，頁 892～893。
〔註54〕韓琦，《安陽集》（台北：世界書局，民國 77 年 2 月），卷 39，〈謝射弓筵狀〉，
頁 5。

於五月十日到雄州白溝驛。十一日，……至新城縣驛。有入內左承制宋仲容來問勞。臣等依例，即時具公裳，排備茶酒土物，出廳伺候。過來傳諭次。接伴使副差人送到坐位圖子，欲依南朝遺留番使副史炤等坐位，要移臣襄坐放西北賓位。臣等尋據隨行通引官舊曾入國人程文秀供錄結罪狀，稱近於去年十月內，曾隨生辰番使邵諫議、傅諫議等入國，沿路置酒，管待使臣，並是邵諫議主席。與今來接伴使副所送到圖子坐位不同。臣等亦令通引官程文秀，依生辰番使坐次，畫到坐位圖子，差入傳語接伴使副，合依當所供去圖子，依生辰番使邵諫議等近例坐次施行。左番大使合坐於東南，與使臣當頭坐位相對，以伸主禮。接伴使合坐於西南，與右番大使相對，亦自不失主位，各無相壓。往還計會十餘次，接伴使副不肯過位。臣等再差人傳語接伴使副，稱使臣銜命事大，茶酒事末，且請先來傳諭，然後商議坐位，不宜以末事久留使命，深屬不便。接伴使副卻稱，南朝生辰番使邵諫議坐位，不依得積年久例。臣等答云，昨來邵諫議等管待使臣，白是接伴使韓閤使、館伴使劉侍郎安排坐位，非是當所刱生儀式。若非久例，因何韓閤使等前番並不理會？接伴使副卻差人傳語，爲使臣不飲，辭免茶酒。……十八日，……宿密雲館。有入內供奉官秦正賜臣等湯藥各一銀合子。臣等排備伺候過來傳諭次，接伴使副準前要欲依南朝遺留番使副坐位。臣等執定依生辰番使邵諫議等近例坐次，不敢移易。前後計會十餘次，卻有公文稱是臣等久滯使命。尋具公文回答，稱自新城至此，兩次差到使臣，盡被貴所滯留，直至夜深，不令過位，非是當所住滯。黎明，接伴使副方引正來，賜臣等湯藥，不赴茶酒。臣等將授表次，正輒引避。被臣等再三傳語。欲就接伴使副致表，方肯收接。……六月……十四日，至中路館。接伴使副展辭狀，與臣等相別。卻有館伴使副太傅耶律弼、太常少卿楊益誠來迎，與臣等相見。……至頓城館。有左承制閤門祗候祈純古來問勞。臣等排備伺候過來傳諭次，館伴使副依前送到坐位圖子，欲依南朝遺留番使例坐次。臣等卻送與生辰番使邵諫議等坐位圖子，請依此近例坐次。往還計會亦十餘次。館伴使副差人傳語云，若不依南朝遺留番使例坐位，使臣要回闕下。臣等答以茶酒事末，不宜爲此以反使命，請館伴使副裁度。當所伺

候多時，早請過位。館伴使副卻回傳語云，使已回去也。十五日黎
明，館伴使副與臣等自頓城館二十里，詣帳前，引至客省，與大將
軍客省使耶律儀、趙平相見，置酒三琖。益誠言，昨日以坐位未定，
已白兩府，云未欲奏知，且令益誠再來商量。若不依此坐位，恐聞
南朝。臣裏答以生辰番使近例，不敢更改。如聞南朝，有邵、傅二
諫議在相次，閤門舍人更不闕。……十六日，有東頭供奉官李崇賜
臣等生饋，亦以坐位不便，不肯過位。……十九日，有西頭供奉官
韓宗來賜臣等簦食並酒，亦不過位。……。〔註55〕

　　從陳襄《語錄》以上的敘述，可以理解當時陳襄是基於維護宋國的國格
與其使節身分的尊嚴，因此從進入遼境內之後不久，在遼臣招待的酒宴中，
多次與遼接伴、館伴使副為了座位的安排而發生爭執。但是因為爭執次數太
多，又堅決不讓步，使遼朝廷頗為反感，甚至於威脅陳襄「若不依此坐位，
恐聞南朝」。〔註56〕而據《宋史》〈陳襄傳〉，說：「……神宗立，奉使契丹，
以設席小異於常，不即坐。契丹移檄疆吏，坐出知明州。」〔註57〕顯然當時
遼朝廷對於陳襄在遼境內多次的酒宴之爭非常不悅，因此特別將此事件「移
檄疆吏」，〔註58〕造成陳襄返國之後不久，即被處罰離開朝廷中央，出知明州。
類似此種宴座之爭，在宋遼長期的交聘活動過程中，其實並不是只發生在陳
襄使遼這一次，例如《宋史》〈程師孟（1009～1086）傳〉，說：「（程師孟）
賀契丹生辰，至涿州，契丹命席，迎者正南向，涿州官西向，宋使介東向。
師孟曰：『是卑我也。』不就列。自日昃爭至暮，從者失色，師孟辭氣益屬，
叱儐者易之，於是更與迎者東西向。明日，涿人餞于郊，疾馳過不顧。涿人
移雄州，以為言，坐罷歸班。」〔註59〕由這兩件宴座之爭，不禁使我們有所
體認，雖然宋遼兩國當時維持了一百多年的和平外交，但是在交聘活動的互
動上，卻有時也會發生言行的爭執，只是並沒有嚴重到造成外交關係破裂的
地步。〔註60〕

〔註55〕陳襄，《語錄》，頁 1～6。
〔註56〕陳襄，《語錄》，頁 5。
〔註57〕《宋史》，卷 321，列傳 80，陳襄，頁 10420。
〔註58〕註同前。
〔註59〕《宋史》，卷 331，列傳第 90，程師孟，頁 10661。
〔註60〕可參閱蔣武雄，〈宋遼外交言行交鋒初探〉，《東吳歷史學報》第 23 期（台北：
　　　　東吳大學，民國 99 年 6 月），頁 85～122。

七、提前向遼道宗辭行返國

　　在宋遼兩國訂立澶淵盟約之後，雙方即經常互派使節進行交聘的活動，並且爲了使外交事宜能順利進行，以及長期發揮維持和平的功能起見，兩國朝廷均制定了多項的規定，要求彼此能加以遵守。其中一項即是規定使節逗留於對方京城（包括遼皇帝駐帳地），不能超過十天，也就是使節在對方京城的交聘活動必須在十天之內完成，並且向對方皇帝辭行返國。因此在《長編》卷 262，有提到此項規定，說：「故事，使者留京，不過十日。」〔註61〕筆者在數年前也曾撰有〈宋遼使節逗留對方京城日數的探討〉一文，即是針對此一史實加以討論，並且提出幾個宋遼使節逗留對方京城超過十天的特例。〔註62〕

　　但是陳襄此次使遼，在遼道宗駐帳地逗留的日程不僅未達十天，反而更特意予以縮短，只逗留了七天，即完成交聘的活動，提前向遼道宗辭行返國。筆者認爲這也是陳襄此次使遼過程中一件頗爲特別的事蹟，在本文中有加以論述的必要。據陳襄《語錄》，說：

> 臣襄等……於五月十日到雄州白溝驛。十一日，……臣等即時過白溝橋北。……六月……十四日，至中路館，接伴使副展辭狀，與臣等相別。卻有館伴使副太傅耶律弼、太常少卿楊益誠來迎，與臣等相見。……至頓城館，……。十五日，黎明，館伴使副與臣等自頓城館二十里，詣帳前，引至客省，與大將軍客省使耶律儀、趙平相見，……儀便引臣等兩番使副入見。臣襄致國書于其母，面傳聖辭。置酒三琖。又詣其君帳前，臣坦致書于其君，傳聖辭如前，並問南朝皇帝聖躬萬福，臣等恭答之。置酒五琖。仍賜臣等衣帶及三節人有差。……十七日，赴曲宴，酒九琖。館伴使副差人齎詔，賜臣等生鑷及三節人有差。臣等依例恭受，致表。……二十一日，入至客省帳前，置酒三琖。臣襄與益誠言，大行皇帝發引在近，望與建白，若回程剩蹉數驛，尚可辭得靈駕，此臣子之心也。益誠然之，遂辭其母及其君，逐帳置酒如初，授臣等信書，賜衣各三對及弓馬衣幣，各三節人有差。……二十二日，發頓館。……。〔註63〕

〔註61〕李燾，《長編》，卷 262，宋神宗熙寧八年四月丙寅條，頁 6。

〔註62〕可參閱蔣武雄，〈宋遼使節逗留對方京城日數的探討〉，《空大人文學報》第 12期（台北：空中大學，民國 92 年 12 月），頁 197～212。

〔註63〕陳襄，《語錄》，頁 1～6。

以上為陳襄晉見遼道宗帝后，以及提前辭行返國的過程。由此段記載，我們可知陳襄等一行人在六月十四日至中路館，開始改由館伴使副耶律弼、楊益誠負責招待。並且向遼道宗帝后呈上國書，以及接受曲宴，完成此次使遼交聘活動中最重要的禮儀之後，即想要提前辭行返國。陳襄所持的理由是宋朝廷移宋英宗靈柩至葬地將在近日舉行，其希望能在發葬日之前趕回宋國，以便辭送宋英宗靈柩，而盡身為人臣的心意。〔註 64〕當時陳襄特別請館伴副使楊益誠為其向遼道宗和太后陳述此一理由，因此在二十一日即進行請辭的禮儀，並且在二十二日從頓城館啓程返宋。

但是我們仔細思考陳襄為何提前辭行返宋，其主要原因固然是想要趕上辭送宋英宗的靈柩，但是另一原因應該是和其與遼臣發生多次宴座之爭有關。因為據前文所論可知，陳襄不僅在赴遼途中，與接伴使副、地方官員發生宴座之爭，甚至於到了遼道宗駐帳地，也與館伴使副發生宴座之爭，而且相當劇烈，使其心中頗為不平，遂興起提前辭行返國的念頭。而遼國君臣亦對其行為很反感，因此當陳襄提出擬提前辭行返宋時，遼道宗即予以接受。甚至於遼國君臣頗不能嚥下這口氣，將陳襄在遼境宴座之爭的情形「移檄疆吏」，遂使其遭受宋朝廷的處罰。

八、結論

綜上所論，我們可知陳襄《語錄》是當時宋使節諸多使遼報告中，幸運地殘存至今比較完整的一份宋遼外交史料。並且透過筆者據其《語錄》討論幾項其使遼的事蹟之後，使我們對於宋遼長達一百多年的和平外交，至少有下列幾點體認：

（一）宋遼兩國交聘活動頻繁——當時宋遼兩國不僅每年正旦和帝后生日時，會派遣使節前往祝賀，其他如皇帝的即位，上尊號、帝后的死亡或商議兩國大事，也均會派遣使節進行相關的事宜。〔註 65〕而陳襄以神宗皇帝即位使身份使遼，即是在此背景之下派任的，也顯現出在宋遼和平外交史當中，各項的交聘活動均是扮演了相當重要的角色，並

〔註 64〕按，據《宋史》〈神宗本紀〉，說：「（治平四年）八月……癸酉（二十七日），葬英宗于永厚陵。」（卷 14，神宗 1，頁 266）

〔註 65〕可參閱蔣武雄，〈宋遼帝后生辰與衰喪的交聘活動——以宋真宗、遼承天太后、遼聖宗為主〉，《東吳歷史學報》第 25 期（台北：東吳大學，民國 100 年 6 月），頁 57～98。

且發揮其歷史的意義。

（二）宋使節赴遼的路程遙遠——由於陳襄《語錄》對於其赴遼日程的記載
比較詳細，使我們可以依此列出其在遼境內往返的行程共計有六十二
個驛程，這顯現出當時宋使節使遼路程的遙遠與艱辛。〔註66〕

（三）宋遼深厚的友好外交情誼——自從宋遼兩國訂立澶淵盟約之後，雙方
君臣對於如何維持和平友好關係，大多有正面的態度和心意，因此在
交聘活動中的互動頗為良好，我們從上文論及遼臣向陳襄等人探問舊
識宋臣的近況，即可知宋遼兩國至此時，已建立起深厚的友好外交情
誼，雙方君臣維持和平關係的心力是沒有白費的。〔註67〕

（四）宋遼和平外交偶而會有爭執——宋遼兩國雖然建立起深厚的友好外交
情誼，但是畢竟兩國國情不同，各有自己的立場、國格與尊嚴，因此
在交聘活動中，有時難免會在言語行為上發生爭執。筆者認為這在古
今中外的外交史當中，其實也是很正常的事情，因此我們假如以此觀
點來看陳襄使遼時與遼臣的宴座之爭，應是可以理解其為何會有這樣
的作為。〔註68〕

最後筆者要再度強調的是，殘存至今的宋代《使遼語錄》當中，只有陳
襄的《語錄》和沈括的《熙寧使虜圖抄》是比較完整的，而沈括《熙寧使虜
圖抄》向來受到學者較多的關注，相關的研究論著文章也不少，但是對於陳
襄《語錄》的研究與運用，長期以來卻是被忽略，其實此一《語錄》的史料
價值，在研究宋遼外交關係史的工作上，是頗值得我們予以注意的。

〔註66〕可參閱蔣武雄，〈從宋人使北詩論使遼旅途的艱辛〉，收錄於《史學與文獻》（三）
（台北：東吳大學歷史系，民國90年4月），頁99～117。

〔註67〕可參閱蔣武雄，〈論宋真宗對建立與維護宋遼和平外交的心意〉，《東吳歷史學
報》第15期（台北：東吳大學，民國95年6月），頁91～116。

〔註68〕可參閱蔣武雄，〈宋遼外交言行交鋒初探〉，《東吳歷史學報》第23期，頁85
～122。

徵引書目

一、史料

1. 王曾，《王沂公使遼錄》，收錄於趙永春編注，《奉使遼金行程錄》，吉林：吉林文史出版社，1995 年。

2. 包拯，《孝肅包公奏議》，台北：台灣商務印書館，1966 年。

3. 沈括《熙寧使虜圖抄》，收錄於趙永春編注，《奉使遼金行程錄》，吉林：吉林文史出版社，1995 年。

4. 李燾，《續資治通鑑長編》，上海：上海古籍出版社，1986 年。

5. 金毓黻編，《遼海叢書》，瀋陽：遼瀋書社，1985 年。

6. 徐松，《宋會要輯稿》，北京：中華書局，1997 年。

7. 脫脫，《遼史》，台北：鼎文書局，民國 67 年。

8. 脫脫，《宋史》，台北：鼎文書局，民國 67 年。

9. 葉隆禮，《契丹國志》，收錄於《遼史彙編》（七），台北：鼎文書局，民國 62 年。

10. 陳襄，《古靈集》，《文淵閣四庫全書》珍本三集，台北：台灣商務印書館，民國 72 年。

11. 陳襄，《神宗皇帝即位使遼語錄》，收錄於金毓黻編，《遼海叢書》，瀋陽：遼瀋書社，1985 年。

12. 陸心源，《儀顧堂題跋》，台北：廣文書局，民國 57 年。

13. 陸心源，《皕宋樓藏書志》，台北：廣文書局，民國 57 年。

14. 傅璇琮編，《全宋詩》，北京：北京大學出版社，1998 年。

15. 黃以周等，《續資治通鑑長編拾補》，北京：中華書局，2004 年。

16. 路振，《乘軺錄》，收錄於趙永春編注，《奉使遼金行程錄》，吉林：吉林文史出版社，1995 年。

17. 趙永春編注，《奉使遼金行程錄》，吉林：吉林文史出版社，1995 年。

18. 蔣祖怡、張滌雲編，《全遼詩話》，長沙：岳麓書社，1992 年。

19. 韓琦，《安陽集》，台北：世界書局，民國 77 年。

二、近人編著

1. 吳曉萍，《宋代外交制度研究》，合肥：安徽人民出版社，2006 年。

2. 張希清等人主編，《澶淵盟約新論》，上海：上海人民出版社，2007 年。

3. 傅樂煥，《遼史叢考》，北京：中華書局，1984 年。

三、論文

1. 王曉波，〈宋太祖時期宋遼關係的變化〉，《宋代文化研究》第 7 輯，成都：巴蜀書社，1998 年。

2. 李裕民，〈宋太宗平北漢始末〉，《山西大學學報》，1982 年第 2 期。

3. 黃鳳岐，〈遼宋交聘及其有關制度〉，《社會科學輯刊》，1985 年第 2 期。

4. 賈玉英，〈宋遼交聘制度之管窺〉，收錄於張希清等人主編，《澶淵盟約新論》，上海：上海人民出版社，2007 年。

5. 傅樂煥，〈宋人使遼語錄行程考〉，收錄於傅樂煥，《遼史叢考》，北京：中華書局，1984 年。

6. 傅樂煥，〈宋遼聘使表稿〉，收錄於傅樂煥，《遼史叢考》，北京：中華書局，1984 年。

7. 劉浦江，〈宋代使臣語錄考〉，收錄於張希清主編，《10～13 世紀中國文化的碰撞與融合》，上海：上海人民出版社，2006 年。

8. 蔣武雄，〈遼與北漢興亡的關係〉，《東吳歷史學報》第 3 期，台北：東吳大學，民國 86 年。

9. 蔣武雄，〈從宋人使北詩論使遼旅途的艱辛〉，收錄於《史學與文獻》（三），台北：東吳大學歷史系，民國 90 年。

10. 蔣武雄，〈歐陽修使遼行程考〉，《東吳歷史學報》第 8 期，台北：東吳大學，民國 91 年。

11. 蔣武雄，〈宋遼使節逗留對方京城日數的探討〉，《空大人文學報》第 12 期，台北：空中大學，民國 92 年。

12. 蔣武雄，〈宋滅北漢之前與遼的交聘活動〉，《東吳歷史學報》第 11 期，台北：東吳大學，民國 93 年。

13. 蔣武雄，〈蘇轍使遼始末〉，《東吳歷史學報》第 13 期，台北：東吳大學，民國 94 年。

14. 蔣武雄，〈遼皇帝接見宋使節的地點〉，《東吳歷史學報》第 14 期，台北：東吳大學，民國 94 年。

15. 蔣武雄，〈論宋真宗對建立與維護宋遼和平外交的心意〉，《東吳歷史學報》第 15 期，台北：東吳大學，民國 95 年。

16. 蔣武雄，〈宋使節在遼的飲食活動〉，《東吳歷史學報》第 16 期，台北：東吳大學，民國 95 年。

17. 蔣武雄，〈宋遼外交言行交鋒初探〉，《東吳歷史學報》第 23 期，台北：東吳大學，民國 99 年。

18. 蔣武雄，〈宋遼帝后生辰與哀喪的交聘活動——以宋真宗、遼承天太后、遼聖宗為主〉，《東吳歷史學報》第 25 期，台北：東吳大學，民國 100 年。

19. 蔣武雄，〈包拯使遼事蹟的探討〉（未刊稿）。

20. 聶崇岐，〈宋遼交聘考〉，收錄於《宋史叢考》（下），台北：華世出版社，民國 75 年。

——《史匯》第 15 期〔民國 100 年 12 月〕，頁 1～22

蘇頌與《華戎魯衛信錄》
——一部失傳的宋遼外交檔案資料彙編[*]

摘　要

　　宋遼兩國在長期的和平外交下，經常派遣使節進行交聘的活動，因此累積了很多外交檔案資料。至宋神宗時，曾派蘇頌整編這些檔案資料，書名為《華戎魯衛信錄》，但是此書早已失傳，令人頗覺惋惜。今筆者蒐集相關史料之後，討論當時整編《華戎魯衛信錄》的緣由、宋神宗指派蘇頌負責整編《華戎魯衛信錄》的原因、蘇頌整編《華戎魯衛信錄》的態度與該書內容，以及其失傳的憾事，期使讀者對此書和宋遼外交等情形能有進一步的了解。

關鍵詞：宋、遼、外交、蘇頌

* 本文初稿曾於東吳大學歷史學系第四屆「史學與文獻學」學術研討會宣讀（2003年6月13～14日）。今投稿《東吳歷史學報》，又經兩位匿名評審人惠賜修改意見，非常感謝。

一、前言

在宋遼的外交關係史中，曾於宋太祖、宋太宗時期進行過短暫的和平外交，但是後來隨著宋太宗征遼之役，雙方的外交關係即宣告中斷。〔註1〕直至宋眞宗景德元年（遼聖宗統和二十二年，西元一〇〇四年）與遼簽訂澶淵盟約之後，兩國始又建立起友好的和平外交關係，經常互相派遣使節進行交聘的活動。〔註2〕這種良好的關係一直維持至宋徽宗宣和二年（遼天祚帝天慶十二年，一一二二年），宋派童貫攻遼爲止，共歷一百十八年。在這長達一百多年的交往中，雙方因爲使節的派遣、文書的往來，累積了許多外交方面的檔案資料，其所涵蓋的層面也很廣雜。因此在當時假如有人予以整編成冊，對於宋遼和平外交的持續與推展，應有很大的正面作用。

基於這種需求，遂促使了宋神宗在元豐年間（一〇七八～一〇八五年），指派大臣蘇頌負責整編這些檔案資料，書名爲《華戎魯衛信錄》。這是一部有系統的宋遼外交檔案資料彙編，但是令人惋惜的是此書早已佚失，並未流傳下來。今筆者查閱尚存的相關史料，並且參考近現代學者相關的論著文章，〔註3〕以〈蘇頌與《華戎魯衛信錄》──一部失傳的宋遼外交檔案資料彙編〉爲題，撰成本文，探討整編《華戎魯衛信錄》的緣由、宋神宗指派蘇頌負責整編《華戎魯衛信錄》的原因、蘇頌整編《華戎魯衛信錄》的態度與

〔註1〕可參閱陶晉生，《宋遼關係史研究》（台北：聯經出版公司，民國73年7月），〈宋遼間的平等外交關係：澶淵盟約的締訂及其影響〉，第二節〈宋遼外交關係的建立與中斷〉，頁17～22；蔣武雄，〈宋滅北漢之前與遼的交聘活動〉，《東吳歷史學報》第11期（台北：東吳大學，民國93年6月），頁1～27。

〔註2〕據傅樂煥，〈宋遼聘使表稿〉，說：「宋遼約和自澶淵之盟（1005）迄燕雲之役（1122）凡一百十八年，益以開寶迄太平興國間之和平（974～979，凡六年），綜凡一百二十四年。估計全部聘使約一千六百餘人。《長編》、《遼史》所載者約一千一百五十人，以其他文籍補苴者一百四十餘人，待考者尚有三百二三十人。」收錄於《遼史彙編》（八）（台北：鼎文書局，民國62年10月），頁580，原載於中央研究院《歷史語言研究所集刊》第14本。從此一雙方使節人數的統計資料，可見宋遼使節交聘的活動確實相當頻繁。

〔註3〕學者發表有關蘇頌《華戎魯衛信錄》的文章，例如有王民信，〈蘇頌《華戎魯衛信錄》──遼宋關係史〉，《書目季刊》14卷3期，民國69年6月，頁30～42，該文主要論述宋神宗想要編輯宋遼關係檔案資料的原因，以及《華戎魯衛信錄》的卷數與內容等問題。另有孫斌來，〈《華戎魯衛信錄》考略〉，《松遼學刊》1991年第3期，頁38～41，該文述及《華戎魯衛信錄》的書名、卷帙、編修意圖、篇目編排方法和內容提要等情形。以上二文對筆者撰寫本文，均頗有參考價值。

該書內容，以及其失傳的憾事，希望能幫助讀者對於此書和宋遼外交等情形有進一步的了解。

二、整編《華戎魯衛信錄》的緣由

關於整編《華戎魯衛信錄》的緣由，據蘇頌在晚年撰寫〈感事述懷詩〉所作的自注，說：

> 予到滄才數月，上（宋神宗）喻執政云：『要蘇某來修一書，令速召歸。』遂有判吏部修官制之命。及進對，上曰：『朝廷與契丹通好歲久，故事儀式、舊章案牘遺散者多。每使人來，生事無以折證。朕欲裒集國朝以來，至昨代州議定地界文案等，以類編次，爲一朝典章，使後來得以稽據。朕思非卿不能成之。』〔註4〕

從這一段敘述，可以知道宋神宗想要整編這些繁雜的宋遼外交檔案資料，應該是已經構想很久了。因爲有時遼使節至宋議邊事，宋朝廷想要找相關資料據以辯駁，往往一時之間不易蒐集齊全，造成外交爭辯的困難，因此宋神宗急於派一位恰當的人選來整編宋對遼的外交檔案資料。也就是從宋太祖、宋太宗與遼短暫的和平外交，再加上宋眞宗景德元年（遼聖宗統和二十二年，一○○四年）與遼訂立澶淵盟約之後，至宋神宗元豐四年（遼道宗大康七年，一○八一年）指派蘇頌整編宋遼外交檔案資料爲止，兩國的交往已經有八十多年之久。期間有關兩國國書的往來、使節的交聘、禮儀的程式、禮物的賞賜、朝臣的奏議、邊界的文書等種種外交事務，使宋朝廷累積了很多這一方面的檔案資料，包括宋致遼的國書、〔註5〕宋臣出使遼國的語錄、〔註6〕使節的名

〔註4〕 蘇頌，〈累年告老，恩旨未俞，詔領祠宮，遂還鄉，閑燕間無事，追省平生，因成感事述懷詩五言一百韻，示兒孫輩，使知遭遇終始之意，以代家訓，故言多不文〉，《蘇魏公文集》（台北：青友出版社，民國49年4月），卷5，頁5。另可參閱李燾，《續資治通鑑長編》（以下簡稱《長編》）（上海：上海古籍出版社，1986年2月），卷235，宋神宗元豐四年八月丙辰條，頁1～2；鄒浩，〈故觀文殿大學士蘇公行狀〉（以下簡稱〈蘇公行狀〉），《道鄉集》（下）（台北：漢華文化公司，民國59年10月），卷39，頁13；蘇象先，《丞相魏公譚訓》，卷第一，《蘇魏公文集》（下）（北京：中華書局，1988年9月），附錄一，頁1123，均有類似的記載。

〔註5〕 宋代致遼的國書至少有一百二十三通，可參閱宋綬、宋敏求，《宋大詔令集》（台北：鼎文書局，民國61年9月），卷228～232，頁882～904。

〔註6〕 在蘇頌被派任整編《華戎魯衛信錄》之前，宋臣出使遼國返國之後所做的語錄，已經有路振《乘軺錄》、余靖《慶曆正旦國信錄》、富弼《奉使別錄》、竇卞《熙寧正旦國信錄》、李罕《使遼見聞錄》、王曙《戴斗奉使錄》、王曾《行

冊、出使的年表等，[註7] 因此有待於整編成冊，以便提供宋朝廷處理宋遼兩國外交事務時的參考，進而減少雙方的誤會與衝突。

另外，蘇頌在〈華夷魯衛信錄總序〉也提到宋神宗當時要其整編此書的目的，說：

> 聖上方恢天下之度，以威懷遠人，猶慮有司慢令取侮，遂案圖籍揭爲令典，使之循守無得而踰。後雖有忿鷙悍黠之敵，欲啓事端，繩以章條，彼當自屈。[註8]

而在〈進華戎魯衛信錄〉，又說：

> 聖慮猶虞其越軼，遂詔書思所以持循，乃屬下臣討求故實，料平日當行之務，著一朝永久之規，將欲付之有司，使知所守，又以待其來者，無得而踰。極遠見識微之明，得禦侮折衝之要。[註9]

可見宋神宗當時有很深的體認，整編宋對遼的外交檔案資料，確實有其必要性。尤其在這一段期間，宋遼兩國曾經進行過增幣交涉、劃界交涉，不僅增加了很多文書的往來、使節的派遣，也顯現出雙方外交關係的錯綜與複雜，因此宋神宗認爲必須趕快找人來整編這些檔案資料。

基於以上的緣由，宋神宗遂於元豐四年（遼道宗大康七年，一○八一年）「八月丙辰（二日），詔：『自南北通和以來國信文字，差集賢院學士蘇頌編類。』」[註10] 並且特別對蘇頌「宣諭云：『近日修書臣僚多遷延歲月，只如密院機要已七、八年，近方奏請差人檢閱，已令罷之。卿該通勤敏，此書何日可成？』對以：『案籍浩大，凡數十架，急急編次，亦須二年，不知果可成就否？』上（宋神宗）曰：『二年了得，甚善。』」[註11] 可見宋神宗當時很

　　程錄》、陳襄《使遼錄》、寇瑊《生辰國信錄》、宋敏求《入蕃錄》等。（參閱孫斌來，前引文，頁40）

〔註7〕有關宋遼外交中的使節名冊和出使年表，可參閱傅樂煥，前引文，頁544～623；聶崇岐，〈宋遼交聘考〉，《宋史叢考》（下）（台北：華世出版社，民國75年），頁275～324。

〔註8〕蘇頌，〈華夷魯衛信錄總序〉，《蘇魏公文集》，卷66，頁2。此處稱「華夷」，不稱「華戎」，經孫斌來考證，「當以《華戎魯衛信錄》爲正」。（參閱孫斌來，前引文，頁38～39）另據王民信，〈蘇頌《華戎魯衛信錄》——遼宋關係史〉，也說：「似應以《華戎魯衛信錄》爲正。」（《書目季刊》14卷3期，頁32）

〔註9〕蘇頌，〈進華戎魯衛信錄〉，《蘇魏公文集》，卷44，頁3。

〔註10〕《長編》，卷315，宋神宗元豐四年八月丙辰條，頁1。

〔註11〕同註4。關於此段君臣對話，另可參閱《長編》的記載，其言：「上（宋神宗）曰：『朝廷與契丹通好歲久，故事儀式遺散者多，每使人生事無以折正。朕欲

心急，想要早日見到該書整編完成，以便能做為處理宋遼外交事務的參考。因此當聽到蘇頌表示擬以兩年時間予以完成，心中非常高興。

三、宋神宗指派蘇頌負責整編《華戎魯衛信錄》的原因

依前文的論述可知，當時宋神宗認為在眾多朝臣當中，蘇頌應該是負責整編宋遼外交檔案資料的最佳人選。《宋史》〈蘇頌傳〉提到此一情形，說：「（宋）神宗謂（蘇）頌曰：『欲修一書，非卿不可。契丹通好八十餘年，盟誓、聘使、禮幣、儀式，皆無所考據，但患修書者遷延不早成耳。然以卿度，此書何時可就？』頌曰：『須一二年。』曰：『果然，非卿不能如是之敏也。』」〔註 12〕

但是我們不禁要問，蘇頌本人到底具備哪些條件，才會使宋神宗如此果斷的認定，他即是負責整編《華戎魯衛信錄》的最佳人選？筆者認為其原因至少有下列三點：

（一）緣於蘇頌有五次從事宋遼外交事務的經驗，以及對遼事精熟和妥善處理的能力

蘇頌第一次接觸宋遼外交事務，是在宋英宗治平三年（遼道宗咸雍二年，一○六六年）十二月，其以接伴使的身份到宋遼邊境，迎接前來祝賀宋英宗生日壽聖節的遼使蕭靖。至翌年正月，他又以送伴使的身份，陪送遼使蕭靖回國，到達宋遼邊境。〔註 13〕第二次是在宋神宗熙寧元年（遼道宗咸雍四年，

集國朝以來，至昨代州定地界文案，以類編次為書，使後來得以稽據，非卿不可。然此書浩繁，卿自度幾歲可畢。』（蘇）頌曰：『臣願盡二年。』」（卷 315，宋神宗元豐四年八月丙辰條，頁 2）

〔註 12〕 脫脫，《宋史》（台北：鼎文書局，民國 67 年 9 月），卷 340，列傳第 99，〈蘇頌傳〉，頁 10865。另可參閱朱熹，《宋名臣言行錄》後集（台北：文海出版社，民國 56 年 1 月），蘇頌，頁 12。

〔註 13〕 據《宋史》，〈英宗本紀〉，說：「治平三年（遼道宗咸雍二年，一○六六年）十二月……癸卯，遼遣蕭靖等來賀正旦、壽聖節。」（卷 13，本紀第 13，〈英宗〉，頁 260）可知當時至宋國的遼使為蕭靖，但是一般史書並未記載蘇頌在此年擔任接伴使，因此本文所言，乃是根據蘇頌所撰〈接伴北使至樂壽寄高陽安撫吳仲庶待制〉（《蘇魏公文集》，卷 8，頁 2）加以推論，該首詩的內容為「道路傳聞北守賢，就中清尚是河間。轅門臥鼓軍無警，幕府賡歌筆不閒。只合論思居禁闥，豈宜留滯在邊關。寧容舊客升堂室，擬請新篇滿篋還。」另外，根據鄒浩，〈蘇公行狀〉，說：「（宋英宗）治平四年（遼道宗咸雍三年，1067年）壽聖節，（蘇頌）接送伴使虜使還至恩州，……。」（鄒浩，《道鄉集》，卷 39，頁 5）以及《宋史》〈蘇頌傳〉，說：「送契丹使，宿恩州，……。」（卷 340，列傳第 99，頁 10861）可知蘇頌在當時曾任送伴使。而且根據宋制，往往是由接伴使充任送伴使，因此蘇頌當時應該曾任接、送伴使。

一〇六八年）十月，蘇頌以副使身份隨同正使張宗益至遼國，祝賀遼道宗的生日，於翌年正月，返抵汴京。這一次使遼，蘇頌撰有《前使遼詩》三十首以記其事。〔註14〕第三次是在宋神宗熙寧二年（遼道宗咸雍五年，一〇六九年）四月，蘇頌以館伴使的身份，陪伴前來祝賀宋神宗生日同天節的遼使耶律昌。〔註15〕第四次蘇頌被派任遼國生辰國信使，與副使姚麟，於宋神宗熙寧十年（遼道宗大康三年，一〇七七年）十月，前往遼國祝賀遼道宗的生日。此次使遼，蘇頌撰有《後使遼詩》二十八首。〔註16〕第五次則是在宋神宗元豐四年

〔註14〕據鄒浩，〈蘇公行狀〉，說：「（宋神宗）熙寧元年（遼道宗咸雍四年，一〇六八年），……（蘇頌）俄充北朝皇太后生辰國信使。」（《道鄉集》，卷39，頁6）另據《宋史》，〈神宗本紀〉，說：「熙寧元年八月……丁卯，遣張宗益等賀遼主生辰、正旦。」（卷14，本紀第14，〈神宗一〉，頁269）蘇頌此次出使遼國，撰有《前使遼詩》，共計〈和國信張宗益少卿過潭州朝拜信武殿〉、〈和張少卿過德清憶郎中五弟〉、〈和張仲巽過瀛州感舊〉、〈和安撫王臨騏驥見寄〉、〈和王大觀寄張仲巽〉、〈初過白溝北望燕山〉、〈和仲巽過古北口楊無敵廟〉、〈和仲巽山行〉、〈和仲巽過度雲嶺〉、〈奚山道中〉、〈和仲巽奚山部落〉、〈過摘星嶺〉、〈和晨發柳河館憩長源郵舍〉、〈和宿牛山館〉、〈又七絕〉、〈和題會仙石〉、〈和宿鹿兒館〉、〈和冬至紫蒙館書事〉、〈和就日館〉、〈和過神水沙磧〉、〈和土河館遇小雪〉、〈和檀香板〉、〈和神水館齊萊二國信〉、〈使回蹿榆林侵夜至宿館〉、〈和使回過松子嶺〉、〈和遊中京鎮國寺〉、〈和富谷館書事〉、〈和奚山偃松〉、〈和過打造部落〉、〈新歲五十始覺衰悴因書長句奉呈仲巽少卿〉等三十首。（《蘇魏公文集》，卷13，頁1～4）另外，從蘇頌《前使遼詩》可知，張宗益也撰有使遼詩，可惜未流傳於今。

〔註15〕據鄒浩，〈蘇公行狀〉，說：「（宋神宗熙寧）二年（遼道宗咸雍五年，一〇六九年），……又為北朝賀生辰館伴使。」（《道鄉集》，卷39，頁6）另據《宋史》〈神宗本紀〉，說：「熙寧二年四月……壬寅，遼遣耶律昌等來賀同天節。」（卷14，本紀第14，〈神宗一〉，頁270）

〔註16〕據《長編》，卷284，說：「（宋神宗）熙寧十年（遼道宗大康三年，一〇七七年）八月己丑（十二日），秘書監集賢院學士蘇頌為遼主生辰國信使……。」（頁7）鄒浩，〈蘇公行狀〉，也說：「（熙寧）十年，……再充北朝生辰國信使。」（《道鄉集》，卷39，頁10）另據《宋史》〈神宗本紀〉，說：「熙寧十年八月壬寅，……遣蘇頌等賀遼道宗生辰、正旦。」（卷15，本紀第15，〈神宗二〉，頁292）蘇頌此次出使遼國，撰有《後使遼詩》，共計〈某奉使過北都奉陪司徒侍中潞國公雅集堂宴會開懷縱談形於善謔因道魏收有遒峭難為之語人多不知道峭何謂宋元憲公云事見木經蓋梁上小柱名取有折勢之義耳文人多用近語而未及此輒借斯語抒為短章以紀一席之事繕寫獻呈〉、〈向忝使遼於今十稔再過古北感事言懷奉呈同事閣使〉、〈次行奚山〉、〈同事閣使見問奚國山水何如江鄉以詩答之〉、〈早行新館道中〉、〈奚山道中〉、〈過新館罕見居人〉、〈牛山道中〉、〈發牛山〉、〈契丹帳〉、〈奚山道〉、〈中京紀事〉、〈過土河〉、〈贈同事閣使〉、〈沙陀路〉、〈觀北人圍獵〉、〈遼人牧〉、〈某兩使遼塞俱值郊禮之歲今以至日到北帳感事言懷寄呈同館諸公〉、〈初至廣平紀事言懷呈同事閣使〉、〈冬

（遼道宗大康七年，一〇八一年）十二月至翌年正月，蘇頌以館伴使的身份，陪伴前來祝賀宋正旦的遼使鄭顓。〔註17〕（蘇頌此次接觸宋遼外交事務的時間是在其被派任整編《華戎魯衛信錄》之後，但是本文爲強調蘇頌有豐富的參預宋遼外交事務經驗，因此特別在此一併提出）

從以上的論述可知，蘇頌在宋遼外交的工作上確實曾經介入很深，至少比一般宋朝大臣更熟悉遼事。尤其是蘇頌在所撰的使遼詩中，敘述了其使遼行程時的所見所聞，包括遼人衣食住行的生活習俗，以及打獵、放牧、耕種、漁樵等活動。另外也敘述了遼國的山川、草木、沙漠、營帳、村落、天氣、物產等，甚至於還敘述了遼國的賦役、禮儀、宗教等制度，都在在顯現出蘇頌對遼事有相當細膩的觀察與瞭解，這對於其是否能順利完成整編宋遼外交檔案資料的工作，應有很大的幫助。

同時必須強調的是，蘇頌在處理宋遼外交事務上，也曾經有處置得宜的表現，深受宋神宗的讚賞。例如在宋神宗熙寧二年（遼道宗咸雍五年，一〇六九年），蘇頌「適送伴契丹使，次恩州驛，夜火，左右請與敵使出避，兵叩門欲入救，公（蘇頌）不爲動。閉門堅臥如常，徐使守衛卒撲滅之。是夕，州人譁言敵有變，救兵亦欲乘間生事。至聞京師，使還，上（宋神宗）問公所以處之者，稱善久之，益知公爲可用」。〔註18〕又據《長編》卷284，說：「熙寧十年（遼道宗大康三年，一〇七七年）八月己丑（十二日），……蘇頌爲遼主生辰國信使，……故事，使北者冬至日與北人交相慶，是歲本朝曆先契丹一日，契丹固執其曆爲是。頌曰：『曆家算術小異，則遲速不同，謂如亥時節氣當交，則猶是今夕，若踰刻則屬子時爲明日矣。或先或後，各從本朝之曆

日北庭懷餘杭舊僚屬〉、〈契丹馬〉、〈北帳書事〉、〈廣平宴會〉、〈離廣平〉、〈山路連日衝冒風雨頗覺行役之難〉、〈發柳河〉、〈摘星嶺〉、〈契丹紀事〉等二十八首。（《蘇魏公文集》，卷13，頁5～9）

〔註17〕據《長編》，卷339，說：「先是，遼使鄭顓來賀（元豐）五年（遼道宗太康八年，一〇八二年）正旦，顓明辯有才智，（蘇）頌爲館伴。」（宋神宗元豐六年六月丙寅條，頁10）另據鄒浩，《蘇公行狀》，說：「元豐五年，爲北虜賀正館伴使，虜使鄭顓明辯有才智，……。」（《道鄉集》，卷39，頁14）以上所論蘇頌五次接觸對遼外交事宜，可參閱趙永春，〈略論蘇頌使遼〉，《松遼學刊》，1991年第3期，頁42–48；趙克，〈蘇頌接伴遼使及首次使遼時間考證〉，《北方論叢》，1992年第4期，頁58～59。

〔註18〕曾肇，〈贈司空蘇公墓誌銘〉，《曲阜集》，卷3，頁34，《文淵閣四庫全書》（台北：商務印書館，民國72年10月）集部3，別集類2。另可參閱《宋史》，卷340，列傳第99，〈蘇頌傳〉，頁10861。

可也。』北人不能屈，遂各以其日爲節。使還奏之，上（宋神宗）喜曰：『朕思之，此最難處，卿對極得宜。』」〔註19〕由以上二例可知，蘇頌在處理宋遼外交事務上，曾經有良好的表現，獲得了宋神宗的稱讚。

筆者認爲，蘇頌就是因爲在宋遼外交事務上具備優越的條件，因此使宋神宗頗爲認同他即是整編宋遼外交檔案資料的最佳人選。

（二）緣於蘇頌有整編文獻的經驗，並且精熟典章制度

蘇頌在整編《華戎魯衛信錄》之前，曾參與修纂宋仁宗、宋英宗《兩朝正史》的工作。該書的修纂開始於宋神宗熙寧十年（遼道宗大康三年，一○七七年）五月，雖然當年八月，蘇頌被派任爲遼國生辰國信使出使遼國，但是至十月初，才啓程赴遼，因此在這四、五個月期間，其至少參與了《兩朝正史》的初編工作。而在元豐五年（遼道宗大康八年，一○八二年）六月，該書修成時，蘇頌也在「賜銀絹有差」之列，〔註20〕以及在其《蘇魏公文集》中有〈謝同修國史〉、〈謝賜國史院開局銀絹〉、〈謝賜筆墨紙〉、〈謝修史畢賜銀絹對表金帶〉四表，〔註21〕顯現出蘇頌在修《兩朝正史》的工作上曾有相當的貢獻，也說明了蘇頌在整編《華戎魯衛信錄》之前，其實已經有整編檔案資料的經驗。〔註22〕

另外值得一提的是，宋神宗「自在藩邸，聞公（蘇頌）名」，〔註23〕及至宋神宗即位之後，蘇頌出知滄州入辭時，宋神宗對蘇頌說：「『朕知卿久，然

〔註19〕《長編》，卷284，宋神宗熙寧十年八月己丑條，頁7。蘇頌也是宋代傑出的科學家，尤其精通天文、醫學，因此關於蘇頌論宋遼兩國曆法的事蹟，據鄒浩，〈蘇公行狀〉，說：「（熙寧）十年，……是歲，再充北朝生辰國信使，……在虜中，遇冬至，本朝曆先北朝一日，北人問公（蘇頌）孰是？公曰：『曆家算術小異，遲速不同，謂如亥時節氣當交，則猶是今夕，若逾數刻，即屬子時，爲明日矣。或先或後，各從本朝曆可也。』虜人深以爲然，遂各以其日爲節慶賀。使還奏之，上（宋神宗）喜曰：『朕思之，此最難處，卿之所對，極中事理。』」（《道鄉集》，卷39，頁10～11）另可參閱《宋史》，卷340，列傳第99，〈蘇頌傳〉，頁10863；葉夢得，《石林燕語》（北京：中華書局，1984年5月），卷3、卷9，頁45、133～134。

〔註20〕參閱《長編》卷282，宋神宗熙寧十年五月戊午條，頁3；卷327，宋神宗元豐五年六月甲寅條，頁2。

〔註21〕《蘇魏公文集》，卷38，〈謝同修國史〉、〈謝賜國史院開局銀絹〉、〈謝賜筆墨紙〉，頁1～2、卷39，〈謝修史畢賜銀絹對表金帶〉，頁3。

〔註22〕可參閱張富祥，〈蘇頌對宋代文獻事業的貢獻〉，《歷史文獻研究》（北京新二輯）（北京：燕山出版社，1991年8月），頁157～158。

〔註23〕同註18。

每欲用，輒爲事奪，命也夫！卿直道，久而自明。』頌頓首謝」。〔註24〕而蘇頌在〈立家廟議〉中，也提到其「知滄州，因賜對，神宗嘗從容訪問爲學之要，且云：『聞卿于典禮尤爲精詳，可以往時所論一二事來進。』因奏〈家廟〉、〈承重〉二議。」〔註25〕由此可知當時宋神宗已深知蘇頌頗精熟典章制度，因此在此時特別屬意蘇頌，負責整編宋遼外交檔案資料的工作，其實是其來有自的。

（三）緣於蘇頌弭兵息民的主張與宋神宗相契合

據《宋史》〈蘇頌傳〉，說：「通判趙至忠本邊徼降者，所至與守競，（蘇）頌待之以禮，具盡誠意。至忠感泣曰：『身雖夷人，然見義則服，平生誠服者，唯公（蘇頌）與韓魏公（韓琦）耳。』」〔註26〕可知蘇頌當時對於周邊民族的態度，向來是以誠相待，也進而形成了其對遼的外交主張，即是希望與遼弭兵止戰，以維持雙方的和平關係。而這種主張恰與宋神宗相契合，例如在熙寧十年（遼道宗大康三年，一○七七年），蘇頌使遼返國之後，宋神宗曾經「問其山川、人情向背，對曰：『彼講和日久，頗竊中國典章禮義，以維持其政，上下相安，未有離貳之意。昔漢武帝自謂：『高皇帝遺朕平城之憂，雖久勤征討，而匈奴終不服。』至宣帝，呼韓單于稽首稱藩。唐自中葉以後，河湟陷于吐蕃，憲宗每讀《貞觀政要》，慨然有收復意。至宣宗時，乃以三關、七州歸于有司。由此觀之，外國之叛服不常，不繫中國之盛衰也。』頌意蓋有所諷，神宗然之。」〔註27〕可見宋神宗也贊同蘇頌對於遼國和平相處的主張。

因此後來當蘇頌整編宋遼外交檔案資料時，宋神宗即曾派人向前來宋國進行交聘活動的遼使節說：「近命蘇頌修《信錄》，欲以重兩朝盟好之固。」〔註28〕顯見宋神宗很認同持續與遼國和平外交的作法。而蘇頌在整編《華戎魯衛信錄》時，也特別強調宋神宗這種與遼國相處的態度，據其〈華夷魯衛信錄總序〉，說：

陛下欽若成憲，羈縻要荒，及命儒臣討論故事，將欲垂於方冊，副在有司，其所以慮遠防微，紆意及此者，皆以偃兵息民故也。〔註29〕

〔註24〕《宋史》，卷340，列傳第99，〈蘇頌傳〉，頁10864。
〔註25〕《蘇魏公文集》，卷15，〈立家廟議〉註，頁2。
〔註26〕《宋史》，卷340，列傳第99，〈蘇頌傳〉，頁10860。
〔註27〕書同前，頁10863～10864。
〔註28〕鄒浩，〈蘇公行狀〉，《道鄉集》，卷39，頁14。
〔註29〕同註8，頁1。

〈進華戎魯衛信錄〉，也說：

> 豈若我朝之綏遠，率令異域之歸忠，偃革有年，曠古無並。而聖慮
> 猶虞其越軼，遂詔書思所以持循，乃屬下臣討求故實，料平日嘗行
> 之務，著一朝永久之規。將欲付之有司，使知所守，又以待其來者，
> 無得而踰。〔註30〕

可見蘇頌頗呼應宋神宗弭兵息民的態度，因此在《宋名臣言行錄》中，有言：
「公（蘇頌）在金華，每進讀，至弭兵息民，則必反復條奏，援引古今，使
上（宋神宗）不忘弭兵息民之意。」〔註31〕

筆者認為蘇頌這種和宋神宗相契合的對遼弭兵息民主張，應該也是宋神
宗特別屬意蘇頌負責整編《華戎魯衛信錄》的原因之一。〔註32〕

四、蘇頌整編《華戎魯衛信錄》的態度與該書內容

蘇頌既然被派任負責整編宋遼外交檔案資料的工作，而且當初宋神宗曾問蘇
頌，說：「『卿自度幾歲可畢？』公（蘇頌）曰：『臣願盡力二年。』」〔註33〕其實
要以兩年的時間完成整編，是很不容易的，因此蘇頌在這段期間頗全力以赴地進
行該書的整編工作。據蘇頌〈感事述懷詩〉，說：「有旨，就樞密院第四廳置局，
仍許辟官檢討，指射密院人吏。於是曉夕比次，逐時面奏商議立例類。」〔註34〕

另外，蘇頌在〈進華戎魯衛信錄〉也提到其當時整編的做法，說：

> 臣謬持鉛摘，躬服綸函，采輶軒絕代之言，紀象胥行人之職。撮其
> 綱目，刪彼繁蕪。發例求端，首述講修之始；分門布序，次標書幣
> 之儀。輶車別常泛之名，陛見異燕辭之目。至於勞賓迓摯，厚往薄
> 來，朝廷之匪頒，州郡之迎餞，皇華四牡，山川有險易之塗；關市
> 交通，貨賄有貿遷之利。內則群臣之策慮，外則旁境之文移，諸蕃
> 之土俗風宜，近塞之溝封亭隧，有資援據，悉用條陳，或見聞於異
> 辭，或圖上於方略。推原本末，則大事小事俱收；蒐補闕遺，則中
> 書外書而雜取。〔註35〕

〔註30〕 同註9。
〔註31〕 朱熹，前引書，後集，頁13。
〔註32〕 可參閱張富祥，前引文，頁160～161。
〔註33〕 同註28，頁13。
〔註34〕 同註4。另外，《長編》，卷235，也提到「因令置局於樞密後廳，仍辟官檢閱
　　　　文字」。（宋神宗元豐四年八月丙辰條，頁2）
〔註35〕 同註9，頁4。

可見蘇頌整編《華戎魯衛信錄》的構想很完備，做法也很嚴謹，盡量做到鉅細靡遺、既深且廣的地步。

由於蘇頌對整編工作的認真與投入，因此至宋神宗元豐六年（遼道宗大康九年，一○八三年）終於在兩年內如期完成。據蘇頌〈感事述懷詩〉，說：「不逾期，成書二百五十卷。奏稿日，上（宋神宗）大喜，仍御筆賜名《華戎魯衛信錄》。」〔註 36〕另外，據鄒浩〈蘇公行狀〉，說：「如期書成，凡十有八門，合二百五十卷，為事目總敍，奏之，上（宋神宗）覽之，嘉歎，賜名《華戎魯衛信錄》。」〔註 37〕而《長編》卷 339，提到奏稿的日期，說：「（宋神宗）元豐六年九月丙寅（二十四日），吏部侍郎蘇頌上《華戎魯衛信錄》，二百二十九卷，事目五卷，總二百冊。」〔註 38〕《玉海》〈元豐華戎魯衛信錄〉，也說：「六年九月二十四日丙寅，吏部侍郎蘇頌上，二百二十九卷，事目五卷，總二百冊。」〔註 39〕此四件史料所言的卷數不同，乃是因有些卷的內容太多，分成上、中、下卷的緣故。〔註 40〕關於該書的命名，蘇頌在〈進華戎魯衛信錄〉中，說：「曰『華戎』，所以示南北之情通；曰『魯衛』，所以表親鄰之意厚；『信』者久而不易；『錄』者盡而不污。兼三義以名篇，掩二中之善志。」〔註 41〕可見宋神宗對於該書的賜名，頗寓有深意在其中。

至於該書的大概內容和篇名，據〈華夷魯衛信錄總序〉說：

前詔斷自通好以來，以迄於今，將明作書之由，故以〈敍事〉冠於篇首；厥初講和，始於繼忠書奏，遼主乞盟之請，賜以俞旨，由是行成，故次之以〈書詔〉；既許其通好，乃有載書以著信，故次之以〈誓書〉；昔之和戎，則有金絮絲繪之賂，我朝歲致銀絹以資其費，故次之以〈歲幣〉；恩意既通，又有好貨以將之，故次之以〈國信〉；信好不可單往，必有言詞以文之，故次之以〈國書〉；異國之情，非

〔註 36〕同註 4。

〔註 37〕同註 28。

〔註 38〕《長編》，卷 339，宋神宗元豐六年六月丙寅條，頁 10。

〔註 39〕王應麟，〈元豐華戎魯衛信錄〉，《玉海》（台北：華文書局，民國 53 年 1 月），卷 58，頁 35。

〔註 40〕關於《華戎魯衛信錄》的書名、卷帙、編修意圖、內容等問題，可參閱孫斌來，前引文，頁 38～41。另外，王民信，前引文，頁 32，也有討論《華戎魯衛信錄》卷帙的問題。

〔註 41〕同註 9。

行人莫達，故次之以〈奉使〉；奉使之別，則有接、送、館伴，所經城邑、郵亭、次舍，山川有險易，道途有回遠，若非形於繢事，則方向莫得而辨也，故作〈驛程地圖〉；前後遣使，名氏非一，職秩不同，南北群臣交相禮接，年月次序散而不齊，既為信書，不可無紀，故作〈名銜年表〉；夫如是而使事盡矣，通好肇於戎人，我從而聽之，凡問遺之事，皆列〈北使〉、〈北信〉、〈北書〉於前，朝廷所遣乃〈報禮〉也，故載之於後，所以著其所從來也。凡使者之至，在道則有郵館宣勞之儀，入朝則有見辭宴賜之式，禮意疏數，並有節文，故次之以〈儀式〉；又次之以〈賜予〉，彼待王人亦有常矩，無敢違越，故以〈持禮〉、〈過界〉及〈北界分物〉係於後；使者宜通賓主之歡，而贄見之禮不可闕也，故次之以〈交馳〉；問勞往返，詔宣書箚，體範存焉，故次之以〈詔錄〉，又次之以〈書儀〉；信幣則有齎操之勤，導從則有輿隸之眾，霑費所及，無不均遍，故次之以〈例物〉；使者至都，上恩顧恤，靡所不至，或貿易貨財，或須索供饋，或丐求珍異，許予多矣，故次之以〈市易〉，而〈供須求丐〉附焉；南北將命，往還約束，細大之務，動循前比，故次之以〈條例〉；凡此皆常使也，誕辰、歲節致禮而已，至若事干大體，則有專使導之，故次之以〈泛使〉；疆場之虞，帥守當任其責，則接境司州，得以公牒往復，故次之以〈文移〉；事非司州所能予奪，至待命官及疆吏對議者，代州移徙巡鋪界壕是也，故次之以〈河東地界〉；疆界既辨，則邊圉不可不謹，故次之以〈邊防〉；其別則有州郡壁壘之繕完，砦鋪塘濼之限斷，載於〈輿地〉，所以示守備之嚴也。凡為此書，本於通好遼人，則彼之種族自出不可不知，遼本契丹也，故次之以〈契丹世系〉；遼與中國言語不通，飲食不同，便習弓馬，射獵為生，難以常禮拘也，朝廷所以能固結而柔服之，蓋知其愛好之實也，故次之以〈國俗〉；耶律氏修好中華有年數矣，爵號、官稱往往倣效，故次之以〈官屬〉，而〈宗戚〉、〈俸祿〉，三者相須，並見於後；朔漠之俗，恃險與馬，由古然矣，故次之以〈關口道路〉，又次之以〈蕃軍馬〉；遼之為國，幅員不過三千餘里，而並建都府，兼致州縣，輶車所過，宜詳其處，故次之以〈州縣〉；彼荒服也，并有奚、渤故土，外接大荒之境，其可見者，宜兼著之，所以示天聲之逮遠也，故終於〈蕃夷雜錄〉，而

〈經制〉、〈方界〉、〈論議〉、〈奏疏〉附焉。〔註42〕

筆者認為，在《華戎魯衛信錄》如今已經失傳的情況下，得以見及此書的總序是很難得的。因為不僅可以幫助我們瞭解當時宋朝廷對遼國外交政策的做法和態度，也可使我們知道蘇頌在此書中已經將長期以來的宋遼外交檔案資料，以明確的概念作出有系統的整理，進而使我們體認到蘇頌整編該書的嚴謹與用心，因此蘇象先《丞相魏公譚訓》，說：「如期書成，（宋神宗）親筆賜名《華戎魯衛信錄》。至奏篇上，上（宋神宗）讀《序引》，大稱賞曰：『正類《序卦》之文。』」〔註43〕

五、結論

綜合以上的論述可知，蘇頌當時所整編的宋遼外交檔案資料彙編——《華戎魯衛信錄》，確實是一部全面性收錄而又詳細的宋遼外交文獻巨著。尤其是該書內容分為兩大類，一為宋遼外交關係檔案資料彙編；二為遼國國情資料彙編。這些資料不僅提供了宋朝廷處理遼事的重要參考，也對後來宋遼和平外交持續發展產生正面的影響。因此宋神宗很重視該書的編成，據《丞相魏公譚訓》，說：「書成，使官屬王汝翼同上殿捧書進呈。上（宋神宗）自令一內侍捧之，同入禁中，留書御榻，王汝翼面賜六品服，皆非故事，蓋舊制，書成進呈訖下殿，至閤門方進入，而神宗未嘗輕賜予也。」〔註44〕顯然蘇頌等人在編成該書進呈時，宋神宗在高興之餘，特別給予他們未曾有過的待遇，甚至於下「詔別錄一本與樞密院」，〔註45〕因此不久蘇頌「又言：『昨于樞密院等處閱檢文字，欲依門聯類成冊，關送樞密院，宣旨庫置櫃封鎖。』從之」。〔註46〕也可見該書對於促進宋遼和平外交的發展有其顯著的重要性。

另外，從當時蘇頌受到宋朝廷的獎賞，以及遼使對蘇頌的謝贈，也可使我們體認到蘇頌完成該書的意義與貢獻。因為據蘇頌〈謝支賜〉，說：「以臣近上表，進呈《華戎魯衛信錄》，二百二十九卷，事目五卷，奉聖旨特賜銀絹

〔註42〕同註8，頁1～2。
〔註43〕同註31，頁1123。《宋史》〈蘇頌傳〉也說：「及書成，帝（宋神宗）讀《序引》，喜曰：『正類《序卦》之文。』賜名《魯衛信錄》。」（卷340，列傳第99，〈蘇頌傳〉，頁10865。）
〔註44〕註同前。
〔註45〕同註38。
〔註46〕同註38。

各一百五十兩匹。」〔註47〕又據《長編》卷339，說：「（宋神宗）賜（蘇）頌銀絹三百，檢討官朝奉郎王汝翼升一任，通直郎李士京銀絹六十。……先是，遼使鄭顓來賀五年正旦，顓明辯有才智，頌爲館伴，上（宋神宗）命副使張山甫諭顓，以近令頌修信錄，欲以固兩朝盟好，顓感激稱謝，見頌益恭，私覿禮物皆異常。時上遺使諭旨曰：『聞北使以卿儒學醞籍，贈遺特殊，今以上龍茶、琉璃器賜卿，可予之，以答其意。』顓復遺頌異錦一端，即日進之。後因奏事，語及，上曰：『宮中所無也。』」〔註48〕可見《華戎魯衛信錄》的編成，對於宋遼兩國和平外交的發展具有很大的意義和貢獻，因此不僅宋神宗給予蘇頌豐厚的獎賞，連遼國的使節在聽聞此事之後，也心存崇敬與感激之意，遂特別致送貴重的寶物給蘇頌。

由於《華戎魯衛信錄》的編成，對於宋朝廷處理宋遼外交事務有很大的幫助，因此宋朝廷後來又進行了續編的工作，據《長編》卷509，說：「宋哲宗元符二年（遼道宗壽昌五年，一○九九年）四月辛丑（二十九日），館伴使蔡京等言：『竊實修華戎信錄，自通好以來，事無不載，粲然可觀。而所載止予元豐六年，後來未經編錄，伏望委官續成。』從之。」〔註49〕另外，《玉海》〈元豐華戎魯衛信錄〉，說：「（宋哲宗）紹聖五年（當年六月，改元元符，元符元年，遼道宗壽昌四年，一○九八年），續編《兩朝魯衛信錄》，置局密院。」〔註50〕此二則史料所言的年代雖然有異，但是無論如何均顯示出蘇頌所編的《華戎魯衛信錄》，在當時確實深受肯定，因此宋朝廷認爲有續編的必要，但是後來續編的情形進行得如何？並未見有史書再提及。而且更令人惋惜的是，《華戎魯衛信錄》爲官方檔案資料，雖然當時另有別錄，但是在未擴大編印廣爲流傳的情況下，後來隨著朝代的更迭，以及戰火的破壞，終至佚失不傳於後世。因此至南宋，樓鑰在其《攻媿集》〈書魏丞相奉使事實〉，說：「元豐中，裕陵命蘇魏公纂修南北通和以來國信文字，賜名《華夷魯衛信錄》，仍

〔註47〕蘇頌，〈謝支賜〉，《蘇魏公文集》，卷44，頁4。

〔註48〕同註38，頁11。另外，鄒浩，前引文，頁14；蘇象先，前引書，頁1123～1124，也均有類似的記載。

〔註49〕《長編》，卷509，宋哲宗元符二年四月辛丑條，頁15。

〔註50〕王應麟，〈元豐華戎魯衛信錄〉，《玉海》，卷58，頁35。據《玉海》所言，似乎續編《兩朝魯衛信錄》在紹聖五年（元符元年）已經編成，因此「置局密院」。但是前引文《長編》卻稱元符二年，蔡京有續編《信錄》之請。致使此二則史料有矛盾之處，惜目前欠缺當時續編《信錄》進一步的記載，有待日後查考。

別錄一本付樞庭，聖謨遠矣。中更喪亂，書遂不全。」〔註51〕可見《華戎魯衛信錄》至南宋時已經有所殘缺了。而關於此種情況，王民信在〈蘇頌《華戎魯衛信錄》——遼宋關係史〉，也感嘆地說：「樓鑰字大房（防），生於宋高宗建炎（以紹興爲正確）七年（一一三七），卒於宋寧宗嘉定六年（一二一三），上距蘇頌編纂《華戎魯衛信錄》宋神宗元豐六年（一〇八三），僅百年左右，中歷宋南遷之亂，書遂不全。也難怪以著《郡齋讀書志》聞名的晁公武，《直齋書錄解題》的陳振孫，根本就未曾睹及是書，誠屬憾事。」〔註52〕論述至此，不禁使我們對於此書的失傳，尤其是造成今日研究宋遼外交關係史事上的困難，不得不深以爲憾。

徵引書目

一、史料

1. 王應麟，《玉海》，台北：華文書局，民國 53 年。
2. 宋敏求，《宋大詔令集》，台北：鼎文書局，民國 61 年。
3. 朱熹，《宋名臣言行錄》後集，台北：文海出版社，民國 56 年。
4. 李燾，《續資治通鑑長編》，上海：上海古籍出版社，1986 年。
5. 脫脫，《宋史》，台北：鼎文書局，民國 67 年。
6. 曾肇，《曲阜集》，收錄於《文淵閣四庫全書》，台北：台灣商務印書館，民國 72 年。
7. 葉夢得，《石林燕語》，北京：中華書局，1984 年。
8. 鄒浩，《道鄉集》（下），台北：漢華文化公司，民國 59 年。
9. 樓鑰，《攻媿集》，台北：台灣商務印書館，民國 68 年。
10. 蘇象先，《丞相魏公譚訓》，收錄於《蘇魏公文集》（下），北京：中華書局，1988 年。
11. 蘇頌，《蘇魏公文集》，台北：青友出版社，民國 49 年。

二、近人著作

1. 陶晉生，《宋遼關係史研究》，台北：聯經出版公司，民國 73 年。
2. 《遼史彙編》（八），台北：鼎文書局，民國 62 年。

〔註51〕 樓鑰，〈書魏丞相奉使事實〉，《攻媿集》（四部叢刊初編集部）（台北：台灣商務印書館，民國 68 年 11 月），卷 70，頁 645。
〔註52〕 王民信，前引文，頁 34～35。

三、論文

1. 王民信，〈蘇頌《華戎魯衛信錄》——遼宋關係史〉，《書目季刊》，14 卷 3 期。

2. 張富祥，〈蘇頌對宋代文獻事業的貢獻〉，《歷史文獻研究》，北京：燕山出版社，1991 年 8 月。

3. 孫斌來，〈《華戎魯衛信錄》考略〉，《松遼學刊》，1991 年第 3 期。

4. 趙克，〈蘇頌接伴遼使及首次使遼時間考證〉，《北方論叢》，1992 年第 4 期。

5. 趙永春，〈略論蘇頌使遼〉，《松遼學刊》，1991 年第 3 期。

6. 傅樂煥，〈宋遼聘使表稿〉，中央研究院《歷史語言研究所集刊》第 14 本，收錄於《遼史彙編》（八），台北：鼎文書局，民國 62 年 10 月。

7. 蔣武雄，〈宋滅北漢之前與遼的交聘活動〉，《東吳歷史學報》第 11 期，民國 93 年。

8. 聶崇岐，〈宋遼交聘考〉，《燕京學報》第二七期，收錄於《宋史叢考》（下），台北：華世出版社，民國 75 年 12 月。

——《東吳歷史學報》第 21 期〔民國 98 年 6 月〕，頁 145～168

蘇軾與遼事關係幾個問題的探討[*]

摘　要

　　本文主要是以蘇軾與遼事關係爲例，強調有些未曾出使遼國的宋國大臣們，對於宋遼外交的工作，仍然有很多的貢獻。另外，筆者也想要從對蘇軾與遼事關係的探討，來塡補文史學界在研究蘇軾事蹟上的空隙。

關鍵詞：宋、遼、蘇軾、外交

---

[*] 本文所稱「蘇軾與遼事關係」，乃是從較廣義的「遼事」來看，包括宋人直接或間接對遼相關事宜的接觸。因此本文論述蘇軾與遼事的關係，涉及其對富弼使遼事蹟的接觸和所受的影響、請辭使遼的派任與館伴遼使、其文學盛名傳至遼地情形、撰寫對遼外交文書等問題。

一、前言

宋代自從宋眞宗景德元年（遼聖宗統和二十二年，西元一〇〇四年）與遼簽訂澶淵盟約之後，兩國即停止交戰的局面，並且展開長期的和平外交，經常互相派遣使節進行交聘的活動。〔註1〕而這種情勢的改變，從宋國方面來說，也促使了宋國大臣們增加許多直接或間接接觸遼事的機會，使他們在職責上或言行上常常涉及與遼國有關的事務。從筆者已撰寫的〈歐陽修使遼行程考〉、〔註2〕〈蘇轍使遼始末〉、〔註3〕〈韓琦與宋遼外交的探討〉〔註4〕三篇文章，即可以瞭解此一歷史史實。但是歐陽修、蘇轍與韓琦等人當時是以使節的身份使遼，因此他們理所當然的有機會接觸遼事，並且親自至遼國執行外交的任務。而值得我們注意的是，在宋朝國內尚有許多大臣雖然未曾使遼，但是在當時宋遼兩國長期和平外交的情勢下，仍然使他們一樣地有很多接觸遼事的機會。例如蘇軾與遼事的關係，即可謂是一個很顯著的例子。因此本文擬從較廣義的角度來討論蘇軾與遼事關係的幾個問題，諸如：其因父親蘇洵的關係，而對富弼使遼事蹟有所聽聞與受其影響；至五十一歲，雖然曾經向宋朝廷請辭使遼的派任，但是卻也在同年與隔兩年先後擔任館伴遼使的工作；五十四歲時，其弟蘇轍被派任爲賀遼道宗生辰使，親自至遼地印證其兄蘇軾文學盛名遠播遼國的情形；而且他也曾因擔任翰林學士的職務，爲宋皇帝撰寫了很多件宋對遼的外交文書。筆者即是擬就這幾個問題來討論蘇軾與遼事接觸的情形，以便瞭解當時未曾擔任使節出使遼國的宋國大臣們，在宋遼和平外交的情勢下與遼事的關係又是一個怎樣的情形。筆者認爲從此一方面的史實來加以研究，將可幫助讀者對宋遼關係史能有進一步的認識。

〔註1〕 當時宋遼兩國使節交聘活動頻繁，據傅樂煥，〈宋遼聘使表稿〉說：「宋遼約和自澶淵之盟（1005年）迄燕雲之役（1122年）凡一百十八年，益以開寶迄太平興國之和平（974～979年，凡6年），綜凡一百二十四年，估計全部聘使均一千六百餘人，《長編》、《遼史》所載者約一千一百五十人，以其他文籍補苴者一百四十餘人，待考者尚有三百二、三十人。」收錄於《遼史彙編》（八），（台北：鼎文書局，民國62年10月），頁580，原載於中央研究院《歷史語言研究所集刊》第14本。

〔註2〕 參閱蔣武雄，〈歐陽修使遼行程考〉，《東吳歷史學報》第8期（台北：東吳大學，民國91年3月），頁1～27。

〔註3〕 參閱蔣武雄，〈蘇轍使遼始末〉，《東吳歷史學報》第13期（台北：東吳大學，民國94年6月），頁17～43。

〔註4〕 參閱蔣武雄，〈韓琦與宋遼外交的探討〉，《東吳歷史學報》第19期（台北：東吳大學，民國97年6月），頁47～76。

　　另外，還有一項原因也促使筆者想要撰寫本文，即是有感於長期以來，學者對於蘇軾生平事蹟的研究雖然已經非常廣泛與深入，但是可能因為史書記載蘇軾與遼事關係的史料並不多，也比較零散，因此至目前為止似乎尚未有學者以專文討論蘇軾與遼事的關係。筆者有鑑於此，遂在蒐集和詳閱相關的史料之後，以〈蘇軾與遼事關係幾個問題的探討〉為題，撰寫成本文，以期填補文史學界在研究蘇軾事蹟上的空隙。

二、蘇軾與富弼使遼事蹟的接觸和所受的影響

　　蘇軾早年接觸遼事的過程，應是深受富弼使遼事蹟，以及其父親蘇洵對此事看法的影響。在宋仁宗嘉祐元年（一○五六年），宋臣石揚休（昌言）啓程使遼之際，蘇洵曾作〈送石昌言使北引〉以壯其行，文中追述自己在宋仁宗慶曆二年（一○四二年）聽聞富弼於該年使遼的事蹟，說：「……丈夫生不為將，得為使折衝口舌之間足矣。往年彭任從富公使還，為我言既出境宿驛亭，聞介馬數萬騎馳過，劍槊相摩，終夜有聲，從者怛然失色。及明，視道上馬跡，尚心掉不自禁。凡虜所以誇耀中國者，多此類，中國之人不測也。故或至於震懼而失辭，以為夷狄笑。嗚呼！何其不思之甚也！昔者奉春君使冒頓，壯士、大馬皆匿不見，是以有平城之役。今之匈奴（遼國），吾知其無能為也。孟子曰：『說大人者，藐之。』況於夷狄，請以為贈。」〔註5〕蘇洵當時撰寫該文，是想要鼓舞石揚休使遼之行，因此特別提到自己所聽聞有關富弼使遼的事蹟，並且認為沒有必要對遼這種故意虛張聲勢的行動與策略，產生畏懼的心理。

　　至慶曆八年（一○四八年），當蘇軾十三歲時，與其父蘇洵、弟蘇轍同讀富弼《使北語錄》。據宋人馬永卿《元城語錄解》卷之下記載：「先生（劉元城）曰：『某之北歸，與東坡（蘇軾）同途，兩舟相銜，未嘗三日不相見。嘗記東坡自言少年時，與其父并弟同讀鄭公（富弼）《使北語錄》。至於說大遼國主，云：用兵則士馬物故，國家受其害，爵賞日加，人臣享其利，故凡北朝之臣勸用兵者，乃自為計，非為北朝計也。虜主明知利害所在，故不用兵。三人皆歎其言，以為明白而切中事機。時老蘇謂二子曰：古人有此意否？東坡對曰：嚴安亦有此意，但不如此明白。老蘇笑以為然。』

〔註5〕蘇洵，《嘉祐集》（台北：台灣商務印書館，民國54年），卷14，〈送石昌言使北引〉，頁55；另參閱孔凡禮，《三蘇年譜》（北京：北京古籍出版社，2004年10月），頁196。

先生又云：『前輩讀書，例皆如此，故謂之學問，必見於用乃可貴，不然即腐儒爾。武帝時，嚴安上書諫用兵，其略云：今徇南夷，朝夜郎，深入匈奴，燔其龍城，議者美之。此人臣之利，非天下之長策也。鄭公之言，其源出於此。」〔註6〕另外，周煇《清波雜志》卷1，〈用兵利害〉，對此事也有詳細記載，說：「蘇東坡言：少時與父并弟同讀富韓公《使北語錄》，至於說大遼國主云：『用兵則士馬物故，國家受其害；爵賞有加，人臣享其利。故凡北朝之臣勸用兵者，乃自爲計，非爲北朝計也。』三人皆歎其言明白，切中事機。老蘇謂二子曰：『古人有此意否？』坡對曰：『嚴安亦有此意，但不明白。』老蘇笑以爲然。煇觀三國志顧雍傳：孫權時，沿邊諸將各欲立功自效，多陳便宜，有所掩襲。權以訪雍，雍曰：『兵法戒於小利，此等所陳，欲邀功名而爲其身，非爲國也。』又讀通鑑：唐武德五年，突厥犯邊，鄭元璹詣頡利，說之曰：『唐與突厥，風俗不同，突厥雖得唐地，不能居也。今虜掠所得，皆入國人，於可汗何有？不如旋師，復修和好，可無跋涉之勞，坐受金幣，又皆入可汗府庫，孰與棄昆仲積年之歡，而結子孫無窮之怨乎？』頡利悅，引兵還。開元六年，吐蕃求和，忠王友皇甫惟明求奏事，從容言和親之利，明皇未然。惟明力言邊境有事，則將吏得以因緣盜匿官物，妄述功狀，以取勳爵，此皆姦臣之利，非國家之福。乃許其和。蓋皆祖述嚴安之言也。後東坡載其說於鄭公神道碑之首。」〔註7〕由此二則記載可知，蘇軾在少年時期即因與其父親蘇洵同讀富弼《使北語錄》，而對宋遼外交以及遼國情勢等情形有較多的瞭解，並且與蘇洵一樣都很讚嘆當年富弼使遼時，對遼皇帝進行與宋國交好或交戰利害關係的分析，可謂是一次頗能善加利用遼皇帝嗜利心理的策略。

　　蘇洵對於宋遼情勢的看法，筆者認爲對蘇軾後來在接觸遼事時，應該產生某種程度的影響。茲以前段引文所稱「後東坡載其說於鄭公神道碑之首」爲例加以論述，在宋哲宗元祐二年（一〇八七年），蘇軾五十二歲時，因富弼之子富紹庭奏請朝廷賜富弼以神道碑，此年二月八日，獲宋哲宗「詔賜富弼神道碑，以顯忠尚德爲額，仍命翰林學士蘇軾撰文，從其子紹庭請也。」

〔註6〕　馬永卿，《元城語錄解》（台北：新文豐出版公司，民國74年），卷之下，頁37～38；另外，馬永卿，《嬾眞子》（台北：新文豐出版公司，民國74年），卷之1，頁12，也有相同的記載。

〔註7〕　周煇，《清波雜志》（北京：中華書局，1994年9月），卷1，〈用兵利害〉，頁29～30。

〔註8〕顯然當時宋朝廷和富紹庭均屬意由蘇軾撰寫。而撰寫的過程,據葉夢得《石林燕語》卷5,說:「歐陽文忠公初薦蘇明允(蘇洵),便欲朝廷不次用之。時富公、韓公當國,雖韓公亦以為當然,獨富公持之不可,曰:『姑少待之。』故止得試銜初等官。明允不甚滿意,再除,方得編修因革禮。前輩慎重名器如此。元祐間,富紹庭欲從子瞻(蘇軾)求為富公神道碑,久之不敢發。其後不得已而言,一請而諾,人亦以此多子瞻也。」〔註9〕另外,徐度《卻掃編》卷下,也說:「東坡初欲為富韓公神道碑,久之未有意思。一日晝寢,夢偉丈夫,稱是寇萊公(寇準)來訪,已共語久之。既卽下筆首敘景德澶淵之功,以及慶曆議和,頃刻而就。」〔註10〕

當時蘇軾立即答應富紹庭的請求,撰寫富弼神道碑,其實寓有深意,因為據《朱子語類》卷130,說:「(黃)道夫……又曰:『富公(富弼)在朝,不甚喜坡公(蘇軾),其子弟求此文,恐未必得,而坡公銳然許之。自今觀之,蓋坡公欲得此為一題目,以發明己意耳。其首論富公使虜事,豈苟然哉?」〔註11〕可見蘇軾對於自己早年不太受富弼喜歡,並不介意。而至此時,答應富弼之子富紹庭的請求,撰寫富弼神道碑,乃是想要藉該文重申當年富弼使遼時,對遼皇帝所作的和戰利害關係分析,是一項很好的策略運用。因此蘇軾在〈答陳傳道〉第三簡中,說:「……獨神道碑、墓志數篇耳。碑蓋被旨作,而志文以景仁丈世契不得辭。欲寫呈,又未有暇,聞都下已開板,想即見之也。某頃伴虜使,頗能誦某文字,以知虜中皆有中原文字,故為此碑,謂富公碑也。欲使虜知通好用兵利害之所在也。昔年在南京,亦嘗言此事,故終之。」〔註12〕在此一書簡中,蘇軾自己提到撰寫該文的用意與目的,使我們可以更加瞭解蘇軾的心意,也就是他認為宋國的文學作品,尤其是他自己的作品,既然能遠傳至遼國,則他在富弼神道碑中,重述富弼使遼的往事,也必然可以傳至遼國,如此一來將可使遼國的朝廷再度思考與宋國和戰的利害

〔註 8〕 李燾,《續資治通鑑長編》(以下簡稱《長編》)(上海:上海古籍出版社,1986年2月),卷 395,宋哲宗元祐二年二月辛卯條,頁 12。

〔註 9〕 葉夢得,《石林燕語》(北京:中華書局,1984 年 5 月),卷 5,頁 65~66。另,有關蘇軾所撰,富弼神道碑的全文,可參閱〈富鄭公神道碑〉,《蘇軾全集》(上海:上海古籍出版社,2000 年 5 月),文集卷 18,頁 999~1009。

〔註 10〕 徐度,《卻掃編》(台北:台灣商務印書館,民國 55 年 3 月),卷下,頁 156~157。

〔註 11〕 黎靖德,《朱子語類》(北京:中華書局,1994 年 3 月),卷 130,頁 3114。

〔註 12〕 蘇軾,〈答陳傳道〉五首之三,《蘇軾全集》,文集卷 53,頁 1765。

關係，或許有助於宋遼和平外交的維持。因此黃道夫更進一步指出蘇軾撰富
弼神道碑所寓之意，乃是「欲救當時之弊」。〔註13〕

至元祐三年（一〇八八年），蘇軾五十三歲時，作〈跋送石昌言引〉，仍
然追述富弼使遼的事蹟，說：「右嘉祐元年九月十九日，先君〈送石昌言北使〉
文一首，其字則軾年二十一時所書與昌言本也。今蓄于陳履常氏。昌言名揚
休，善為詩，有名當時，終于知制誥。彭任字有道，亦蜀人，從富彥國（富
弼）使虜還，得靈河縣主簿以死。石守道嘗稱之，曰：『有道長七尺，而膽過
其身。一日坐酒肆，與其徒飲且酣，聞彥國當使不測之虜，憤憤推酒床，拳
皮裂，遂自請行，蓋欲以死捍彥國者也。』其為人大略如此，然亦任俠好殺
云。元祐三年九月初一日題。」〔註14〕從蘇軾在此文中又述及富弼使遼的事
蹟來看，我們可以更加確定蘇軾在接觸遼事的過程中，應該深受富弼對遼交
涉時策略運用的影響。

關於蘇軾早年與遼事的接觸，另有一件瑣事在此附帶一提，即是蘇軾曾
在宋神宗熙寧十年（一〇七七年），其四十二歲時，撰〈書北虜墨〉，說：「雲
庵有墨，銘云：『陽邑鎮造』，云是北虜墨，陸子履（陸經）奉使得之者。」
〔註15〕陸經在何年何月以何種任務使遼，《長編》與《宋史》均未提及，但
是蘇軾此言，顯示其在此年曾得見陸經從遼地攜回的遼墨。

三、蘇軾請辭使遼的派任與館伴遼使

據李燾《續資治通鑑長編》（以下簡稱《長編》）卷385，說：「（宋哲宗）
元祐元年（一〇八六年）八月……己亥（二十四日），……中書舍人蘇軾為皇
帝賀遼國生辰使，……軾辭行。」〔註16〕可知蘇軾在五十一歲之年，曾被派
任為祝賀遼道宗生日的國信使，但是因蘇軾請辭獲准，而終未成行。蘇軾後
來在〈次韻子由使契丹至涿州見寄四首〉其一，也提到此事，說：「老人癡鈍
已逃寒，子復辭行理亦難。」〔註17〕並且自注說：「余昔年辭免使北。」〔註
18〕當時宋朝廷對於大臣請辭使遼的任務，往往均會考慮其出使遼國，遠程跋

〔註13〕同註12。
〔註14〕蘇軾，〈跋送石昌言引〉，《蘇軾全集》，文集卷66，頁2099。
〔註15〕蘇軾，〈書北虜墨〉，《蘇軾全集》，文集卷70，頁2201。
〔註16〕《長編》，卷385，宋哲宗元祐元年八月己亥條，頁9。
〔註17〕蘇軾，〈次韻子由使契丹至涿州見寄四首〉其一，《蘇軾全集》，詩集卷31，頁
382。
〔註18〕註同前。

涉，深入嚴寒之地，尤其需要有健康的身體，因此假如有大臣以身體健康欠佳為請辭的理由多予以批准。〔註 19〕我們從蘇軾在〈與王定國〉第 37 簡中所說：「使事始欲辭免，又若無說，然衰病極畏此。」〔註 20〕即可知蘇軾當時就是以衰病為請辭的理由。

蘇軾雖然在此年八月請辭使遼，但是宋朝廷仍然在十二月派他擔任遼使來聘時的館伴工作。據《長編》卷 393，說：「（宋哲宗）元祐元年……十二月……戊子（四日），遼國遣寧遠軍節度使耶律永昌、大中大夫行中書舍人充史館修撰劉宥（劉霄）來賀興龍節。」〔註 21〕而宋人施宿《東坡先生年譜》，也記載此年「十二月，（蘇軾）館伴遼國賀興節國信使，是月訖事。」〔註 22〕以及傅藻《東坡紀年錄》說：「元祐元年……十二月五日，（蘇軾）與狄詠同館北客，……。」〔註 23〕因此當年蘇軾雖然請辭使遼，但是卻曾經「館伴北使半月」。〔註 24〕

由於遼國所派遣的副使均是由文臣擔任，〔註 25〕因此蘇軾在此次館伴遼使期間，與遼副使劉霄互動頗多，例如在蘇軾〈次韻子由使契丹在涿州見寄四首〉，其中第三首有句，說：「氈毳年來亦甚都，時時騃舌問三蘇。」〔註 26〕並且加注，說：「余與子由入京時，北使已問所在。後余館伴，北使屢誦三蘇文。」〔註 27〕而在〈記虜使誦詩〉，也說：「昔余與北使劉霄會食。霄誦僕詩云：『痛飲從今有幾日，西軒月色夜來新。』公豈不飲者耶？虜亦喜吾詩，可怪也。」〔註 28〕由於遼副使劉霄是位文臣，因此對於三蘇父子的詩文相當熟悉，在與蘇軾酬唱中能誦出三蘇的詩文。另外，何薳《春渚紀聞》卷 6〈馬蹶

〔註 19〕 參閱蔣武雄，〈宋遼對兩國使節病與死的處理〉，《東吳歷史學報》第 9 期（台北：東吳大學，民國 92 年 3 月），頁 81〜96。

〔註 20〕 蘇軾，〈與王定國〉第 37 簡，《蘇軾全集》，文集 52，頁 1732。

〔註 21〕 《長編》卷 393，宋哲宗元祐元年十二月戊子條，頁 1。

〔註 22〕 施宿，《東坡先生年譜》，收錄於《蘇軾資料彙編》（下編）（北京：中華書局，1994 年 4 月），頁 1685。

〔註 23〕 傅藻，《東坡紀年錄》，收錄於《蘇軾資料彙編》（下編），頁 1758。

〔註 24〕 蘇軾，〈與滕達道〉六十八首之六十四，《蘇軾全集》，文集卷 51，頁 1705。

〔註 25〕 參閱蔣武雄，〈遼代文臣參與遼宋外交的探討——以遼代狀元和王師儒為例〉，《東吳歷史學報》第 17 期（台北：東吳大學，民國 96 年 6 月），頁 25〜48。

〔註 26〕 蘇軾，〈次韻子由使契丹至涿州見寄四首〉其三，《蘇軾全集》，詩集卷 31，頁 382。

〔註 27〕 註同前。

〔註 28〕 蘇軾，〈記虜使誦詩〉，《蘇軾全集》，文集卷 68，頁 2152。

答問〉提到：「元祐三年（元年），北國賀正使劉霄等入賀，公（蘇軾）與狄詠館伴錫燕回，始行馬，而公馬小蹶，劉即前訊曰：『馬驚無苦否？』公應之曰：『銜勒在御，雖小失無傷也。』」〔註29〕由此段記載，可知蘇軾在館伴遼使期間，其所騎坐的馬匹曾發生稍微跌跤的意外，並且引起遼副使劉霄的垂問，幸好蘇軾仍緊握轡繩，控制得宜，沒有受傷。當時遼使對於宋朝廷其他有名大臣也很注意，因此蘇軾在〈德威堂銘并敘〉，說：「元祐之初，……公（文彥博）之在朝也，契丹使耶律永昌、劉霄來聘，軾奉詔館客，與使者入覲，望見公殿門外，卻立改容，曰：『此潞公也耶？所謂以德服人者。』問其年，曰：『何壯也。』軾曰：『使者見其容，未聞其語，其綜理庶務，酬酢事物，雖精練少年有不如。貫穿古今，洽聞強記，雖專門名家有不逮。』使者拱手，曰：『天下異人也。』」〔註30〕顯然遼國使節在未出使宋國之前，即已耳聞文彥博的名聲，而且聽了蘇軾對文彥博的稱述之後，更產生敬佩的心理。

另有一瑣事，也與蘇軾此次館伴遼使有關，即是元祐二年（一○八七年）三月十日，蘇軾在致其堂兄蘇子安書簡中，提到「館伴北使，得蕃段子，分獻一疋，不罪微浣。」〔註31〕可知蘇軾在此次館伴遼使期間，曾得到遼使所贈送的禮物，因此在此時得以分送綢緞一疋予其堂兄。

至元祐三年（一○八八年），蘇軾又再度被宋朝廷派任為遼使來聘時的館伴使，當年「七月癸丑（九日），遼主遣使長寧軍節度使蕭孝恭、副使中大夫守太常少卿充乾文閣待制劉慶孫來賀坤成節。」〔註32〕而蘇軾在〈跋盧鴻學士草堂圖〉，說：「此唐盧丞相、段文昌本，今在內侍都知劉君元方家。元祐三年七月，予館伴北使於都亭驛，劉以示予，為賦此篇。迨過遠來省，書令同作。」〔註33〕另外，王宗稷《東坡先生年譜》也說：「元祐……三年……又充館伴北使，按先生〈與陳傳道書〉云：『某頃伴虜使，頗能誦某文，』乃知

〔註29〕何薳，〈馬蹶答問〉，《春渚紀聞》（北京：中華書局，1983年1月），卷6，頁94。

〔註30〕蘇軾，〈德威堂銘并敘〉，《蘇軾全集》，文集卷19，頁1030～1031。另見脫脫，《宋史》（台北：鼎文書局，民國67年9月），卷313，列傳第72，文彥博，頁10263。

〔註31〕蘇軾，《蘇軾佚文彙編》，收錄於《蘇軾文集》第6冊（北京：中華書局，1986年3月），卷4，尺牘，〈與子安〉，頁2522。

〔註32〕《長編》卷42，宋哲宗元祐三年七月癸丑條，頁7。

〔註33〕蘇軾，〈跋盧鴻學士草堂圖〉，《蘇軾全集》，文集卷70，頁2195。

先生高文大冊，傳播夷夏，又豈止及於雞林行賈而已哉。」〔註 34〕據此二則記載，可知蘇軾此次館伴的遼使副應即是蕭學恭、劉慶孫二人。

　　既然遼朝廷均以文臣爲副使，派至宋國進行交聘的活動，因此蘇軾兩次館伴遼使，均曾與他們有文學詩對的互動，以致於產生一些傳聞軼事，例如岳珂《桯史》卷 2〈東坡屬對〉，說：「承平時，國家與遼歡盟，文禁甚寬，輅客者往來，率以談諧詩文相娛樂。元祐間，東坡實膺是選。遼使素聞其名，思以奇困之。其國舊有一對曰：『三光日月星』，凡以數言者，必犯其上一字，於是徧國中無能屬者。首以請於坡，坡唯唯謂其介曰：『我能而君不能，亦非所以全大國之體，『四詩風雅頌』，天生對也，盍先以此復之。』介如言，方共歡愕。坡徐曰：『某亦有一對，曰四德元亨利。』使睢盱，欲起辨，坡曰：『而謂我忘其一耶？謹閟而舌，兩朝兄弟邦，卿爲外臣，此固仁祖之廟諱也。』使出不意，大駭服。既又有所談，輒爲坡逆敓，使自愧弗及，迄白溝，往反齗舌，不敢復言他。」〔註 35〕另外，《東坡佛印問答錄》〈東坡疊字詩〉，也說：「契丹使至，每以能詩自矜，朝廷議以東坡館伴之。使者索賦詩，坡曰：『賦詩易事，觀詩稍難耳。』因出〈長亭〉詩以示之。詩云：『

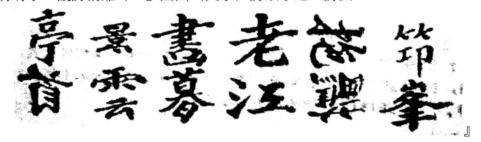

』契丹使終日凝思，不辨今明。解云：『長亭短景無人畫，老大橫拖瘦竹筇。回首斷雲斜日暮，曲江倒蘸側山峯。』」〔註 36〕以上二則記載，均爲蘇軾以詩歌折難遼使的情形。此種舉動，在當時遼強宋弱的情勢下，是宋臣進行宋遼交聘活動時常有的現象，其作用不僅可以降低遼使高傲的氣焰，也可以紓解宋臣心中長期以來因國勢不如遼國的抑悶，進而獲得心理上的平衡。〔註 37〕

〔註 34〕王宗稷，《東坡先生年譜》，收錄於《蘇軾資料彙編》（下編），頁 1729～1730。
〔註 35〕岳珂，〈東坡屬對〉，《桯史》（北京：中華書局，1981 年 12 月），卷第 2，頁 16。
〔註 36〕〈東坡佛印問答錄〉，轉引自蔣祖怡、張滌雲，《全遼詩話》（長沙：岳麓書社，1992 年 5 月），頁 156。
〔註 37〕參閱王水照，〈論北宋使遼詩的兩個問題〉，《山西師大學報》（社會科學版）19 卷 2 期，1992 年 4 月，頁 37～43。

四、蘇軾文學盛名傳至遼地

在宋代，蘇軾的文學盛名頗傳於遼地。至於流傳的情形如何？可就其弟蘇轍使遼的經過來加以印證，也就是蘇轍使遼時，讓他有機會親自到遼地，實際瞭解其蘇家父子三人，尤其是其兄蘇軾文學的造詣與盛名是如何地受到遼人的喜歡與推崇。

蘇轍是在宋哲宗元祐四年（一○八九年）八月，被宋朝廷派任爲祝賀遼道宗的生辰使。當時蘇軾於杭州任官，因此在蘇轍啓程赴遼之前，其兄弟二人只好以書簡或詩歌來表達懷念以及送行之意。例如在九月九日蘇轍有詩〈將使契丹，九日對酒懷子瞻兄并示座中〉，說：「黃華已向初旬見，白酒相攜九日嘗。茱少一枝心自覺，春同斗粟味終長。蘭生庭下香時起，玉在人前坐亦涼。千里使胡須百日，暨將中子治書囊。」〔註 38〕而蘇軾則有詩〈送子由使契丹〉，說：「雲海相望寄此身，那因遠適更沾巾。不辭驛騎凌風雪，要使天驕識鳳麟。沙漠回看清禁月，湖山應夢武林春。單于若問君家世，莫道朝中第一人。」〔註 39〕接著蘇轍作〈次韻子瞻相送使胡〉，說：「朔雪胡沙試此身，青羅便面紫狐巾。擁爐代北隨飛鳧，頓足江東有臥麟。欸酒壺冰將送臘，照溪梅蕚定先春。漢家五餌今方驗，更愧當年歎息人。」〔註 40〕可見其兩人兄弟之情非常深厚。

蘇轍約在十月上旬左右，從宋汴京啓程赴遼，途經宋國境內滑州、相州、莫州、雄州，抵達白溝驛之後，渡過白溝河即進入遼境。在遼境所歷諸城驛，蘇轍常得到遼接伴使和地方長官的招待，並且從酬宴的言語交談中，蘇轍發現了一項很特殊的現象，即是遼人對其兄蘇軾的詩文作品顯得相當喜歡與推崇，令他感到非常欣慰。因此有幾次特別把此一發現和體認反映於詩歌中，例如在〈神水館寄子瞻兄四絕〉，其中第三絕，說：「誰將家集過幽都，逢見胡人問大蘇。莫把文章動蠻貊，恐妨談笑臥江湖。」〔註 41〕幽都即是燕京，今之北京，自五代後晉石敬瑭割予遼人之後，即成爲遼國南京，有許多漢人居住於此地，因此頗傳蘇家的作品。同時遼人也正好藉這次蘇轍的到來，向他請問蘇軾（大蘇）的近況，關於此種情形，王闢之《澠水燕談錄》卷 7，提

〔註38〕蘇轍，〈將使契丹，九日對酒懷子瞻兄并示座中〉，《欒城集》（台北：台灣商務印書館，四部叢刊初編本，民國 54 年 12 月），卷 16，頁 193。
〔註39〕蘇軾，〈送子由使契丹〉，《蘇軾全集》，詩集卷 31，頁 377。
〔註40〕蘇轍，〈次韻子瞻相送使胡〉，《欒城集》，卷 16，頁 193。
〔註41〕蘇轍，〈神水館寄子瞻兄回絕〉其三，《欒城集》，卷 16，頁 195。

到說：「張藝叟（張舜民）奉使大遼，宿幽州館中，有題子瞻〈老人行〉於壁間者。聞范陽書肆亦刻子瞻詩數十篇，謂之《大蘇小集》。子瞻才名重當代，外至夷虜，亦愛服如此。藝叟題其後曰：『誰題佳句到幽都，逢著胡兒問大蘇。』」〔註42〕可見蘇軾的作品當時頗流傳於燕京。後來蘇轍使遼回國，在其所上〈北使還論北邊事情箚子五首〉中〈一論北朝所見於朝廷不便事〉，也說：「臣等初至燕京，副留守邢希古相接送，令引接殿侍元辛傳語臣轍云：『令兄內翰（原注：謂臣兄軾）《眉山集》已到此多時，內翰何不印行文集，亦使流傳至此。』」〔註43〕此一記載更印證了蘇軾的作品深受遼人的喜歡。

當時蘇轍使遼的行程，經過燕京之後，又前行至遼中京，據前引〈一論北朝所見於朝廷不便事〉，稱其「及至中京，度知使鄭顓押宴，為臣轍言先臣洵所為文字中事蹟，頗能盡其委曲」，〔註44〕顯見遼臣對於蘇洵的文章也頗知曉。後來蘇轍至廣平淀祝賀遼道宗的生辰，據蘇轍自傳〈潁濱遺老傳上〉，說：「奉使契丹，虜以其侍讀學士王師儒館伴。師儒稍讀書，能道先君及子瞻所為文，曰：『恨未見公全集。』然亦能誦〈服茯苓賦〉等，虜中類相愛敬者。」〔註45〕以及《宋史》〈蘇轍傳〉，說：「（蘇轍）代蘇軾為翰林學士，尋權吏部尚書使契丹，館客者侍讀學士王師儒能誦（蘇）洵、軾之文及轍〈茯苓賦〉，恨不得見全集。」〔註46〕此二段引文顯示出遼國文人確實對蘇家父子三人的文學作品有相當的了解，不僅是熟習蘇軾的文學作品，對蘇洵、蘇轍的文學作品也不陌生。因此蘇轍在〈一論北朝所見於朝廷不便事〉，說：「及至帳前，館伴王師儒謂臣轍：『聞常服茯苓，欲乞其方。』蓋臣轍嘗作〈服茯苓賦〉，必此賦亦已到北界故也。」〔註47〕以上所論，是蘇轍出使遼國時，在遼地感受到蘇家文學作品頗受遼人喜歡與推崇的情形。而蘇軾本人雖未出使遼國，但是在館伴遼使時，也感受到其蘇家文學作品深得遼人的喜歡，因此其在〈次韻子由使契丹至涿州見寄四首〉第三首，說：「氈毳年來亦甚都，時時款舌問

〔註42〕 王闢之，《澠水燕談錄》（北京：中華書局，1981 年 3 月），卷 7，頁 89～90。
〔註43〕 蘇轍，〈北使還論北邊事箚子五首〉，〈一論北朝所見於朝廷不便事〉，《欒城集》，卷 41，頁 414。
〔註44〕 註同前。
〔註45〕 蘇轍，〈潁濱遺老傳上〉，《欒城集後集》（台北：台灣商務印書館，民國 54 年12 月），卷 12，頁 592。
〔註46〕 脫脫，《宋史》（台北：鼎文書局，民國 67 年 9 月），卷 339，列傳第 98，蘇轍，頁 10828。
〔註47〕 同註 44。

三蘇。那知老病渾無用，欲向君王乞鏡湖。」〔註48〕在「時時鈙舌問三蘇」之下，蘇軾自注稱「余與子由入京時，北使已問所在。後余館伴，北使屢誦三蘇文。」〔註49〕由此可知蘇家三蘇父子的文學盛名不僅頗傳於遼地，其文學作品亦甚受遼人的喜歡，傳誦者很多。

五、蘇軾撰寫對遼外交文書

蘇軾雖然因請辭賀遼皇帝生辰使，而未出使遼國。並且館伴遼使也只有兩次，似乎其接觸對遼的外交工作並不多。但是實際上蘇軾在元祐元年（一〇八六年）九月，因為宋朝廷以「中書舍人蘇軾為翰林學士」，〔註50〕因此直至元祐四年（一〇八九年）七月，其轉任他職之前，常有為宋皇帝撰寫對遼外交文書的機會。

關於宋朝廷以翰林學士撰寫對遼外交文書的情形，乃是緣於宋真宗景德元年（一〇一四年）十一月，宋遼兩國「共議和好事，議未決，（遼聖宗）乃遣左飛龍使韓杞持國主書，與（曹）利用俱還。詔知澶州引進使何承矩郊勞，翰林學士趙安仁接伴之，凡覲見儀式，皆安仁所裁定云。……趙安仁獨能記太祖時國書體式，因命為答書。」〔註51〕另外，釋文瑩《玉壺清話》也提到此事，說：「時趙文定安仁為學士，獨記太祖朝書禮規式，詔撰之。及修講盟好之制，深體輕重，朝論美之。」〔註52〕可知宋朝廷在與遼簽訂澶淵盟約之初，「時議草國書，令樞密、學士院，求兩朝遺草於內省，悉得之。」〔註53〕因此至景德三年（一〇一六年）十一月，真宗特別下詔，明令「其書題有文詞者，皆樞密院送學士院看詳，必中禮乃用之。」〔註54〕也就是規定了對遼的外交文書必須由樞密院擬定和由學士院起草。〔註55〕關於此種情形，《宋會要輯稿》〈職官〉記載，說：「學士院每年正旦及天申聖節回答國書。」〔註56〕據此我們可以更加瞭解翰林學士在對遼外交事務中所擔任的工作。

〔註48〕 同註27。
〔註49〕 同註27。
〔註50〕 《長編》，卷387，宋哲宗元祐元年九月丁卯條，頁10。
〔註51〕 《長編》，卷58，宋真宗景德元年十一月戊寅條，十二月庚辰條，頁13、14。
〔註52〕 釋文瑩，《玉壺清話》（北京：中華書局，1984年7月），卷第4，頁38。
〔註53〕 《長編》，卷59，宋真宗景德二年二月癸卯條，頁11。
〔註54〕 《長編》，卷64，宋真宗景德三年十一月丙午條，頁8。
〔註55〕 參閱吳曉萍，《宋代外交制度研究》（合肥：安徽人民出版社，2006年12月），頁260。
〔註56〕 徐松，《宋會要輯稿》（北京：中華書局，1997年6月），職官6之55，頁10。

　　因此基於上述情形，爲宋皇帝撰寫對遼的外交文書，遂成爲蘇軾的職責所在。至於蘇軾當時所撰寫的對遼外交文書，根據《蘇軾文集》收錄的內容來看，包括有國書、詔、口宣三種：

（一）國書——宋對遼的國書依性質來說，可分爲兩種，一是屬於外交禮儀性質，例如慶賀、問候、弔祭等，二是屬於政治性質，例如協調、折衝、交涉等。〔註57〕而根據《蘇軾文集》卷43收錄的內制國書，蘇軾所撰者均屬於前者，請參閱附表1：〔註58〕

（二）詔——秦代規定皇帝頒布的文書爲制和詔，其中詔是由春秋戰國時期的「令」演變而來，主要是指由皇帝頒布或依照皇帝訓示發布的一般性命令，而宋代詔書也常用於對遼使節的賞賜，〔註59〕因此依據《蘇軾文集》卷40，由蘇軾撰寫有關賞賜遼使節的詔書，列成附表2：〔註60〕

（三）口宣——就中國古代文書的發展史來說，口宣是在宋代新增的，大多撰成駢體文，由四六句組成。〔註61〕而以《蘇軾文集》卷41、42收錄蘇軾所撰對遼使副的口宣來看，均是屬於宣勞錫賜性質，茲列成附表3：〔註62〕

附表1

筆　數	時　間	篇　名
1	元祐元年十月二日	皇帝達太皇太后賀大遼正旦書
2	元祐元年十月	皇帝賀大遼皇帝正旦書
3	元祐二年正月五日	皇帝達太皇太后回大遼皇帝賀正旦書
4	元祐二年正月五日	皇帝回大遼皇帝賀正旦書
5	元祐二年七月	皇帝達太皇太后回大遼皇帝賀坤成節書
6	元祐二年七月	皇帝回大遼問候書

〔註57〕參閱吳曉萍，前引書，頁240。
〔註58〕《蘇軾全集》，內制國書，文集卷43，頁1543～1546。
〔註59〕參閱吳曉萍，前引書，頁247～248。
〔註60〕《蘇軾全集》，內制詔敕，文集卷40，頁1423～1439。
〔註61〕裴燕生，《歷代文書》（北京：中國人民大學出版社，2003年6月），頁47～48。
〔註62〕《蘇軾全集》，內制口宣，文集卷41～42，頁1465～1517。

7	元祐二年	皇帝達太皇太后賀大遼皇帝生辰書
8	元祐二年	皇帝賀大遼皇帝生辰書
9	元祐二年	皇帝達太皇太后賀大遼皇帝正旦書
10	元祐二年	皇帝賀大遼皇帝正旦書
11	元祐二年十月	皇帝回大遼皇帝賀興龍節書
12	元祐二年十月	皇帝達太皇太后回大遼皇帝問候書
13	元祐三年	皇帝回大遼皇帝賀正旦書
14	元祐三年	皇帝達太皇太后回大遼皇帝賀正旦書
15	元祐三年	皇帝回大遼皇帝賀興龍節書
16	元祐三年	皇帝達太皇太后回大遼皇帝問候書
17	元祐四年七月	皇帝達太皇太后回大遼皇帝賀坤成節書
18	元祐四年七月	皇帝回大遼皇帝問候書

附表 2

筆　數	時　間	篇　名
1	元祐元年十月六日	趙州賜大遼賀興龍節大使茶藥詔
2	元祐元年十月六日	趙州賜大遼賀興龍節副使茶藥詔
3	元祐元年十月十九日	趙州賜大遼賀正旦大使茶藥詔
4	元祐元年十月十九日	趙州賜大遼賀正旦副使茶藥詔
5	元祐元年十月十九日	趙州賜大遼國賀太皇太后正旦大使茶藥詔
6	元祐元年十月十九日	趙州賜大遼國賀太皇太后正旦副使茶藥詔
7	元祐二年九月二十七日	趙州賜大遼皇帝賀興龍節大使茶藥詔
8	元祐二年九月二十七日	趙州賜大遼皇帝賀興龍節副使茶藥詔
9	元祐二年十月十七日	趙州賜大遼賀太皇太后正旦大使茶藥詔
10	元祐二年十月十七日	趙州賜大遼賀太皇太后正旦副使茶藥詔
11	元祐二年十月十七日	趙州賜大遼賀皇帝正旦大使茶藥詔
12	元祐二年十月十七日	趙州賜大遼賀皇帝正旦副使茶藥詔

附表3

筆　數	時　間	篇　名
1	元祐元年十月六日	雄州撫問大遼國賀興龍節使副口宣
2	元祐元年十月六日	趙州賜大遼賀興龍節人使茶藥口宣
3	元祐元年十月十八日	相州賜大遼國賀興龍節使副御筵口宣
4	元祐元年十月二十八日	趙州賜大遼國賀太皇太后正旦使副茶藥口宣
5	元祐元年十月二十八日	趙州賜大遼國賀皇帝正旦使副茶藥口宣
6	元祐元年十一月二日	雄州白溝驛賜大遼賀正旦人使御筵口宣
7	元祐元年十一月二十一日	班荊館賜大遼國賀興龍節人使赴闕口宣
8	元祐元年十二月初一日	班荊館賜大遼國賀興龍節人使到闕酒果口宣
9	元祐元年十二月六日	雄州賜大遼賀正旦人使回程御筵口宣
10	元祐元年十二月九日	送伴正旦使副沿路與賀北朝生日并正旦使副相見傳宣撫問口宣
11	元祐元年十二月十一日	賜大遼正旦人使正月一日入賀畢就驛御筵口宣
12	元祐元年十二月十六日	就驛賜大遼賀正旦人使銀鉾鑼唾盂盂子錦被褥等口宣
13	元祐元年十二月十九日	班荊館賜大遼賀正旦人使卻回御筵口宣
14	元祐元年十二月二十二日	相州賜大遼賀正旦人使卻回御筵口宣
15	元祐元年十二月二十四日	就驛賜大遼賀興龍節人使回程酒果口宣
16	元祐元年十二月二十五日	賜大遼賀正旦人使朝辭訖就驛御筵口宣
17	元祐元年十二月二十八日	班荊館賜大遼賀正旦人使回程酒果口宣
18	元祐二年四月十七日	白溝驛賜大遼賀坤成節人使御筵兼傳宣撫問口宣
19	元祐二年六月二日	班荊館賜大遼國賀坤成節人使到闕御筵口宣
20	元祐二年六月二十八日	就驛賜大遼賀坤成節使副銀鉾鑼錦被褥等口宣
21	元祐二年七月八日	玉津園賜大遼賀坤成節人使射弓例物口宣
22	元祐二年七月八日	賜大遼賀坤成節人使生餼口宣
23	元祐二年七月八日	相州賜大遼賀坤成節人使卻回御筵口宣
24	元祐二年七月十日	瀛州賜大遼賀坤成節人使回程御筵口宣
25	元祐二年七月十一日	賜大遼賀坤成節人使內中酒果口宣
26	元祐二年七月十二日	雄州撫問大遼使副賀坤成節口宣

27	元祐二年七月十六日	班荊館賜大遼賀坤成節人使回程酒果口宣
28	元祐二年九月七日	賜大遼賀正旦人使白溝驛御筵并撫問口宣
29	元祐二年九月十二日	白溝驛傳宣撫問大遼賀興龍節人使及賜御筵口宣
30	元祐二年十月一日	趙州賜大遼賀興龍節使副茶藥口宣
31	元祐二年十月十七日	接伴大遼賀興龍節人使送伴回程與大遼賀正旦人使相逢撫問口宣
32	元祐二年十月十七日	趙州賜大遼賀太皇太后正旦使副茶藥口宣
33	元祐二年十月十七日	趙州賜大遼賀皇帝正旦使副茶藥口宣
34	元祐二年十月十七日	雄州撫問大遼賀興龍節使副口宣
35	元祐二年十月十八日	雄州撫問大遼賀正旦使副口宣
36	元祐二年十一月四日	班荊館賜大遼正旦人使到闕御筵口宣
37	元祐二年十一月九日	班荊館賜大遼賀興龍節人使酒果口宣
38	元祐二年十一月十一日	班荊館賜大遼賀興龍節人使御筵口宣
39	元祐二年十一月十六日	相州賜大遼賀正旦人使御筵口宣
40	元祐二年十二月二日	賜大遼賀興龍節前一日內中酒果口宣
41	元祐二年十二月二日	賜大遼賀興龍節十日內中酒果口宣
42	元祐二年十二月二日	賜大遼賀興龍節朝辭訖歸驛御筵口宣
43	元祐二年十二月二日	賜大遼賀興龍節人使瀛州回程御筵口宣
44	元祐二年十二月四日	相州賜大遼賀興龍節使副御筵口宣
45	元祐二年十二月四日	相州賜大遼賀興龍節使副卻回御筵口宣
46	元祐二年十二月六日	賜大遼賀興龍節人使射弓例物口宣
47	元祐二年十二月六日	班荊館賜大遼賀興龍節人使回程御筵口宣
48	元祐二年十二月八日	賜大遼賀興龍節人使朝辭歸驛酒果口宣
49	元祐二年十二月十日	賜大遼賀興龍節人使班荊館卻回酒果口宣
50	元祐二年十二月十日	班荊館賜大遼賀正旦人使到闕酒果口宣
51	元祐二年十二月十一日	就驛賜大遼賀興龍節人使宴口宣
52	元祐二年十二月十一日	就驛賜大遼賀興龍節人使宴花酒果口宣
53	元祐二年十二月十一日	賜大遼賀正旦使副銀鈒鑼等口宣
54	元祐二年十二月十四日	相州賜大遼賀正旦人使卻回御筵口宣
55	元祐二年十二月十四日	賜大遼賀正旦人使卻回雄州御筵口宣
56	元祐二年十二月十八日	賜大遼賀興龍節使副銀鈒鑼等口宣
57	元祐二年十二月二十四日	賜大遼賀正旦人使生餼口宣

58	元祐二年十二月二十五日	送伴正旦使副沿路與賀北朝生辰并正旦使副相逢傳宣撫問口宣
59	元祐二年十二月二十六日	賜大遼賀正旦入賀畢使副就驛酒果口宣
60	元祐二年十二月二十六日	賜大遼賀正旦入賀畢使副就驛御筵口宣
61	元祐二年十二月二十七日	賜大遼賀正旦使副前一日內中酒果口宣
62	元祐二年十二月二十七日	賜大遼賀正旦卻回班荊館御筵口宣
63	元祐二年十二月二十七日	賜大遼賀正旦朝辭訖歸驛御筵口宣
64	元祐二年十二月二十八日	賜大遼賀正旦朝辭訖歸驛御筵酒果口宣
65	元祐二年十二月二十八日	賜大遼賀興龍節人使雄州回程御筵口宣
66	元祐二年十二月二十九日	賜大遼賀正旦使副春幡勝口宣
67	元祐二年十二月二十九日	賜大遼賀正旦使副射弓例物口宣
68	元祐三年正月五日	瀛州賜大遼賀正旦人使回程御筵口宣
69	元祐三年四月二十二日	白溝驛賜大遼賀坤成節人使御筵兼傳宣撫問口宣
70	元祐三年五月十日	賜大遼賀坤成節人使生餼口宣
71	元祐三年七月八日	賜大遼人使賀坤成節入見訖歸驛御筵口宣
72	元祐三年七月八日	賜大遼人使賀坤成節入見訖歸驛酒果口宣
73	元祐三年七月八日	班荊館賜大遼賀坤成節人使回程御筵口宣
74	元祐三年七月九日	玉津園賜大遼賀坤成節人使射弓例物口宣
75	元祐三年七月十三日	相州賜大遼賀坤成節人使卻回御筵口宣
76	元祐三年七月十三日	瀛州賜大遼賀坤成節人使回程御筵口宣
77	元祐三年七月十三日	班荊館賜大遼賀坤成節人使回程酒果口宣
78	元祐三年七月十六日	就驛賜大遼國賀坤成節人使宴口宣二首
79	元祐三年十 月六日	相州賜大遼賀興龍節使副御筵口宣
80	元祐三年十二月一日	賜大遼賀興龍節人使生餼口宣
81	元祐三年十二月五日	班荊館賜大遼賀興龍節人使到闕御筵口宣
82	元祐三年十二月五日	賜大遼賀興龍節人使朝辭訖就驛酒果口宣
83	元祐三年十二月五日	賜大遼賀興龍節人使朝辭訖歸驛御筵口宣
84	元祐三年十二月五日	七日賜大遼賀興龍節人使內中酒果口宣
85	元祐三年十二月五日	玉津園賜大遼賀興龍節人使射弓御筵口宣
86	元祐三年十二月六日	相州賜大遼賀正旦人使御筵口宣
87	元祐三年十二月六日	班荊館賜大遼賀興龍節人使回程御筵口宣
88	元祐三年十二月七日	十日賜大遼賀興龍節人使內中酒果口宣

89	元祐三年十二月七日	班荊館賜大遼賀興龍節人使卻回酒果口宣
90	元祐三年十二月七日	瀛州賜大遼賀興龍節人使回程御筵口宣
91	元祐三年十二月九日	相州賜大遼賀興龍節人使回程御筵口宣
92	元祐三年十二月十日	趙州賜大遼賀正旦使副茶藥口宣
93	元祐三年十二月十日	趙州賜大遼賀太皇太后正旦使副茶藥口宣
94	元祐三年十二月二十二日	就驛賜大遼賀興龍節使副鍾鑼等口宣
95	元祐三年閏十二月三日	玉津園賜大遼賀正旦人使射弓例物口宣
96	元祐三年閏十二月十八日	賜大遼賀正旦人使銀鍾鑼唾盂子錦被等口宣
97	元祐三年閏十二月二十五日	雄州撫問大遼賀正旦人使口宣
98	元祐三年閏十二月二十五日	賜大遼賀正旦人使正月一日就驛御筵口宣
99	元祐三年閏十二月二十五日	賜大遼賀正旦人使內中酒果口宣
100	元祐三年閏十二月二十五日	班荊館賜大遼賀正旦使回程御筵口宣
101	元祐三年閏十二月二十五日	雄州賜大遼賀正旦人使回程御筵兼傳宣撫問口宣
102	元祐三年閏十二月二十九日	瀛州賜大遼賀正旦人使回程御筵口宣
103	元祐四年正月一日	班荊館賜大遼賀正旦人使卻回酒果口宣
104	元祐四年正月一日	正月六日朝辭訖就驛賜大遼賀正旦人使御筵口宣
105	元祐四年六月二十三日	就驛賜大遼賀坤成節人使銀鍾鑼等口宣
106	元祐四年七月四日	班荊館賜大遼賀坤成節國信使副到闕酒果口宣
107	元祐四年七月七日	賜大遼坤成節使副生餼口宣
108	元祐四年七月七日	雄州白溝驛賜大遼賀坤成節人使卻回御筵兼傳宣撫問口宣
109	元祐四年七月八日	玉津園賜大遼賀坤成節人使射弓例物口宣
110	元祐四年七月九日	相州賜大遼賀坤成節人使卻回御筵口宣
111	元祐四年七月十日	賜大遼國賀坤成節使副時花酒果口宣
112	元祐四年七月十二日	賜大遼賀坤成節人使朝辭訖歸驛御筵口宣
113	元祐四年七月十二日	班荊館賜大遼賀坤成節人使回程御筵口宣
114	元祐四年七月十二日	賜大遼賀坤成節使副內中酒果口宣
115	元祐四年七月十二日	賜大遼賀坤成節人使朝辭訖歸驛酒果口宣
116	元祐四年七月十四日	瀛州賜大遼賀坤成節人使回程御筵口宣
117	元祐四年七月十七日	班荊館賜大遼賀坤成節人使回程酒果口宣

六、結論

綜合以上對蘇軾與遼事關係幾個問題的討論,筆者有下列幾點體認:

一、擔任使節出使遼國的宋臣們,固然能親自至遼地觀察遼國的情勢,
而對宋遼相關事宜有相當的瞭解。但是我們在探討蘇軾受富弼《使
北語錄》和使遼事蹟的影響之後,可以發現未曾出使遼國的宋臣們,
也有些人透過詳細閱讀宋使節回國後所撰的使遼語錄(行程錄),以
及對遼事的關切與注意,因此對於宋遼兩國的局勢也有深度的瞭
解,並且在宋遼外交、國防、貿易等方面也能提出具有遠見的建議。

二、蘇軾館伴遼使時,與遼副使在文學詩對的互動,以其文學思路無礙
的才華,折服了遼使節的傲氣,這可謂是當時宋遼文學外交典型的
例子。[註63]也就是說宋對遼的外交文學較勁,至少可以使宋臣因
國勢不如遼,在心理上所產生的抑悶,獲得紓解與平衡。

三、蘇軾的文學作品既然深受遼人的喜歡與推崇,因此也使蘇軾的名望
在遼人社會中具有影響力,茲舉一例論之,據徐夢莘《三朝北盟會
編》卷221,說:「洪皓,⋯⋯行狀,⋯⋯范蜀公孫祖平,虜不以為
官,傭奴之。先君使以東坡所為蜀公銘白,曰:『我官人也。』虜曰:
『東坡書之不疑矣。』則釋之。先君資以歸。」[註64]可見以蘇軾
的名望行之於遼人社會中,有時也能在某種狀況下產生作用。

四、蘇軾雖然未曾出使遼國,但是其在宋遼外交上的貢獻卻是不容置疑
的。除了曾兩度館伴遼使之外,也因其擔任翰林學士的職責,因此
運用其優秀的文學造詣,為宋皇帝撰寫了很多件對遼的外交文書,
使宋遼的交聘活動更為融洽和熱絡。筆者認為蘇軾此種表現對於宋
遼外交的貢獻與所產生的影響,應不在曾經使遼的宋臣們之下。

最後筆者擬再度指出的是,筆者撰寫本文的目的,除了想要填補文史學
界在研究蘇軾事蹟上的空隙之外,另一目的即是想要強調宋遼兩國能維持一
百多年的和平,就宋國方面來說,實在是因宋朝皇帝與大臣們的努力維護所
致,而其中未曾出使遼國的宋臣們,在本國所做的種種對遼外交工作,以及

[註63] 參閱蔣武雄,〈宋遼外交中的詩歌交往〉,《中國中古史研究》第1期(台北:
蘭台出版社,2002年9月),頁229～245。

[註64] 徐夢莘,《三朝北盟會編》(台北:文海出版社,民國66年12月),卷221,
頁819。

所發揮的作用，是值得我們予以肯定的。因此我們在研究宋遼外交的問題上，不能把注意力只集中在曾經使遼的宋臣身上，對於未曾使遼的宋臣們，在宋遼外交中所做的努力與貢獻，也應該加以重視才對。

徵引書目

一、史料

1. 王宗稷，《東坡先生年譜》，收錄於《蘇軾資料彙編》（下編），北京：中華書局，1994 年。

2. 王闢之，《澠水燕談錄》，北京：中華書局，1981 年。

3. 何薳，《春渚紀聞》，北京：中華書局，1983 年。

4. 李燾，《續資治通鑑長編》，上海：上海古籍出版社，1986 年。

5. 岳珂，《桯史》，北京：中華書局，1981 年。

6. 周煇，《清波雜志》，北京：中華書局，1994 年。

7. 施宿，《東坡先生年譜》，收錄於《蘇軾資料彙編》（下編），北京：中華書局，1994 年。

8. 徐度，《卻掃編》，台北：台灣商務印書館，民國 55 年。

9. 徐松，《宋會要輯稿》，北京：中華書局，1997 年。

10. 徐夢莘，《三朝北盟會編》，台北：文海出版社，民國 66 年。

11. 馬永卿，《元城語錄解》，台北：新文豐出版公司，民國 74 年。

12. 馬永卿，《嬾眞子》，台北：新文豐出版公司，民國 74 年。

13. 脫脫，《宋史》，台北：鼎文書局，民國 67 年。

14. 葉夢得，《石林燕語》，北京：中華書局，1984 年。

15. 傅藻，《東坡紀年錄》，收錄於《蘇軾資料彙編》（下編），北京：中華書局，1994 年。

16. 黎靖德，《朱子語類》，北京：中華書局，1994 年。

17. 蔣祖怡、張滌雲，《全遼詩話》，長沙：岳麓書社，1992 年。

18. 釋文瑩，《玉壺清話》，北京：中華書局，1984 年。

19. 蘇洵，《嘉祐集》，台北：台灣商務印書館，民國 54 年。

20. 蘇軾，《蘇軾全集》，上海：上海古籍出版社，2000 年。

21. 蘇軾，《蘇軾佚文彙編》，收錄於《蘇軾文集》第六冊，北京：中華書局，1986 年。

22. 蘇轍，《欒城集》，台北：台灣商務印書館，民國 54 年。

23. 蘇轍，《欒城集後集》，台北：台灣商務印書館，民國 54 年。

二、近人著作

1. 孔凡禮，《三蘇年譜》，北京：北京古籍出版社，2004 年。

2. 吳曉萍，《宋代外交制度研究》，合肥：安徽人民出版社，2006 年。

3. 裴燕生，《歷代文書》，北京：中國人民大學出版社，2003 年。

三、論文

1. 王水照，〈論北宋使遼詩的兩個問題〉，《山西師大學報》，社會科學版，19 卷 2 期，1992 年 4 月。

2. 傅樂煥，〈宋遼聘使表稿〉，《歷史語言研究所集刊》第 14 本，收錄於《遼史彙編》（八），台北：鼎文書局，民國 62 年。

3. 蔣武雄，〈歐陽修使遼行程考〉，《東吳歷史學報》第 8 期，台北：東吳大學，民國 91 年。

4. 蔣武雄，〈宋遼外交中的詩歌交往〉，《中國中古史研究》第 1 期，台北：蘭台出版社，2002 年 9 月。

5. 蔣武雄，〈宋遼對兩國使節病與死的處理〉，《東吳歷史學報》第 9 期，台北：東吳大學，民國 92 年。

6. 蔣武雄，〈蘇轍使遼始末〉，《東吳歷史學報》第 13 期，台北：東吳大學，民國 94 年。

7. 蔣武雄，〈遼代文臣參與遼宋外交的探討——以遼代狀元和王師儒為例〉，《東吳歷史學報》第 17 期，台北：東吳大學，民國 96 年。

8. 蔣武雄，〈韓琦與宋遼外交的探討〉，《東吳歷史學報》第 19 期，台北：東吳大學，民國 97 年。

——《中國歷史學會史學集刊》第 40 期〔民國 97 年 9 月〕，頁 57～84

蘇轍使遼始末

摘　要

　　宋對遼的交聘活動，常以文臣爲正使，武臣爲副使，因此身爲文臣的蘇轍得以被派任爲使節，前往遼國祝賀遼道宗的生日。並且因其父蘇洵、兄蘇軾，以及其本人的文學盛名傳於遼地，因此使此次交聘活動頗有文學外交的意味。本文即是論述其使遼的經過情形。

關鍵詞：宋、遼、蘇轍、外交、使節

一、前言

　　宋遼兩國自從在宋眞宗景德元年（遼聖宗統和二十二年，西元一○○四年）訂立澶淵盟約之後，雙方即經常派遣外交使節進行交聘的活動。〔註1〕當時使節的派任往往經過愼重的挑選，不僅考慮身體健康的狀況，〔註2〕也特別重視其聲望與地位，尤其是宋國在軍事上不如遼國，因此很想在外交的文學交往上與遼國較勁，以取得心理上的平衡。〔註3〕基於以上的情形，宋朝廷所選派的使遼大臣，就常以文臣擔任正使，武臣爲副使，並且成爲慣例。〔註4〕今筆者擬舉宋代名臣蘇轍（字子由）爲例，以〈蘇轍使遼始末〉爲題，詳細論述其使遼的經過。因爲蘇洵、蘇軾、蘇轍父子三人的文學盛名，深爲遼人所敬仰，因此蘇轍的使遼，令遼人相當興奮，形成在宋遼外交活動中一次頗爲生動的互動現象。另外，據筆者所知，雖然有許多學者的著作文章論述蘇轍的生平事跡，但是至目前爲止仍未有專文論述其使遼的經過，〔註5〕因此也促成

〔註1〕宋遼兩國使節交聘活動頻繁的情形，據傅樂煥〈宋遼聘使表稿〉，說：「宋遼約和自澶淵之盟（1005年）迄燕雲之役（1122年）凡一百十八年，益以開寶迄太平興國間之和平（974～979，凡六年），綜凡一百二十四年。估計全部聘使均一千六百餘人，《長編》、《遼史》所載者約一千一百五十人，以其他文籍補苴者一百四十餘人，待考者尚有三百二、三十人。」收錄於《遼史彙編》（八）（台北：鼎文書局，民國62年10月），頁580，原載於中央研究院《歷史語言研究所集刊》第14本。

〔註2〕由於宋國使節出使遼國，遠程跋涉，深入嚴寒之地，爲一艱鉅的任務，因此宋朝廷往往批准大臣以疾病的理由請辭擔任使節的任務。可參閱蔣武雄，〈宋遼對兩國使節病與死的處理〉，《東吳歷史學報》第9期（台北：東吳大學，民國92年3月），頁81～96。

〔註3〕可參閱蔣武雄，〈宋遼外交中的詩歌交往〉，《中國中古史研究》第1期（台北：蘭台出版社，2002年9月），頁229～245。王水照，〈論北宋使遼詩的兩個問題〉，《山西師大學報》（社會科學版）19卷2期，1992年4月，頁37～43。

〔註4〕關於宋朝廷選派使遼大臣，以文臣擔任正使，武臣爲副使的情形，據聶崇岐〈宋遼交聘考〉，說：「國信使副，例爲一文一武。……宋初遣使，文武先後，並無定例。……洎澶淵盟後，制乃畫一，大使皆用文，副使皆用武，惟報哀使率以武人應選，百餘年間，相因不改。」收錄於《宋史叢考》（下）（台北：華世出版社，民國75年），頁289，原載於《燕京學報》第27期。另外陶晉生〈從宋詩看宋遼關係〉，也說：「宋人有意炫耀其文明，以影響契丹人，往往妙選著名文人爲大使。」收錄於《宋遼關係史研究》（台北：聯經出版公司，民國73年），頁181。

〔註5〕例如有曾棗莊《蘇轍年譜》（西安：陝西人民出版社，1986年1月）、曾棗莊《蘇轍評傳》（台北：五南圖書出版公司，民國84年6月）、孔凡禮《蘇轍年譜》（北京：學苑出版社，2001年6月），但是述及蘇轍使遼經過的部份均著墨不多。

筆者撰寫本文的動機。

二、使遼任務的派定與即將遠行的心情

（一）宋哲宗元祐四年（遼道宗大安五年，一〇八九年）八月癸丑（十六日），蘇轍受命為賀遼（契丹）國生辰國信使

此年，蘇轍五十一歲。宋遼兩國自從在宋眞宗景德元年簽訂澶淵盟約之後，雙方即經常派遣使節進行交聘的活動。以宋國的使節任務來說，其中有一項即是擔任賀生辰國信使，前往遼國祝賀遼皇帝或遼太后的生日，簡稱為生辰使。〔註6〕而在蘇轍未被派任為生辰使之前，其兄蘇軾曾在宋哲宗元祐元年（遼道宗大安二年，一〇八六年）八月，被宋朝廷派任「為皇帝賀遼國生辰使，……軾辭行」。〔註7〕及至本年宋哲宗元祐四年八月癸丑（十六日）宋朝廷以「刑部侍郎趙君錫、翰林學士蘇轍為賀遼國生辰使，閤門通事舍人高遵固、朱伯材副之」。〔註8〕當時蘇轍可能認為其兄已請辭過一次，他未便再請辭，就只好接受出使遼國的任務。因此《宋史》〈蘇轍傳〉，說：「（蘇轍）代（蘇）軾為翰林學士，尋權吏部尚書。使契丹，……。」〔註9〕關於此一情形，蘇軾本人在〈次韻子由使契丹至涿州見寄四首〉其一，也特別提到說：「老人癡鈍已逃寒，子復辭行理亦難。」〔註10〕並且自注，說：「余昔年辭免使北。」〔註11〕可見蘇軾曾經在宋哲宗元祐元年，以五十一歲年老遲鈍的理由請辭擔任賀遼國生辰使，因此當蘇轍被派任為同樣的賀遼國生辰使時，使他實在不便再請辭。

（二）九月，蘇轍因赴遼在即，頻以詩歌描述其即將遠行的情懷

從八月中旬，蘇轍被派任為賀遼國生辰使之後，即開始準備使遼的種種事宜，一直至十月中旬啓程為止。蘇轍在此段期間與其兄蘇軾或其他友人作

〔註6〕 可參閱聶崇岐，前引文，頁286～287；黃鳳岐，〈遼宋交聘及其有關制度〉，《社會科學輯刊》1985年第2期，頁96～97。

〔註7〕 李燾，《續資治通鑑長編》（以下簡稱《長編》）（上海：上海古籍出版社，1986年2月），卷385，宋哲宗元祐元年八月己亥條，頁9。

〔註8〕 《長編》，卷431，宋哲宗元祐四年八月癸丑條，頁12。

〔註9〕 脫脫，《宋史》（台北：鼎文書局，民國67年9月），卷339，列傳第98，蘇轍，頁10828。

〔註10〕 蘇軾，〈次韻子由使契丹至涿州見寄四首〉其一，《蘇軾全集》（上海：上海古籍出版社，2000年5月），詩集卷31，頁382。

〔註11〕 註同前。

詩酬唱時，常常表露出其即將遠行出使遼國的情懷，例如在九月九日作詩〈將使契丹，九日對酒懷子瞻兄并示坐中〉，說：「黃華已向初旬見，白酒相携九日嘗。茱少一枝心自覺，春同斗粟味終長。蘭生庭下香時起，玉在人前坐亦涼。千里使胡須百日，暨將中子治書囊。」〔註 12〕因為當時蘇軾正在杭州任官，兄弟二人相隔兩地，使蘇轍於九月九日重陽節當天倍加思念其兄，尤其是他即將遠行，思念之情更為濃厚。因此不僅詩題稱「將使契丹」，而在詩中也提到「千里使胡須百日」，可見其在此時此刻思念其兄與即將遠行的情懷都油然而生。另外，作於同年九月的〈題王詵都尉設色山卷後〉一詩，說：「還君橫巷空長嘆，問我何年便退休？欲借岩阿著茅屋，還當溪口泊漁舟。經心蜀道雲生足，上馬胡天雪滿裘。萬里還朝徑歸去，江湖浩蕩一輕鷗。」〔註 13〕此詩提到「上馬胡天雪滿裘」、「萬里還朝徑歸去」，也都顯示出其將有使遼之行。

三、使遼在本國境內的行程

（一）十月十二日之後，啟程赴遼

蘇轍最遲在何月何日從汴京啟程赴遼，以目前相關的史料來看，均未見有確切日期的記載。例如在其《欒城集後集》〈王子立秀才文集引〉中，只提到「元祐四年秋，予奉詔使契丹。」〔註 14〕另外其自撰〈潁濱遺老傳上〉也只提到「時子瞻自翰林學士出知餘杭，朝廷即命轍代為學士，尋又兼權吏部尚書。未幾，奉使契丹。」〔註 15〕《長編》卷 438，說：「宋哲宗元祐五年（遼道宗大安六年，一○九○年）二月戊申（十三日），翰林學士蘇轍言：『……臣尋被命出使契丹，道過河北，……及今年正月，還自北邊，……。』」〔註 16〕可見相關史料都沒有明確提及其啟程赴遼的日期。但是據《長編》卷 434，說：「宋哲宗元祐四年十月戊戌（二日），翰林學士蘇轍進呈《神宗御製集》，……戊申（十二日），翰林學士蘇轍奏《神宗皇帝御製集》，凡著錄九百三十五篇，為九十卷，目錄五卷，內四十卷，……。」

〔註 12〕蘇轍，〈將使契丹，九日對酒懷子瞻兄并示坐中〉，《欒城集》（台北：台灣商務印書館，四部叢刊初編本，民國 54 年 12 月），卷 16，頁 193。

〔註 13〕蘇轍，〈題王詵都尉設色山卷後〉，註同前。

〔註 14〕蘇轍，〈王子立秀才文集引〉，《欒城集後集》，卷 21，頁 644。

〔註 15〕蘇轍，〈潁濱遺老傳上〉，《欒城集後集》，卷 12，頁 592。

〔註 16〕《長編》，卷 438，宋哲宗元祐五年二月戊申條，頁 8～9。

〔註17〕《玉海》卷28，說：「元祐……四年……十月戊戌（二日），翰學蘇轍進呈《神宗御製集》，……戊申（十二日），轍奏《神宗御製集》，凡著錄九百三十五篇，為九十卷，目錄五卷，內四十卷，……。」〔註18〕以及《宋史》〈哲宗本紀〉，說：「元祐四年……十月……戊申（十二日），翰林學士蘇轍上《神宗御集》，藏寶文閣。」〔註19〕從以上諸所引可知蘇轍應是在完成進奏《神宗御製集》這件重要事情之後，才放心地啓程赴遼，因此其出發的日期應是在十月十二日之後。

蘇軾在蘇轍啓程赴遼之前，曾作詩〈送子由使契丹〉，說：「雲海相望寄此身，那因遠適更沾巾。不辭驛騎凌風雪，要使天驕識鳳麟。沙漠回看清禁月，湖山應夢武林春。單于若問君家世，莫道朝中第一人。」〔註20〕「武林」為杭州舊名，因此顯然當蘇轍啓程使遼時，蘇軾本人正在杭州。而蘇轍則作〈次韻子瞻相送使胡〉，說：「朔雪胡沙試此身，青羅便面紫狐巾。擁鑪代北隨飛鳥，頓足江東有臥麟。欸酒壺冰將送臘，照溪梅萼定先春。漢家五餌今方驗，更愧當年歎息人。」〔註21〕另外，有一事必須提及者，即是蘇轍北上使遼時，其子蘇遲曾隨行在側，因為據蘇軾〈次韻子由使契丹至涿州見寄四首〉其四，說：「始憶庚寅降屈原，旋看臘鳳戲僧虔。隨翁萬里心如鐵，此子何勞為買田。」〔註22〕並且自注，說：「時猶子遲侍行。」〔註23〕當時宋朝廷允許宋臣使遼時，可以有家人隨行，以便隨時照顧。〔註24〕

（二）至滑州

滑州在汴京北方二百一十里，臨黃河岸，是蘇轍北上赴遼途中，首先經過的大城，並且曾在此與好友魯元翰相聚，因此蘇轍在《欒城集後集》〈魯元翰中大挽詞二首〉其二，說：「十年初見范公園，知與錢瑭結弟昆。樂易向人無不可，踈慵憐我正忘言。南遷卻返逢北渡，遠聘相過適近藩。無復放懷譁

〔註17〕《長編》，卷434，宋哲宗元祐四年十月戊戌條、戊申條，頁1、7。
〔註18〕王應麟，《玉海》（台北：華文書局，民國53年1月），卷28，頁15。
〔註19〕《宋史》，卷17，本紀第17，哲宗1，頁329。
〔註20〕蘇軾，〈送子由使契丹〉，《蘇軾全集》，詩集卷31，頁377。
〔註21〕蘇轍，〈次韻子瞻相送使胡〉，《欒城集》，卷16，頁193。
〔註22〕蘇軾，〈次韻子由使契丹至涿州見寄四首〉其四，《蘇軾全集》，詩集卷31，頁383。
〔註23〕註同前。
〔註24〕可參閱蔣武雄，〈宋遼對兩國使節病與死的處理〉，《東吳歷史學報》第9期，頁81～96。

笑語，挽詩空寄淚潺湲。」〔註25〕其自注，說：「子瞻兄始與元翰皆倅杭州，及自彭城還止都門，寓居范景仁東園。元翰時來相過，予始識之。其後南還，元翰出守洺州。及奉使契丹，元翰復守滑臺。皆接從容者久之。」〔註26〕「滑臺」即滑州，屬汴京西北路，原隸屬開封府，治白馬縣，因此又稱近藩。

當時蘇轍北上的路線，在本國境內這一段，與舊時不一樣，據王文楚〈宋東京至遼南京驛路考〉，說「雄州地處河北中部的北面，大名府位于河北中部的南面，與河北中部的重要都市澶、恩、冀、深、瀛、莫州相聯，南通開封府，北達析津府，構成了一條縱貫河北中部的宋遼驛路，成為宋都開封府和遼南京析津府之間最近捷的一條通道。但是這條驛路遭受黃河決溢改徙的嚴重危害，宋朝為使驛路暢通，不斷予以修理。……新驛路從開封府北經滑州，渡黃河浮橋，至通利軍，再北沿太行山東麓，經相州、磁州、邢州，至趙州，東北抵瀛州，以達雄州，這樣向西繞一個大圈子，避開了黃河北流的嚴重影響，通行安全。」〔註27〕因此當時蘇轍經過滑州之後，即走浮橋渡過黃河，此一浮橋是在宋神宗熙寧十年（遼道宗大康三年，一○七七年）所繫，因為據《長編》卷284，說：「熙寧十年八月戊子（十一日），樞密院委張茂則、劉瑜選便道口岸繫橋，以河水壞澶州橋故也。茂則等言：『北使驛路可以出澶州之西黎陽，由白馬縣北，可相度繫橋。』從之。」〔註28〕可見當時蘇轍北上赴遼，即是經過滑州，走此一浮橋，再過通利軍，而至相州。

（三）至相州

蘇轍在何月何日至相州，未可知，但是根據其《欒城集》〈祭忠獻韓公文〉提及，在他使遼的去回途中，都曾經過相州，該文說：「轍與君錫偕使于遼，馳車往來，實出其郊。顧瞻西山，與公俱高，使事有期，當復于朝。」〔註29〕按，此標題稱「忠獻韓公」，即係指韓琦，而其墓在相州，因此可知蘇轍使遼的行程，往還確實都曾經過相州。

〔註25〕蘇轍，〈魯元翰中大挽詞二首〉其二，《欒城集後集》，卷1，頁507。
〔註26〕註同前。
〔註27〕王文楚，〈宋東京至遼南京驛路考〉，收錄於《古代交通地理叢考》（北京：中華書局，1996年7月），頁247～251。
〔註28〕《長編》，卷284，宋神宗熙寧十年八月戊子條，頁6。
〔註29〕蘇轍，〈祭忠獻韓公文〉，《欒城集》，卷26，頁267。

（四）至莫州

蘇轍再前行經過磁州、邢州、趙州、瀛州而至莫州，此地距離汴京已有一千二百里，蘇轍在此地會晤了老友莫州通判劉涇，曾作詩〈次莫州通判劉涇韻二首〉，其一說：「北國亦知岐有夷，何嘗烽火報驚危。擁爐絕漠聞嘉語，緩帶臨邊出好詩。約我一樽迎嗣歲，待君三館已多時。從今無事唯須飲，文字聲名人自知。」其二說：「平世功名路甚夷，不勞談說更騎危。早年拭目看成賦，近日收心聞琢詩。古錦屢開新得句，弊貂方競苦寒時。南還欲向春風飲，塞柳凋枯恐未知。」〔註30〕劉涇所作詩，今已佚，但是從蘇轍的詩文內容來看，還是可以知道兩人的友情深厚，因此在見面宴飲交談之後，仍相約在其使遼回程途中能再相見宴飲一番。

（五）至雄州

雄州為宋遼兩國交界地，宋國使節使遼都由此進出。蘇轍至雄州，曾作〈贈知雄州王崇拯二首〉，其一說：「趙北燕南古戰場，何年千里作方塘。煙波坐覺胡塵遠，皮幣遙知國計長。勝處舊聞荷覆水，此行猶及蟹經霜。使君約我南來飲，人日河橋柳正黃。」原詩有注：「生辰使例，以人日還至雄州。」其二說：「城裏都無一寸閑，城頭野水四汙漫。與君但對湖光飲，久病偏須酒令寬。何氏溝塍布棋局，李君智略走珠槃。應存父老猶能說，有意功名未必難。」〔註31〕據《長編》卷373，說：「宋哲宗元祐元年三月己卯（二十二日），……東上閤門使、權高陽關路兵馬鈐轄兼知恩州王崇拯知雄州。」〔註32〕以及《長編》卷423，說：「元祐四年三月壬申朔（一日），……東上閤門使、嘉州刺史、知雄州王崇拯為威州團練使，俟任滿日令再任。」〔註33〕因此可知當蘇轍至雄州時，確實曾與王崇拯見面，兩人也相約在蘇轍使遼南返，經過雄州時，再來宴飲。

據呂陶《淨德集》〈奉使契丹回上殿箚子〉，說：「……河朔州郡密接北疆，過雄州三十里，便是境界。」〔註34〕因此蘇轍至雄州後，即準備進入遼國境內。但是仍須等待遼國接伴使來迎，因為據包拯《包孝肅公奏議》〈請絕三番

〔註30〕蘇轍，〈次莫州通判劉涇韻二首〉，《欒城集》，卷16，頁193、194。

〔註31〕蘇轍，〈贈知雄州王崇拯二首〉，書同前，頁194。

〔註32〕《長編》，卷373，宋哲宗元祐元年三月己卯條，頁1。

〔註33〕《長編》，卷423，宋哲宗元祐四年三月壬申條，頁1。

〔註34〕呂陶，《淨德集》，卷5，〈奉使契丹回上殿箚子〉，頁15，《文淵閣四庫全書》（台北：台灣商務印書館，民國72年10月），集部3，別集類2。

取索〉，說：「常年兩次國信使，自有久來體制，過界月日，亦須候接伴使副到雄州，方有過界之期。」〔註35〕可知當時蘇轍至雄州後，曾經逗留等待遼國接伴使的到來。

（六）抵白溝驛，渡白溝河入遼境

白溝驛屬雄州管轄，爲宋臣使遼在宋國境內的最後一驛。蘇轍當時的行程，應是「自（雄州）縣治起，北行，出西城易易（？）門，北行二里，過侯留村，又八里，過王黑營橋，西北行五里，過道口村，又五里，過大鋪，出本境，又十里，過白溝鎮（即白溝驛）。」〔註36〕接著即走白溝橋過白溝河，據陳襄《神宗皇帝即位使遼語錄》，說：「臣襄等……於（宋英宗治平四年，一〇六七年）五月十日到雄州白溝驛。十一日……，臣等即時過白溝橋北，與接伴使副立馬相對。」〔註37〕可知當時蘇轍應也是如此地進入遼國境內。

四、入遼境後的行程

（一）渡桑乾河

蘇轍入遼境後，經涿州，渡桑乾河（又稱渾河、盧溝河、永定河）繼續北行。據蘇轍後來在回程途中，作〈渡桑乾〉詩，說：「北渡桑乾冰欲結，心畏窮廬三尺雪。南渡桑乾風始和，水開易冰應生波。……。」〔註38〕可知當時蘇轍使遼去回均曾渡桑乾河而前行。另據王曾〈上契丹事〉，說：「自雄州白溝驛渡河，四十里至新城縣，古督亢之地。又七十里至涿州。北度涿州范水、劉李河，六十里至良鄉縣。度盧孤河（桑乾河），六十里至幽州，爲號燕京。」〔註39〕顯然當時宋臣使遼的路線是渡過桑乾河至燕京，因此蘇轍應也是循此路線前行。

〔註35〕 包拯，《包孝肅公奏議》（台北：新興書局，民國49年3月），卷5，〈請絕三番取索〉，頁87。

〔註36〕 劉崇本，《雄縣鄉土志》，清光緒31年鉛印本（台北：成文出版社，民國57年8月），道路第13，頁140。

〔註37〕 陳襄，《神宗皇帝即位使遼語錄》，收錄於《遼史彙編》（六）（台北：鼎文書局，民國62年10月），頁65。

〔註38〕 蘇轍，〈渡桑乾〉，《欒城集》，卷16，頁196。另據穆彰阿，《大清一統志》（《嘉慶重修一統志》）（台北：中國文獻出版社，民國58年），〈順天府二〉〈永定河〉條說：「永定河即桑乾河，……，古名濕水，又名清泉河，亦名盧溝河，俗名渾河」，頁12。

〔註39〕 徐松，《宋會要輯稿》（八）（北京：中華書局，1997年6月），王曾，〈上契丹事〉，卷5257，蕃夷2，契丹，頁44。

蘇轍在進入遼境後，因爲時空的不同，更加體認此次使遼之行確實是任重道遠，因此也更特別深自期許，在其〈贈右番趙侍郎〉詩，說：「霜須顧我十年兄，朔漠陪公萬里行。駢馬貂裘寒自煖，連牀龜息夜無聲。同心便可忘苟禮，異類猶應服至誠。行役雖勞思慮少，會看黎棗及春生。」〔註40〕可見蘇轍對於自己出使遼國，頗以達成宋國外交任務爲重，而不以此次行程艱辛和繁瑣禮節爲苦。

（二）抵燕京

燕京城中，漢人頗多，因此在蘇轍使遼詩文中，提到於燕京城中所見所聞的內容很多。例如在〈趙君偶以微恙乘馳車而行戲贈二絕句〉其二，說：「高屋寬箱虎豹梱，相逢燕市不相親。忽聞中有京華語，驚喜開簾笑殺人。」〔註41〕即是描述其經過燕京時的情景。另外，在〈神水館寄子瞻兄四絕〉其三，說：「誰將家集過幽都，逢見胡人問大蘇。」〔註42〕而在其使遼回國後，所上〈北使還論北邊事箚子五首〉中〈一論北朝所見於朝廷不便事〉提到：「臣等初至燕京，副留守邢希古相接送，令引接殿侍元辛傳語臣轍云：『令兄內翰（原注：謂臣兄軾）《眉山集》已到此多時，內翰何不印行文集，亦使流傳至此。』」〔註43〕至於〈二論北朝政事大略〉則說：「臣等過界後，見其臣僚年高曉事，如接伴耶律恭、燕京三司使王經、副留守邢希古、中京度支使鄭顓之流，皆言及和好，咨嗟歎息，以爲自古所未有。」〔註44〕以上諸所引，均有助於我們知道蘇轍在燕京所接觸的人事大概情形。

（三）進入燕山地區，首經西山

蘇轍離燕京後，擬經由古北口出長城，因此進入燕山地區，首先經過西山，在其使遼詩中有幾首述及經西山途中的見聞，例如〈燕山〉詩，說：「燕山如長蛇，千里限夷漢。首銜西山麓，尾掛東海岸。中開哆箕畢，末路牽一線。卻顧沙漠平，南來獨飛鴈。居民異風氣，自古習耕戰。……。」〔註45〕

〔註40〕蘇轍，〈贈右番趙侍郎〉，《欒城集》，卷16，頁194。
〔註41〕蘇轍，〈趙君偶以微恙乘馳車而行戲贈二絕句〉其二，《欒城集》，卷 16，頁195。
〔註42〕蘇轍，〈神水館寄子瞻兄四絕〉其三，《欒城集》，卷16，頁195。
〔註43〕蘇轍，〈北使還論北邊事箚子五首〉，〈一論北朝所見於朝廷不便事〉，《欒城集》，卷41，頁414。
〔註44〕蘇轍，〈北使還論北邊事箚子五首〉，〈二論北朝政事大略〉，書同前，頁415。
〔註45〕蘇轍，〈燕山〉，《欒城集》，卷16，頁194。

〈會仙館二絕句〉其一，說：「北嶂南屏恰四周，西山微缺放溪流。胡人置酒留連客，頗識峯巒是勝游。」其二，說：「嶺上西行雙石人，臨溪照水久逡巡。低頭似愧南來使，居處雖高已失身。」〔註46〕此三首詩均描述了其經過西山時所見的景色，而且也提到曾在此接受遼國接伴使的招待。

（四）赴古北口道中，仍行走於燕山地區，謁楊業廟

蘇轍等人既然行走於燕山地區，其路途也開始逐漸艱辛、難行，例如王曾〈上契丹事〉，說：「出（燕京）北門，過古長城、延芳淀，四十里，王孫侯館後改爲望京館，稍移故處。……五十里至順州。東北過白嶼河，北望銀冶山，又有黃羅螺盤、牛闌山，數十里至檀州。自北（此）漸入山，五十里至金溝館。將至館，川原平廣，謂之金溝淀，國主嘗於此過冬。自此入山，詰曲登陟，無復里堠，但以馬行記日，而約其里數。過朝鯉魚河，亦名七渡河，九十里至古北口，兩旁峻崖中有路，僅容車軌。」〔註47〕從王曾此段敘述，可知蘇轍一行人當時行走於燕山地區，必然也備極辛苦。因此蘇轍在使遼詩〈古北口道中呈同事二首〉其一，說：「獨臥繩牀已七年，往來殊復少縈纏。心游幽闕鳥飛處，身在中原山盡邊。梁市朝回塵滿馬，蜀江春近水序天。枉將眼界疑心界，不見中宵氣浩然。」其二，說：「笑語相從正四人，不須嗟歎久群離。及春煮茗過邊郡，賜火煎茶約細君。日暖山蹊多未雪，寒生胡月夜無雲。明朝對飲思鄉嶺，夷漢封疆自此分。」〔註48〕又有〈絕句二首〉，說：「亂山環合疑無路，小徑縈回長傍溪。髣髴夢中尋蜀道，興州東谷鳳州西。」「日色映山才到地，雪花鋪草不曾消。晴寒不及陰寒重，攬篋猶存未著貂。」〔註49〕均述及了此段行程路險、天寒的情形。另外，〈燕山〉一詩，說：「燕山如長蛇，千里限夷漢。首銜西山麓，尾掛東海岸。中開哆箕畢，末路牽一線。卻顧沙漠平，南來獨飛鴈。居民異風氣，自古習耕戰。上論召公奭，禮樂比姬旦。次稱望諸君，術略亞狐管。子丹號無策，亦數游俠冠。割棄何人斯，腥臊久不澣。衰哉漢唐餘，左衽今已半。玉帛非足云，子女罹蹯踐。區區用戎索，久爾縻郡縣。從來帝王師，要在侮亡亂。攻堅甚攻玉，乘瑕易冰泮。中原但常治，敵勢要自變。

〔註46〕蘇轍，〈會仙館二絕句〉，《欒城集》，卷16，頁195。
〔註47〕同註39，頁45。
〔註48〕蘇轍，〈古北口道中呈同事二首〉，《欒城集》，卷16，頁194。
〔註49〕蘇轍，〈絕句二首〉，註同前。

會當挽天河，洗此生齒蠆。」〔註 50〕則敘述其行走於燕山地區所見與所思。至於在〈過楊無敵廟〉詩中，說：「行祠寂寞寄關門，野草猶知避血痕。一敗可憐非戰罪，太剛嗟獨畏人言。馳驅本爲中原用，嘗享能令異域尊。我欲比君周子隱，誄彤聊足慰忠魂。」〔註 51〕按，楊無敵即是宋將楊業，因其驍勇善戰，號稱「無敵」，但是在宋太宗雍熙三年（遼聖宗統和四年，九八六年）征遼之役中，以孤軍無援，傷重被俘，三日不食而死，遼人在古北口城北門外建其祠，即楊無敵廟，而蘇轍作此詩正是表達其對楊業爲宋國捐軀的崇敬心意。

另外，值得一提者，即是蘇轍在使遼途中，常以詩贈予同行的兵部侍郎趙君錫或副使。因此除了有前引〈古北口道中呈同事二首〉其一、其二分別贈呈趙侍郎和副使之外，在之前也有〈贈右番趙侍郎〉一詩，說：「霜須顧我十年兄，朔漠陪公萬里行。駬馬貂裘寒自煖，連牀龜息夜無聲。同心便可忘苛禮，異類猶應服至誠。行役雖勞思慮少，會看黎棗及春生。」〔註 52〕後又作〈趙君偶以微恙乘馳車而行戲贈二絕句〉，說：「鄰國知公未可風，雙馳借與兩輪紅。他年出塞三千騎，臥畫輜車也要公。」「高屋寬箱虎豹梱，相逢燕市不相親。忽聞中有京華語，驚喜開簾笑殺人。」〔註 53〕此數首詩不僅反映出蘇轍與趙君錫的友情，也顯現出蘇轍樂觀天性的一面。

（五）過會仙館，出燕山

蘇轍行經會仙館時，曾作〈會仙館二絕句〉，說：「北嶂南屏恰四周，西山微缺放溪流。胡人置酒留連客，頗識峯巒是勝游。」「嶺上西行雙石人，臨溪照水久逡巡。低頭似愧南來使，居處雖高已失身。」〔註 54〕此處提到雙石人，在蘇頌《蘇魏公文集》〈和題會仙石〉中也提到「雙石」二字，該詩說：「雙石層稜倚翠巔，相傳嘗此會群仙。繫風捕影誰能問，空見遺踪尙歸然。」〔註 55〕據此可知會仙館即在會仙石附近。過會仙館之後不久，蘇轍一行人即出燕山，來到奚人所居的村莊。其也特別作〈出山〉一詩，說：「燕疆不過古

〔註 50〕蘇轍，〈燕山〉，同註 47。
〔註 51〕蘇轍，〈過楊無敵廟〉，同註 47。
〔註 52〕同註 40。
〔註 53〕蘇轍，〈趙君偶以微恙乘馳車而行戲贈二絕句〉，《欒城集》，卷 16，頁 195。
〔註 54〕蘇轍，〈會仙館二絕句〉，註同前。
〔註 55〕蘇頌，〈和題會仙石〉，《蘇魏公文集》（台北：青友出版社，民國 49 年 4 月），卷 13，前使遼詩，頁 2。

北關，連山漸少多平田。奚人自作草屋住，契丹駢車依水泉。橐駞羊馬散川谷，草枯水盡時一遷。漢人何年被流徙，衣服漸變存語言。力耕分穫世爲客，賦役希少聊偷安。漢奚單弱契丹橫，目視漢使心淒然。石瑭竊位不傳子，遺患燕薊逾百年。仰傾呼天問何罪？自恨遠祖從祿山。」〔註56〕並注「此皆燕人語也。」〔註57〕此詩敘述該地區契丹人、奚人、漢人的生活情形以及歷史的恩怨，顯然蘇轍對此種情形有詳細的觀察，因此又有〈奚君〉詩，說：「奚君五畝宅，封戶一成田。故壘開都邑，遺民雜漢編。不知臣僕賤，漫喜殺生權。燕俗嗟猶在，婚姻未許連。」〔註58〕此詩進一步描述了奚人在契丹人統治之下處於卑賤地位的情形。而在此詩的詩題之下有注，說：「宅在中京南。」〔註59〕可見蘇轍等人在出燕山之後，已逐漸接近遼中京了。

（六）至惠州

蘇轍出燕山後，前行至惠州，其作〈惠州〉詩，說：「孤城千室閉重闉，蒼莽平川絕四鄰。漢使塵來空極目，沙場雪重欲無春。羞歸應有李都尉，念舊可憐徐舍人。會逐單于渭橋下，歡呼齊拜屬車塵。」〔註60〕並且自注，說：「傳聞南朝逃叛者多在其間。」〔註61〕因此在〈惠州〉詩後半段特別提到李都尉（西漢李陵）、徐舍人（三國徐庶）二人。

（七）宿神水館

蘇轍作有〈神水館寄子瞻兄四絕〉，其下自注，說：「十一月二十六日，是日大風。」〔註62〕而其詩文一絕爲「少年病肺不禁寒，命出中朝敢避難。莫倚皂貂欺朔雪，更催靈火煮鉛丹。」其下注「馬上作李若芝守一法，似有功。」〔註63〕可見蘇轍當時乃是以有病之身勉強出使遼國，因此在「馬上作李若芝守一法」，進行調養身體，而且自認爲似乎有效。至於李若芝爲何人，據蘇軾所撰〈李若之（芝）布氣〉，〔註64〕可知李若芝爲都下道士，能以氣與

〔註56〕蘇轍，〈出山〉，《欒城集》，卷16，頁195。
〔註57〕註同前。
〔註58〕蘇轍，〈奚君〉，同註56。
〔註59〕註同前。
〔註60〕蘇轍，〈惠州〉，《欒城集》，卷16，頁195。
〔註61〕註同前。
〔註62〕蘇轍，〈神水館寄子瞻兄四絕〉，《欒城集》，卷16，頁195。
〔註63〕註同前。
〔註64〕蘇軾，〈李若之布氣〉，《蘇軾全集》，文集卷73，頁2268。

人，因此蘇轍以此法來調養身體。另外三絕則說：「夜雨從來相對眠，茲行萬里隔胡天。試依北斗看南斗，始覺吳山在目前。」「誰將家集過幽都，逢見胡人問大蘇。莫把文章動蠻貊，恐妨談笑臥江湖。」「虜廷一意向中原，言語綢繆禮亦虔。顧我何功慚陸賈，橐裝聊復助歸田。」〔註65〕其中提到大蘇（即蘇軾）的文章在遼地頗享盛名。而此種情形蘇轍在〈潁濱遺老傳上〉，也說：「奉使契丹，虜以其侍讀學士王師儒館伴。師儒稍讀書，能道先君及子瞻所爲文，曰：『恨未見公全集。』然亦能誦〈服伏苓賦〉等，虜中類相愛敬者。」〔註66〕另外，王闢之《澠水燕談錄》則說：「張藝叟（張舜民）奉使大遼，宿幽州館中，有題蘇子瞻〈老人行〉于壁間者。聞范陽書肆亦刻子瞻詩數十篇，謂之《大蘇小集》。藝叟題其後曰：『誰傳佳句到幽都，逢著胡兒問大蘇。』」〔註67〕可見蘇軾文章確實廣傳於遼地。

當時蘇軾曾作〈次韻子由使契丹至涿州見寄四首〉相應，說：「老人癡鈍已逃寒，子復辭行理亦難。要到盧龍看古塞，投文易水弔燕丹。」「胡羊代馬得安眠，窮髮之南共一天。又見子卿持漢節，遙知遺老泣山前。」「氈毳年來亦甚都，時時鴂舌問三蘇。那知老病渾無用，欲向君王乞鏡湖。」「始憶庚寅降屈原，旋看臘鳳戲僧虔。隨翁萬里心如鐵，此子何勞爲買田。」〔註68〕在前引「時時鴂舌問三蘇」之後，有蘇軾自注「余與子由入京時，北使已問所在，後余館伴，北使屢誦三蘇文。」〔註69〕

論述至此，尚有一事須討論者，即是當時蘇轍作〈神水館寄子瞻兄四絕〉，而蘇軾作〈次韻子由使契丹至涿州見寄四首〉，一言「神水館」，另一言「涿州」，爲何其二人所述的地點不相同呢？據孔凡禮《蘇轍年譜》，說：「轍詩云神水館，軾詩云涿州，或以轍詩成之時，適有至涿州，因託此人攜詩至涿州，由涿州送至宋境，其始寄之地，遂爲涿州。轍詩其三、其四，敘及燕京，涿州密邇燕京，軾或以涿州概括燕京，遂云涿州。以上云云，不過推臆之語，眞實情況究竟如何，尚不可得而詳。」〔註70〕關於此一問題，筆者還想到，

〔註65〕同註60。
〔註66〕同註15。
〔註67〕王闢之，《澠水燕談錄》，卷8，歌詠，頁8，《文淵閣四庫全書》，子部12，小說家類3。
〔註68〕蘇軾，〈次韻子由使契丹至涿州見寄四首〉，《蘇軾全集》，詩集卷31，頁382～383。
〔註69〕註同前，頁382。
〔註70〕孔凡禮，《蘇轍年譜》，頁418～419。

是否因為蘇軾不清楚蘇轍實際的行程為何，以及神水館又在何處，因此就以自己比較熟悉的涿州地名來代替。

（八）經過中京，與遼名士交往

據孔凡禮所撰《蘇轍年譜》述及此年蘇轍使遼的行程，說：「至中京之南，訪奚人所居。……至惠州。十一月二十六日，在神水館，作詩寄（蘇）軾。經木葉山，至中京，賀遼主生辰。……（惠州）在中京東北。轍自燕京至中京，可不經惠州。經惠州後，必折回。……以今之《中國歷史地圖集》視之，其地（指神水館）在惠州之南略向東。轍至惠州後折回，然後西北至中京。……《集》十六〈虜帳〉敘中京。」〔註71〕孔先生此段謂「〈虜帳〉敘中京」可能有誤，筆者認為問題出在蘇轍的二十八首使遼詩中，竟然未有一首詩提到其在中京的所見所聞，以致於容易使後人誤以為其所到「虜帳」，即是中京。其實以蘇轍使遼詩的排列順序來看（只列其標題）：「……〈奚君〉（宅在中京南）……〈惠州〉（聞南朝逃叛者多在其間）……〈神水館寄子瞻兄四絕〉（十一月二十六日，是日大風）……〈木葉山〉……〈虜帳〉……〈十日南歸馬上口占呈同事〉……。」〔註72〕則蘇轍當時使遼的行程，應是在十一月二十六日經過神水館之後，再前行經過中京、木葉山至虜帳，祝賀遼道宗的生辰，而此一虜帳並不是指中京。關於此一行程，筆者擬舉早先也是至木葉山的宋國使遼大臣宋綬為例，據《宋會要輯稿》說：「（宋仁宗天禧）四年，知制誥宋綬充使，始至木葉山。及還，上《虜中風俗》。山在中京東微北，自中京過小河，……凡六十里至殺瀝河館，過惠州……七十里至榆林館，……七十里至訥都烏館，……七十里至香子山館，……九十里至水泊館，……七十里至木葉山館，……。」〔註73〕以此可以印證蘇轍欲至木葉山，尚須自遼中京繼續前行數日，才能到達木葉山。而不是如孔先生所言，「經木葉山，至中京」。另外據《遼史》〈道宗本紀〉，說：「遼道宗大安五年（宋哲宗元祐四年，一〇八九年）九月壬辰（二十五日），駐蹕藕絲淀。……六年春正月，如混同江。」〔註74〕可見該年冬季遼道宗本人並不在中京。而前引蘇轍〈北使還論北邊事

〔註71〕書同前，頁418～420。

〔註72〕蘇轍，〈奚君〉、〈惠州〉、〈神水館寄子瞻兄四絕〉、〈木葉山〉、〈虜帳〉、〈十日南歸馬上口占呈同事〉，《欒城集》，卷16，頁195、196。

〔註73〕《宋會要輯稿》（八），宋綬，〈虜中風俗〉，卷5257，番夷2，契丹，頁47～48。

〔註74〕脫脫，《遼史》（台北：鼎文書局，民國64年10月），卷25，本紀第25，道

箚子五首〉中〈一論北朝所見於朝廷不便事〉也提到,「臣等初至燕京……及至中京……及至帳前……。」〔註75〕更可知蘇轍當時確實是途經中京,然後再繼續前行至遼道宗的駐帳地。

至於蘇轍在中京的活動情形,例如據前引〈一論北朝所見於朝廷不便事〉所言:「及至中京,度知使鄭顓押宴,為臣轍言:先臣洵所為文字中事跡,頗能盡其委曲。」〔註76〕

（九）經木葉山,至廣平淀（藕絲淀）祝賀遼道宗生辰

蘇轍出使遼國的任務是前來祝賀遼道宗的生辰,而關於遼道宗的生日,據《遼史》〈興宗本紀〉,說:「（遼興宗）重熙元年（一〇三二年）八月……丙午（七日）,駐蹕剌河源。皇子洪基（遼道宗）生。」〔註77〕至重熙二十四年（未神宗熙寧二年,一〇五五年）八月,遼興宗死,由遼道宗繼位,翌年改元清寧。另據《遼史》〈道宗本紀〉,說:「清寧元年（宋仁宗嘉祐元年,一〇五六年）十月丁亥（八日）,有司請以帝生日為天安節,從之。」〔註78〕由此可知遼道宗的生日為八月七日,生日嘉名為天安節。但是仔細查閱《遼史》〈道宗本紀〉,其在位五十年當中,並未有任何一則提到宋國使節來祝賀其生辰的記載。這種相關史料欠缺的情形,實在是增加了本文討論蘇轍祝賀遼道宗生辰的困難度。幸好前輩學者傅樂煥在〈宋遼聘使表稿〉的「遼帝后生辰改期受賀考」一項中,對於上述問題曾作明確的探討,他說:「道宗在位達五十年,然《遼史》於其在位時來賀宋使,竟未一載。故僅就《遼史》本身考察,道宗受賀是否改期,殆不可能。依前考知其誕日為八月初七日。按元祐四年蘇轍嘗充賀道宗生辰使。蘇氏《欒城集》保存此行紀事詩不少。中有〈贈知雄州王崇拯二首〉,註云『生辰使例以人日還至雄州』,可知宋賀道宗生辰使例以正月七日回至雄州。子由即見道宗於木葉山（即廣平淀）。余前考宋臣使遼行程（載《國學季刊》五卷四期）由雄州至木葉山凡二十七程。即約須行廿七日可到。子由既以人日返抵雄州,其自遼出發當在十二月初旬。詩中又有〈十日南歸馬上口占呈同事〉一首,此十日必為十二月十日,即子由離遼之期在十二月十日。再以聘使留對方首都不過十日之例推之,則道宗受禮之期

宗5,頁298。
〔註75〕同註43。
〔註76〕同註43。
〔註77〕《遼史》,卷18,本紀第18,興宗1,頁214。
〔註78〕《遼史》,卷21,本紀第21,道宗1,頁252。

應在十二月五日左右矣。」〔註 79〕可見當時遼道宗接受蘇轍等人的祝賀應在十二月五日左右。關於所謂「聘使留對方首都不過十日之例」，筆者曾撰〈宋遼使節逗留對方京城日數的探討〉，〔註 80〕可資參考。

至於蘇轍祝賀遼道宗生辰的情形，據其所作〈木葉山〉，說：「奚田可耕鑿，遼土直沙漠。蓬棘不復生，條幹何由作。茲山亦沙阜，短短見叢薄。冰霜葉隨盡，鳥獸紛無託。乾坤信廣大，一氣均美惡。胡為獨窮陋，意似鄙夷落。民生亦復爾，詬汙不知怍。君看齊魯間，桑柘皆沃若。麥秋載萬箱，蠶老簇千箔。餘粱及狗彘，衣被遍城郭。天工本何心，地力不能博。遂令堯舜仁，獨不施禮樂。」〔註 81〕以及〈虜帳〉，說：「虜帳冬住沙陀中，索羊織葦稱行宮。從官星散依冢阜，氈廬窟室欺霜風。春粱煮雪安得飽，擊兔射鹿夸強雄。朝廷經略窮海宇，歲遺繒絮消頑凶。我來致命適寒苦，積雪向日堅不融。聯翩歲且有來使，屈指已復過奚封。禮成即日卷虜帳，釣魚射鵝滄海東。秋山既罷復來此，往返歲歲如旋蓬。彎弓射獵本天性，拱手朝會愁心胸。甘心五餌墮吾術，勢類畜馬游樊籠。祥符聖人會天意，至今燕趙常耕農。爾曹飲食自謂得，豈識圖霸先和戎。」〔註 82〕此處所言「虜帳」，應是指廣平淀，即藕絲淀，因為據傅樂煥〈廣平淀考〉，提到廣平淀有數個異名，包括白馬淀、藕絲淀、中會川、韓淀等，並且進一步指出：「《遼史》又每載諸帝駐木葉山，亦即指廣平淀一帶。如《遊幸表》載道宗咸雍六年九月獵于木葉山。王鼎《焚椒錄》，"咸雍六年九月駕幸木葉山"，與《表》合，則是年九月道宗固在木葉山矣。檢是年〈本紀〉則云 "九月庚戌，幸藕絲淀"。又，大安五年《本紀》"九月壬辰，駐蹕藕絲淀"。考是年宋蘇轍北使，則記見道宗於木葉山。宋綬北使至木葉山，記在木葉山所見，與他人見自廣平淀者符合。蓋兩地相去非遙，或舉一葉（木葉山）以代廣平也。」〔註 83〕據此可知蘇轍當時應是經過中京、木葉山，然後到達附近的廣平淀——遼道宗駐在地，祝賀其生辰。關於此，筆者查閱前引宋綬《虜中風俗》，說：「木葉山，本阿保機葬處，又云祭天之地。東向設氈屋，題曰省方殿。無階以氈藉地，後有二大帳。次北又設氈屋，

〔註 79〕傅樂煥，〈宋遼聘使表稿〉，收錄於《遼史彙編》（八），頁 592。
〔註 80〕可參閱蔣武雄，〈宋遼使節逗留對方京城日數的探討〉，《空大人文學報》第 12 期（台北：空中大學人文學系，民國 92 年 12 月），頁 197～212。
〔註 81〕蘇轍，〈木葉山〉，《欒城集》，卷 16，頁 195。
〔註 82〕蘇轍，〈虜帳〉，書同前，頁 196。
〔註 83〕傅樂煥，〈廣平淀考〉，收錄於《遼史叢考》（北京：中華書局，1984 年 11 月），頁 73。並參閱傅樂煥，〈廣平淀續考〉，《遼史叢考》，頁 173～178。

題曰慶壽殿，去山尚遠。國主帳在氈屋西北，望之不見。」〔註84〕此段引文雖未提及廣平淀，但是我們由此也可知蘇轍應是經木葉山後，又繼續前行，才至遼道宗的駐在地。筆者又查閱彭汝礪《鄱陽集》〈廣平甸詩〉序，也提到「省方殿」，其說：「廣平甸，謂北地險，至此廣大而平易云。初至單于行在，其門以蘆泊爲藩垣，上不去其花，以爲飾，其上謂之羊箔門。作山門，以木爲牌，左曰紫府洞，右曰桃源洞，總謂之蓬萊宮，殿曰省方殿。……山棚之前作花檻，有桃、杏、楊柳之類。前謂丹墀，自丹墀十步謂之龍墀。殿皆設青花氈，其階高二、三尺，濶三尋，縱殺其半，由階而登，謂之御座。」〔註85〕而據《遼史》〈營衛志〉記載廣平淀，也提到「省方殿」，說：「冬捺鉢：曰廣平淀。在永州東南三十里，本名謂白馬淀。東西二十餘里，南北十餘里。地甚坦夷，四望皆沙磧，木多榆柳。其地饒沙，冬月稍暖，牙帳多於此坐冬，與北、南大臣會議國事，時出校獵講武，兼受南宋及諸國禮貢。皇帝牙帳以槍爲硬寨，用毛繩連繫。每槍下黑氈傘一，以庇衛士風雪。槍外小氈帳一層，每帳五人，各執兵仗爲禁圍。南有省方殿，殿北約二里曰壽寧殿，……省方殿北有鹿皮帳，帳次北有八方公用殿。壽寧殿北有長春帳，衛以硬寨。……。」〔註86〕可見木葉山與廣平淀應相去不遠，因此宋綬述及木葉山，彭汝礪述及廣平甸和〈營衛志〉述及廣平淀，均提到「省方殿」，也相對的說明了蘇轍應是先行至木葉山，然後再前行至廣平淀，晉見遼道宗。

而蘇轍在廣平淀也與遼名士互相交往，例如據其自己在〈一論北朝所見於朝廷不便事〉中所言，「及至帳前，館伴王師儒謂臣轍：『聞常服茯苓，欲乞其方。』蓋臣轍嘗作〈服茯苓賦〉，必此賦亦已到北界故也。」〔註87〕而在其〈神水館寄子瞻兄四絕〉詩中三絕，也說：「誰將家集過幽都，逢見胡人問大蘇。莫把文章動蠻貊，恐妨談笑臥江湖。」〔註88〕自撰《潁濱遺老傳上》則稱：「奉使契丹，虜以其侍讀學士王師儒館伴。師儒稍讀書，能道先君及子瞻所爲文，曰：『恨未見公全集。』然亦能誦〈服茯苓賦〉等，虜中類相愛敬者。」〔註89〕可見遼人確實很喜愛三蘇的文章，並且廣傳於遼地。

〔註84〕同註73，頁48。

〔註85〕彭汝礪，《鄱陽集》，卷8，〈廣平甸〉，頁1，《文淵閣四庫全書》，集部3，別集類2。

〔註86〕《遼史》，卷32，志第2，營衛志中，行營，頁375。

〔註87〕同註43。

〔註88〕蘇轍，〈神水館寄子瞻兄四絕〉三絕，《欒城集》，卷16，頁195。

〔註89〕同註15。

五、離遼返宋的行程

（一）十二月十日，離遼廣平淀啟程返宋

蘇轍從遼廣平淀啟程返宋，是在元祐四年十二月十日。前文所引傅樂煥〈宋遼聘使表稿〉已有加以考證，而且蘇轍本人所作〈十日南歸馬上口占呈同事〉，也很明確提到啟程返宋的日期。至於該詩的內容，說：「南轅初喜去龍庭，入塞猶須閱月行。漢馬亦知歸意速，朝暘已作故人迎。經冬舞雪長相避，屈指新春旋復生。想見雄州饋生菜，菜盤酪粥任縱橫。」〔註90〕可見蘇轍此時歸心似箭，已經開始想著一到雄州之後，即可放開胸懷大咀蔬菜的情形，令他非常嚮往。

（二）返宋時在遼境途中傷足，懷念家人之情與日俱增

蘇轍在返宋途中，可能常想著故國家園的種種人事，因此心不在焉，疏於注意。某日竟然人馬一起摔倒，導致腳受傷，據其詩〈傷足〉，說：「少年謬聞道，直往寡所疑。不知避礙嶮，造次逢顛危。中歲飽憂患，進退每自持。長存鄙夫計，未免達士嗤。前日使胡罷，晝夜心南馳。中塗冰塞川，溔漾無津涯。僕夫執轡前，我亦忘止之。馬眩足不禁，拉然臥中坻。異域非所息，據鞍幾不支。昔嘗誦楞嚴，聞有乞食師。行乞遭毒刺，痛劇侵肝脾。念覺雖覺痛，無痛痛覺知。念極良有見，遂與凡夫辭。我今亦悟此，先佛豈見欺。但爾不即證，欲往常遲遲。咄哉後來心，當與初心期。」〔註91〕此詩即是敘述其返宋途中腳受傷的情形，並且也兼述對人生的體認。

但是隨著返宋行程的推進，蘇轍對家人的懷念也與日俱增，因此其作〈春日寄內〉詩，說：「春到燕山冰亦消，歸驂迎日喜嫖姚。久行胡地生華髮，初試東風脫弊貂。插髻小幡應正爾，點盤生菜為誰挑。附書勤掃東園雪，到日青梅未滿條。」〔註92〕充分顯現出其對妻子史氏思念的情懷。在筆者所看過的宋人諸多使遼詩中，直接地在題目與內容中表達對妻子的懷念，這首詩顯得很突出。

由於蘇轍使遼往還都經過離宋境不遠的桑乾河，因此特別撰有〈渡桑乾〉一詩，說：「北渡桑乾冰欲結，心畏穹廬三尺雪。南渡桑乾風始和，水開易冰應生波。穹廬雪落我未到，到時堅白如磐陀。會同出入凡十日，腥羶酸薄不

〔註90〕蘇轍，〈十日南歸馬上口占呈同事〉，《欒城集》，卷16，頁196。
〔註91〕蘇轍，〈傷足〉，註同前。
〔註92〕蘇轍，〈春日寄內〉，同註90。

可食。羊脩乳粥差便人，風隧沙場不宜客。相携走馬渡桑乾，旌斾一返無由還。胡人送客不忍去，久安和好依中原。年年相送桑乾上，欲話白溝一惆悵。」〔註93〕從此詩內容來看，使我們知道蘇轍在廣平淀確實是依宋遼兩國外交的慣例，只逗留十天，即啓程返宋。而且也讓我們知道了其在此時已返回至白溝，並且和遼國的送伴使在此地分別。

（三）返宋入國境後的行程

蘇轍應是在元月七日返抵宋國的邊鎮雄州，因爲據其所作〈贈知雄州王崇拯二首〉其一，說：「使君約我南來飲，人日河橋柳正黃。」〔註94〕並且自注，說：「生辰使例以人日還至雄州。」〔註95〕而蘇轍既然是以祝賀遼道宗生辰國信使的身份出使遼國，因此其應也是在人日那一天返至雄州。據東方朔（托名）《占書》，說：「歲後八日，一日雞，二日犬，三日豬，四日羊，五日牛，六日馬，七日人，八日谷。其日晴，所主之物育，陰則災。」〔註96〕可知蘇轍返宋的行程是在宋哲宗元祐五年（遼道宗大安六年，一○九○年）一月七日回至宋國邊城雄州。

接著蘇轍又經過瀛州、深州、洺州，據其回至汴京之後不久所奏〈乞罷修河箚子〉，說：「臣於去年嘗再具箚子，論黃河漲水於孫村出岸東流，……尋被命出使契丹，道過河北，……今年正月還自虜中，……臣昨過瀛、深、洺等州界，……。」〔註97〕可見蘇轍返國進入宋國境內，即是走此一路線而回至汴京。

另外，在前文曾根據蘇轍所撰〈祭忠獻韓公文〉，提到其去回都經過相州，現又據此文，說：「維元祐五年，歲次庚午，正月二十三日己丑，其官蘇轍、其官趙君錫謹以清酌庶羞之奠，致祭于故某官韓公之靈，……。」〔註98〕可見在元祐五年正月二十三日這一天，蘇轍於返宋汴京途中，應已走到相州，並且距離汴京也已不遠了。

〔註93〕蘇轍，〈渡桑乾〉，同註90。
〔註94〕蘇轍，〈贈知雄州王崇拯二首〉其一，《欒城集》，卷16，頁194。
〔註95〕註同前。
〔註96〕轉引自蔣祖怡、張滌雲編，《全遼詩話》（長沙：岳麓書社，1992年5月），〈蘇轍使遼詩〉，註九，頁315。
〔註97〕蘇轍，〈乞罷修河箚子〉，《欒城集》，卷41，頁412～413。
〔註98〕同註29。

六、返宋後對朝廷的建議

蘇轍返回宋汴京之後，在二月初撰成《語錄》進呈朝廷，據其〈北使還論北邊事箚子五首，二、論北朝政事大略〉，說：「臣等近奉勅差充北朝皇帝生辰國信使，尋已具《語錄》進呈訖。」〔註 99〕可見當時蘇轍完成使遼任務之後，也如同其他宋國使節一樣，根據宋朝廷的規定，撰有《使遼語錄》，但是很可惜此語錄並未傳之於後世。幸好在其《欒城集》中存有〈北使還論北邊事箚子五首〉，〔註 100〕敘述其在使遼過程中所作的觀察與心得，並且提出改善的辦法供宋朝廷參考。

此五首箚子，一為〈論北朝所見於朝廷不便事〉，其首先說：「臣等近奉使出疆，見北界兩事，於中朝極為不便，……一、本朝民間開版印行文字，臣等竊料北界無所不有。……上則洩漏機密，下則取笑夷狄，皆極不便。……惟是禁民不得擅開版印行文字，令民間每欲開版，先具本申所屬州。……一、臣等竊見北界別無錢幣，公私交易，並使本朝銅錢。……本朝每歲鑄錢以百萬計，而所在常患錢少，蓋散入四夷，勢當爾也。……臣等嘗聞議者謂可於三路（河北、河東、陝西）並鑄鐵錢，而行使之地止於極邊諸州。極邊見在銅錢，並以鐵錢兌換，般入裏州軍，如此則雖不禁錢出外界，而其弊自止矣。」〔註 101〕二為〈論北朝政事大略〉，其說：「……然於北朝所見事體，亦有《語錄》不能盡者，恐朝廷不可不知，謹具三事，條列如左：一、……北朝皇帝若且無恙，北邊可保無事。惟其孫燕王骨氣凡弱，瞻視不正，不逮其祖。雖心似向漢，未知得志之後，能彈壓蕃漢，保其祿位否耳？一、……其朝廷郡縣，蓋亦粗有法度，上下維持，未有離析之勢也。一、北朝皇帝好佛法，……所在修蓋寺院，度僧甚眾，因此僧徒縱恣，放債營利，侵奪小民，民甚苦之。然契丹之人，緣此誦經念佛，殺心稍悛。此蓋北界之巨蠹，而中朝之利也。」〔註 102〕三為〈乞罷人從內親從官〉，其說：「臣等近奉使北朝，竊見每番人從內，各有親從官二人充牽攏官。……緣親從官多係市井小人，既差入國，自謂得以伺察上下，入界之後，恣情妄作，……欲乞今後遣使，其牽攏官依舊只差宣行長行，更不差親從官。」〔註 103〕四為〈乞隨行差常用大車〉，其說：

〔註 99〕同註 44。

〔註 100〕蘇轍，〈北使還論北邊事箚子五首〉，《欒城集》，卷 41，頁 414～417。

〔註 101〕蘇轍，〈一論北朝所見於朝廷不便事〉，書同前，頁 414～415。

〔註 102〕蘇轍，〈二論北朝政事大略〉，書同前，頁 415～416。

〔註 103〕蘇轍，〈三乞罷人從內親從官〉，書同前，頁 416。

「臣等近奉使北朝,每番於車營務差到車六兩,般載官司合用諸物,其車多是低小脆惡,纔行一兩程,即致損壞,沿路不輟修完,僅能到得雄州,極為不便。……竊見每歲接送伴臣使,只便常用大車,頗極牢壯。今若令入國,亦只遷差常用大車四乘,……。」〔註104〕五為〈乞立差馬及馳日限〉,其說:「臣等近奉使北朝,竊見一行所用馬及橐馳,並於太僕寺及馳坊差撥,……例於使副臨起發日,然後差撥。蓋逐坊監多有病患馳馬,……以此入界之後,經涉苦寒險遠,多致倒死,有誤使事。欲乞今後所差入國馳馬,並於起發半月以前差定,仍即時關報使副,令看驗揀擇。」〔註105〕凡此所論皆頗能指出問題所在,對於宋朝廷在處理對遼的種種外交事宜方面應是有提醒與參考的價值。

最後筆者擬提到在蘇轍使遼期間所發生的一件私事,即是其次女婿王適(子立)卒於元祐四年十月二十五日。〔註106〕蘇轍在〈王子立秀才文集引〉中,說:「元祐四年秋,予奉詔使契丹。九月,君以女弟將適人,將鬻濟南之田以遣之,告予為一月之行。明年春,還自契丹,及境而君書不至,予固疑之。及家,問之,曰:『噫嘻,君未至濟南,病沒於奉高。』予哭之失聲。」〔註107〕此事固然與蘇轍使遼任務無關,但是因發生於其使遼期間,因此筆者姑且一提。

七、結論

蘇洵、蘇軾、蘇轍父子三人的文學盛名,既然傳之於遼地,並且深受遼人的敬仰。因此當蘇轍使遼時,與遼臣的文字互動頻繁,時有詩歌酬唱的往來,而且遼臣在與其對話中,也一再提到蘇軾著作文集在遼地流通的情形。筆者認為這種情況的出現,使蘇轍此次使遼的行動顯得更具有特別的意義,因為等於讓蘇轍親自到遼國印證遼人對其蘇家父子三人文學造詣的推崇。也就是說蘇轍這一趟出使遼國,透過了文學外交的方式,不僅為宋朝廷完成一次祝賀遼國皇帝生日的交聘活動,使宋遼兩國友好的外交情誼更為深厚之外,而就其個人來說,使遼臣得以親眼見到深受他們推崇的蘇家人士風采,並且有機會當面向蘇轍表達他們對蘇家作品的閱讀與敬佩情形。我想,這對

〔註104〕蘇轍,〈四乞隨行差常用大車〉,書同前,頁416。
〔註105〕同註100,〈五乞立差馬及馳日限〉,書同前,頁416。
〔註106〕蘇軾,〈王子立墓誌銘〉,《蘇軾全集》,文集卷15,頁958。
〔註107〕同註14。

於宋遼的友好外交應有正面的作用，而且也是蘇轍此次使遼之行的另一項收穫。

　　同時筆者也認為，蘇轍在使遼期間，對於雙方外交的相關事宜，曾進行了細心的觀察與瞭解，因此其回國後，特別向宋朝廷提出五項建議，其中第一、三、四、五等項都頗能針對弊端指出問題所在，並且附有改善的辦法，而第二項則是讓宋朝廷能知道遼國最新的政治概況，使宋朝廷在處理遼事時不致於發生差錯。這都可謂是蘇轍在達成使遼的任務之後，所給予宋國的貢獻。

　　總之，有關蘇轍的生平事跡，我們除了對其政治、文學等方面的成就應該予以重視之外，至於其在對遼外交方面的表現與貢獻，我們也應該予以肯定。

徵引書目

一、史料

1. 王應麟，《玉海》，台北：華文書局，民國 53 年。

2. 王闢之，《澠水燕談錄》，收錄於《文淵閣四庫全書》，台北：台灣商務印書館，民國 72 年。

3. 包拯，《包孝肅公奏議》，台北：新興書局，民國 49 年。

4. 呂陶，《淨德集》，收錄於《文淵閣四庫全書》，台北：台灣商務印書館，民國 72 年。

5. 李燾，《續資治通鑑長編》，上海：上海古籍出版社，1986 年。

6. 徐松，《宋會要輯稿》，北京：中華書局，1997 年。

7. 脫脫，《遼史》，台北：鼎文書局，民國 64 年。

8. 脫脫，《宋史》，台北：鼎文書局，民國 67 年。

9. 陳襄，《神宗皇帝即位使遼語錄》，收錄於《遼史彙編》（六），台北：鼎文書局，民國 62 年。

10. 彭汝礪，《鄱陽集》，收錄於《文淵閣四庫全書》，台北：台灣商務印書館，民國 72 年。

11. 穆彰阿，《大清一統志》（《嘉慶重修一統志》），台北：中國文獻出版社，民國 58 年。

12. 劉崇本，《雄縣鄉土志》，台北：成文出版社，民國 57 年。

13. 蘇頌，《蘇魏公文集》，台北：青友出版社，民國 49 年。

14. 蘇軾，《蘇軾全集》，上海：上海古籍出版社，2000 年。

15. 蘇轍，《欒城集》，台北：台灣商務印書館，四部叢刊初編本，民國 54 年。

16. 蘇轍，《欒城集後集》，台北：台灣商務印書館，四部叢刊初編本，民國 54 年。

二、近人著作

1. 孔凡禮，《蘇轍年譜》，北京：學苑出版社，2001 年。

2. 曾棗莊，《蘇轍評傳》，台北：五南圖書出版公司，民國 84 年。

3. 曾棗莊，《蘇轍年譜》，西安：陝西人民出版社，1996 年。

4. 傅樂煥，《遼史叢考》，北京：中華書局，1984 年。

5. 蔣祖怡、張滌雲編，《全遼詩話》，長沙：岳麓書社，1992 年。

三、論文

1. 王水照，〈論北宋使遼詩的兩個問題〉，《山西師大學報》（社會科學版）19 卷 2 期，1992 年。

2. 王文楚，〈宋東京至遼南京驛路考〉，收錄於《古代交通地理叢考》，北京：中華書局，1996 年。

3. 陶晉生，〈從宋詩看遼宋關係〉，收錄於《宋遼關係史研究》，台北：聯經出版公司，民國 73 年。

4. 黃鳳岐，〈遼宋交聘及其有關制度〉，《社會科學輯刊》第 2 期，1985 年。

5. 傅樂煥，〈宋遼聘使表稿〉，《歷史語言研究所集刊》第 14 本，收錄於《遼史彙編》（八），台北：鼎文書局，民國 62 年。

6. 傅樂煥，〈廣平淀考〉，收錄於《遼史叢考》，北京：中華書局，1984 年。

7. 傅樂煥，〈廣平淀續考〉，收錄於《遼史叢考》，北京：中華書局，1984 年。

8. 蔣武雄，〈宋遼外交中的詩歌交往〉，《中國中古史研究》第 1 期，台北：蘭台出版社，2002 年。

9. 蔣武雄，〈宋遼使節逗留對方京城日數的探討〉，《空大人文學報》第 12 期，台北：空中大學人文學系，民國 92 年。

10. 蔣武雄，〈宋遼對兩國使節病與死的處理〉，《東吳歷史學報》第 9 期，台北：東吳大學，民國 92 年。

11. 聶崇岐，〈宋遼交聘考〉，收錄於《宋史叢考》，台北：華世出版社，民國 75 年。

——《東吳歷史學報》第 13 期〔民國 94 年 6 月〕，頁 17～43

遼代文臣參與遼宋外交的探討
——以遼代狀元和王師儒爲例

摘　要

　　遼與宋訂立澶淵盟約之後，兩國經常派遣使節進行交聘的活動，當時遼爲了在外交的互動上，能在文學方面與宋較勁，因此常以文臣擔任副使。本文即是以遼代十六位狀元和文臣王師儒參與遼宋外交的情形爲例，論述遼宋外交關係上此一方面的史實。

關鍵詞：遼、宋、狀元、王師儒、外交

一、前言

遼宋外交在遼景宗時期，即宋太祖、太宗初期，曾有一段短暫的交往。〔註 1〕但是後來隨著宋太宗滅北漢，以及征幽、燕，與遼發生戰爭後，兩國的外交關係也因而中斷。〔註 2〕直至遼聖宗統和二十二年（宋眞宗景德元年，西元一○○四年），與宋簽訂澶淵盟約之後，雙方才建立起比較穩定的和平外交，並且也開始經常互相派遣使節進行交聘的活動，甚至於兩國的皇帝以兄弟互稱，兩國的關係可謂相當友善。〔註 3〕

但是當時宋在國勢上不如遼，而且每年必須輸送歲幣給遼，使宋人在心理上總是不能平衡。因此宋朝廷每次派遣使節出使遼國時，常常以文學造詣優秀的大臣爲選派的條件之一，把遼宋的外交引導爲文學交往的形式，以便在外交上獲得優越感，進而紓解長久以來遼強宋弱的抑悶。〔註 4〕陶晉生在〈從宋詩看宋遼關係〉文中提到此種情形，說：「宋人有意炫耀其文明，以影響契丹人，往往妙選著名文人大使。」〔註 5〕而相對的，遼朝廷也不甘示弱，雖然其正使常由武臣擔任，但是在副使的人選方面，就常以文臣爲選派的對象，因此路振在《乘軺錄》稱，遼自從和宋「通好以來，歲選人材，尤異聰敏知文史者，以備南使」，〔註 6〕可見遼朝廷對於出使宋國的副使人選，也是很重視其文史的造詣，以便在遼宋文學外交的型式上，能與宋國有旗鼓相當的互動。

〔註 1〕 可參閱蔣武雄，〈宋滅北漢之前與遼的交聘活動〉，《東吳歷史學報》第 11 期（台北：東吳大學，民國 93 年 6 月），頁 1～27。

〔註 2〕 可參閱蔣武雄，〈遼與北漢興亡的關係〉，《東吳歷史學報》第 3 期（台北：東吳大學，民國 86 年 3 月），頁 61～102。

〔註 3〕 有關宋遼訂立澶淵盟約之後，雙方使節所進行的交聘活動和任務，可參閱聶崇岐，〈宋遼交聘考〉，《宋史叢考》（下）（台北：華世出版社，民國 75 年），頁 283～375；黃鳳岐，〈遼宋交聘及其有關制度〉，《社會科學輯刊》1985 年第 2 期，頁 95～99。至於宋遼兩國和平外交的維繫，可參閱蔣武雄，〈論宋眞宗對建立與維護宋遼和平外交的心意〉，《東吳歷史學報》第 15 期（台北：東吳大學，民國 95 年 6 月），頁 91～116。

〔註 4〕 可參閱王水照，〈論北宋使遼詩的兩個問題〉，《山西師大學報》，社會科學版，19 卷 2 期（1992 年 4 月）；蔣武雄，〈宋遼外交中的詩歌交往〉，《中國中古史研究》第 1 期（台北：蘭台出版社，2002 年 9 月），頁 229～245。

〔註 5〕 陶晉生，〈從宋詩看宋遼關係〉，《宋遼關係史研究》（台北：聯經出版公司，民國 73 年），頁 181。

〔註 6〕 路振，《乘軺錄》，收錄於《遼史彙編》（六）（台北：鼎文書局，民國 62 年 10 月），頁 4。

關於上述的情形，聶崇岐在〈宋遼交聘考〉中有進一步的討論，他說：「國信使副，例爲一文一武，惟遼有時俱以武臣充選，……若使副之孰文孰武，兩朝又頗不同。宋初遣使，文武先後，並無定例。……泊澶淵盟後，制乃畫一，大使皆用文，副使皆用武，爲報哀使率以武人應選，百餘年間，相因不改。若遼則不然，其所遣者，大使少非武臣，副使乃多文吏。……宋之接、送、館伴使副，大致同國信使副，皆以文官充大使，武官充副使，……遼之接、送、館伴，蓋亦以宗室或后族充正使，以庶姓職官充副使。」〔註7〕因此據此段引文，我們可知遼宋兩國的文臣們在遼宋長期的外交關係史上，確實有其重要的角色與地位，不僅宋國如此，遼國亦然。

但是至目前爲止，似乎尚未有學者撰寫專文針對此一史實加以討論，因此本文擬從遼國方面，以曾經擔任副使出使宋國的十六位狀元和非狀元出身的文臣王師儒爲例，來討論他們出使宋國的情形。至於他們在宋使節來聘時，擔任接、館、送伴使的事蹟，也依據史料有無，作附帶的討論。

二、遼代狀元參與遼宋外交的情形

遼代自遼聖宗統和六年（宋太宗端拱元年，九九八年）開辦科舉，直至遼代末年宣宗蕭德妃稱制德興元年（宋徽宗宣和四年，一一二二年）爲止，在這一百三十五年中，共舉辦科舉取士五十七次，產生了很多位狀元。而既然遼朝廷在與宋訂立澶淵盟約之後，爲了能在文學外交上與宋國君臣互動，經常派文臣爲副使出使宋國。因此歷年來經由科舉考試出身的狀元，也就成爲副使比較恰當的人選，在選派的考量上，他們的資歷很自然地會被當作優先考慮的條件。根據筆者查閱史書的結果，總共約有十六位是由狀元出身擔任副使，參與遼宋外交的事務。〔註8〕但是因爲史書對他們此方面事蹟的記載很有限，筆者只好依據他們出使宋國時間的先後，分別列舉論述於下，而不擬作進一步的分析。〔註9〕

〔註7〕 聶崇岐，前引文，頁304～305。

〔註8〕 參閱周臘生，《遼金元狀元奇談・遼金元狀元譜》（北京：紫禁城出版社，2000年1月），頁23～24。另外，周臘生在同書中稱，「（遼代）有時取士數少，甚或只取1人，其狀元桂冠也戴得有些勉強。不過，即使只取1個人，前述史籍也都將這一唯一的1個算在狀元之列，筆者也只好承認這一現實。」（頁98）在本文中筆者對所謂的遼代「狀元」，也是採取此一說法。

〔註9〕 史書對遼代狀元事蹟所述者很少，例如在《遼史》中有將狀元列成傳者，只有六位，即張儉、高正、楊佶、王鼎、王棠、張孝傑等，而且敘述簡略。因

（一）高正

據《遼史》〈聖宗本紀〉，說：「統和七年（宋太宗端拱二年，九八九年），……八月庚午，放進士高正等二人及第。」〔註10〕此年為遼開始施行科舉的第二年，因此高正為遼代早期科舉的狀元。至遼聖宗統和二十二年（宋真宗景德元年，一○○四年），遼與宋訂立澶淵盟約之後，翌年開始正式派遣使節至宋國進行交聘的活動，高正即被派任為副使。但是在《遼史》〈高正傳〉〔註11〕中，並未記載其出使宋國的事蹟，而據《遼史》〈聖宗本紀〉，則說：「統和二十三年，……十一月戊申（四日），上（遼聖宗）遣太保合住、頒給使韓橁，太后遣太師盆奴、政事舍人高正使宋賀正旦。」〔註12〕另外，李燾《續資治通鑑長編》（以下簡稱《長編》）卷61，也說：「宋真宗景德二年（遼聖宗統和二十三年，一○○五年），……十二月……庚子（二十六日），契丹遣使保靜軍節度使耶律乾甯、左衛大將軍耶律昌主、副使宗正卿高正、右金吾衛將軍韓橁奉書禮，來賀來年正旦。」〔註13〕因此可知高正當時剛好躬逢其盛，以文臣的身份擔任遼宋訂盟之後第一次出使宋國祝賀元旦的副使，也顯示出遼朝廷在與宋展開交聘活動之初，即開始以文臣擔任副使，以便能與文風較盛的宋國，在外交的酒宴酬唱中，能有旗鼓相當的互動。

但是此次遼朝廷所派的副使人選，有一事必須另外提出來討論，即是副使韓橁是一位武臣，而非文臣。這可能與遼宋在訂盟初期，有些人事辦法尚未成為定制有關，也就是此時遼朝廷所派的副使並非完全如前文所言，一定是屬於文臣的身份，也有例外的時候。筆者針對此事再作進一步探討，認為似可能與韓橁出身遼國名門有關，因為據《全遼文》李萬〈韓橁墓誌銘〉，說：「公韓橁，……（韓）知古，曾祖父也。……匡美，祖父也。……匡嗣，伯祖父也。……德讓，從世父也。……列考諱瑜，……先取蘭陵蕭氏，封本郡

此周臘生在《遼金元狀元奇談・遼金元狀元譜》，說：「（遼代）整個科舉都不被重視，對狀元也就遠不如宋朝那麼關注。目前筆者已考出遼代狀元56人（尚缺1人）。遼代的這些狀元多半只在史書上留了個名，並無傳記。遼代的野史，筆記很少，因此不少狀元的生平資料是無法查找的。」（頁98）

〔註10〕脫脫，《遼史》（台北：鼎文書局，民國67年12月），卷12，本紀第12，聖宗3，頁135。

〔註11〕書同前，卷88，列傳第18，高正，頁1346。

〔註12〕《遼史》，卷14，本紀第14，聖宗5，頁162。

〔註13〕李燾，《續資治通鑑長編》（以下簡稱《長編》）（上海：上海古籍出版社，1986年2月），卷61，宋真宗景德二年十二月庚子條，頁21。

夫人，生九子，所存者公（韓橁）最幼也。」〔註14〕顯然其父執輩多爲遼代重要人物，有良好的身世背景，因此當時韓橁頗被遼朝廷重用，尤其常委以使節重任。在〈韓橁墓誌銘〉中除了提到其曾經出使西夏、高麗等國外，也記載其曾經兩度出使宋國，說：「（遼聖宗）統和二十三年，……趙宋氏致幣結歡，歃牲修睦，……簡求專對之才，以公（韓橁）充賀正之副，達于汴都，三百萬之寵錫也。……復南使于宋，亦三百萬之賜也。張旌即次，飛蓋出疆，依然郊勞之儀，宛若館穀之數，荐盟君好，綽布賓榮。」〔註15〕從此段引文可知韓橁在遼與宋訂立澶淵盟約之初，即有榮幸被選派爲第一次出使宋國的副使，雖然其爲武臣的身份，但是在其家庭背景聲譽隆盛的情況下，兩度被派任爲出使宋國的副使。

（二）石用中

《遼史》〈聖宗本紀〉，說：「統和九年（宋太宗淳化二年，九九一年），……是歲，放進士石用中一人及第。」〔註16〕可知石用中爲遼國狀元，因此得以有機會被遼朝廷選派爲出使宋國的副使，但是在《遼史》中未列其傳，也未有關於其被派任與出使宋國情形的記載。筆者是根據《長編》卷64，所說：「宋眞宗景德三年（遼聖宗統和二十四年，一〇〇六年），……十一月……丁卯（二十八日），契丹遣使左監門衛將軍耶律阿古、啓聖軍節度使耶律堯甯、副使太常少卿石用中、秘書少監馬保佑，來賀承天節。」〔註17〕因此可知石用中當時曾經以文臣身份擔任祝賀宋眞宗生日的副使。

（三）邢祥

《遼史》〈聖宗本紀〉，說：「統和二十年（宋眞宗咸平五年，一〇〇二年），……是歲，……放進士邢祥等六人及第。」〔註18〕可知邢祥爲遼國狀元。但是《遼史》中未列其傳，也未有關於其被派任和出使宋國情形的記載。筆

〔註14〕李萬，〈韓橁墓誌銘〉，收錄於陳述編，《全遼文》（台北：中華全書薈要），卷6，頁120～121。

〔註15〕註同前，頁121～122。按，韓橁第二次出使宋國，在《遼史》中並未提及，而據《長編》卷112，說：「宋仁宗明道二年（遼興宗重熙二年，1033年）正月壬申，契丹遣右金吾衛上將軍耶律霸、昭德軍節度使韓橁，來賀長甯節。」（宋仁宗明道二年正月壬申條，頁1）

〔註16〕《遼史》，卷13，本紀第13，聖宗4，頁142。

〔註17〕《長編》，卷64，宋眞宗景德三年十一月丁卯條，頁10。

〔註18〕《遼史》，卷14，本紀第14，聖宗5，頁158。

者也是根據《長編》卷67，所說：「宋眞宗景德四年（遼聖宗統和二十五年，一○○七年），……十二月……戊午（二十六日），契丹遣使左威衛上將軍蕭留甯、彰武節度使耶律信甯。副使崇祿少卿邢詳（祥）、右威衛大將軍耶律逐正，來賀明年正旦。」〔註19〕可見邢祥曾經以遼國文臣的身份，擔任出使宋國的正旦副使。而比較特別的是，其在統和二十年及第狀元，至統和二十五年，資歷尚淺，但是卻即得以被派任爲出使宋國的副使。

另外，筆者查閱《長編》卷 79，有述及邢祥曾經擔任接伴宋國使節的情形，說：「宋眞宗大中祥符五年（遼聖宗統和三十年，一○一二年），……十月……己酉（十五日），以主客郎中知制誥王曾爲契丹國主生辰使，……契丹使邢祥接伴，祥詫其國中親賢賜鐵券，（王）曾折之曰：『鐵券者，衰世以寵權臣，用安反側，豈所以待親賢耶？』祥媿不復語。」〔註20〕可見當時遼朝廷不僅以文臣擔任出使宋國的副使，也讓他們擔任宋使節來聘時的接、送、館伴使，以便與宋國使節有充分的互動。而從此段引文也讓我們知道當時邢祥誇耀遼國親賢賜鐵券一事，卻被宋使節王曾一句話頂了回去，反而感到羞愧。

（四）楊又玄

《遼史》〈聖宗本紀〉，說：「統和十六年（宋眞宗咸平元年，九九八年），……是年，放進士楊又玄等二人。」〔註21〕可知楊又玄爲遼國狀元。但是《遼史》未列其傳，也未提到其被派任爲副使和出使宋國的情形，筆者是根據《長編》卷70，所說：「宋眞宗大中祥符元年（遼聖宗統和二十六年，一○○八年），……十一月……壬午（二十五日），契丹使左武衛上將軍蕭永、啓聖節度使耶律留甯、副使左驍衛大將軍董繼澄、衛尉少卿楊又元（玄），來賀承天節。」〔註22〕因此可知楊又玄曾以遼國文臣的身份擔任副使前往宋國，祝賀宋眞宗的生日。

（五）呂德懋

《遼史》〈聖宗本紀〉，說：「統和十二年（宋太宗淳化五年，九九四年），……

〔註19〕 《長編》，卷67，宋眞宗景德四年十二月戊午條，頁18。

〔註20〕 《長編》，卷79，宋眞宗大中祥符五年十月己酉條，頁3。關於此事，在王闢之《澠水燕談錄》卷2也有記載，說：「祥符中，王沂公（王曾）奉使契丹，館伴邢祥頗肆談辨，深自衒鬻，且矜新賜鐵券，公曰：『鐵券，蓋勳臣有功高不賞之懼，賜之以安反側耳，何爲輒及親賢？』祥大沮矣。」（收錄於《唐宋史料筆記叢刊》（北京：中華書局，1997年11月），卷2，頁12）

〔註21〕 《遼史》，卷14，本紀第14，聖宗5，頁154。

〔註22〕 《長編》，卷70，宋眞宗大中祥符元年十一月壬午條，頁16。

是年，放進士呂德懋等二人及第。」〔註23〕可知呂德懋爲遼國狀元。而《遼史》中未列其傳，也未提到其被派任爲副使和出使宋國的情形。但是實際上呂德懋曾經兩度至宋國進行交聘活動，例如《長編》卷74，說：「宋眞宗大中祥符三年（遼聖宗統和二十八年，一〇一〇年），……十二月……庚午（二十六日），契丹遣使保安節度使耶律德壽、副使崇祿少卿呂德懋，來賀明年正旦。」〔註24〕同書卷85，又說：「宋眞宗大中祥符八年（遼聖宗開泰四年，一〇一五年），……十一月……壬申（二十六日），契丹遣使左林牙工部尚書耶律珍、副使翰林學士承旨工部侍郎簽署樞密院公事呂德懋、來賀承天節。」〔註25〕由於呂德懋曾兩度出使宋國，等於曾兩次面見宋眞宗，對宋眞宗有較深的印象，因此當乾興元年（遼聖宗太平二年，一〇二二年）二月，宋眞宗死，至六月「乙巳（七日），契丹主（遼聖宗）聞眞宗崩，集蕃漢大臣舉哀號慟。因謂其宰相呂德懋，曰：『與南朝約爲兄弟，垂二十年。忽報登遐，吾雖少兩歲，顧餘生幾何？』因復大慟。」〔註26〕筆者認爲遼聖宗會特別對呂德懋說出此段話，固然此時呂德懋已晉升爲宰相，因此以其職位的關係，得以有機會當面聽聞遼聖宗此段感嘆的言語。但是另一方面可能呂德懋是曾兩次面見宋眞宗的遼臣，對於宋眞宗較爲熟悉，因此當遼聖宗哀嘆宋眞宗的死訊時，呂德懋也就成爲遼聖宗傾訴的對象。

（六）張儉

《遼史》〈聖宗本紀〉，說：「遼聖宗統和十四年（宋太宗至道二年，九九六年），……是年，放進士張儉等三人。」〔註27〕可知張儉爲遼國狀元，在《遼史》〈列傳〉中有其傳文，〔註28〕但是卻沒有記載其被派任爲副使和出使宋國的情形。而據《長編》卷76，說：「宋眞宗大中祥符四年（遼聖宗統和二十九年，一〇一一年），……十二月……甲子（二十五日），契丹遣使長甯節度使耶律漢甯、副使太常少卿張儉，來賀明年正旦。」〔註29〕因此可知張儉曾以遼國文臣的身份擔任副使，前往宋國進行賀正旦的交聘活動。但是據楊佶〈張

〔註23〕 《遼史》，卷13，本紀第13，聖宗4，頁146。
〔註24〕 《長編》，卷74，宋眞宗大中祥符三年十二月庚午條，頁16。
〔註25〕 《長編》，卷85，宋眞宗大中祥符八年十月壬申條，頁20。
〔註26〕 《長編》，卷98，宋眞宗乾興元年六月乙巳條，頁12。
〔註27〕 《遼史》，卷13，本紀第13，聖宗4，頁148。
〔註28〕 《遼史》，卷80，列傳第10，張儉，頁1277～1278。
〔註29〕 《長編》，卷76，宋眞宗大中祥符四年十二月甲子條，頁17。

儉墓誌銘〉，說：「……屬踐睦於國鄰，用交修於邦聘，詔充賀南朝皇帝生辰國信副使，展幣成儀，拭珪復命。」〔註30〕可發現以上兩則引文，一稱其是正旦副使，另一稱其為生辰副使，顯然二則史料對於張儉至宋國進行交聘活動的任務有不同的說法。筆者查證的結果，認為以《長編》所言較可靠，因為另據《長編》卷76，說：「宋真宗大中祥符四年，……十一月……甲午（二十五日），契丹國主遣使右威衛上將軍蕭昌琬、副使衛尉卿王甯，來賀承天節。」〔註31〕可知該年來賀宋真宗生日的遼國副使，並非張儉，也就是張儉應為賀宋國明年元旦的副使才對。

（七）楊佶

《遼史》〈聖宗本紀〉，說：「遼聖宗統和二十四年（宋真宗景德三年，一〇〇六年），……是年，放進士楊佶等二十三人及第。」〔註32〕可知楊佶為遼國狀元，《遼史》〈列傳〉中也有其傳，〔註33〕但是並未記載其被派任為副使和出使宋國的情形。只有在《遼史》〈聖宗本紀〉，說：「開泰六年（宋真宗天禧元年，一〇一七年），……九月……丁未，以駙馬蕭璉、節度使化哥、知制誥仇正己、楊佶充賀宋生辰使副。」〔註34〕可知楊佶曾被派任為副使，出使宋國，祝賀宋真宗的生日。但是《長編》卷 90，對於楊佶出使宋國的任務，卻稱其來賀明年正旦，說：「宋真宗天禧元年（遼聖宗開泰六年，一〇一七年），……十二月……己丑（二十五日），契丹遣使長甯節度使蕭質、副使禮部侍郎知制誥楊佶，來賀明年正旦。」〔註35〕由於史料欠缺，未知何者所言正確。另外，《遼史》〈楊佶傳〉，說：「楊佶……統和二十四年，舉進士第一，……開泰……八年……宋遣梅詢賀千齡節，詔（楊）佶迎送，多唱酬，詢每見稱賞。」〔註36〕可見楊佶文學造詣高明，因此遼朝廷曾指派其擔任宋國使節梅詢來聘時的接、送伴使，並且於唱酬的互動中深得梅詢的讚賞。

（八）史克忠

《遼史》〈聖宗本紀〉，說：「遼聖宗統和二十六年（宋真宗大中祥符元年，

〔註30〕 楊佶，〈張儉墓誌銘〉，《全遼文》，卷6，頁128。
〔註31〕 《長編》，卷76，宋真宗大中祥符四年十一月甲午條，頁15。
〔註32〕 《遼史》，卷14，本紀第14，聖宗5，頁162。
〔註33〕 《遼史》，卷89，列傳第19，楊佶，頁1352～1353。
〔註34〕 《遼史》，卷15，本紀第15，聖宗6，頁180。
〔註35〕 《長編》，卷90，宋真宗天禧元年十二月己丑條，頁20。
〔註36〕 同註33。

一○○八年），……是年，放進士史克忠等一十三人。……太平……二年（宋眞宗乾興元年，一○二二年），……冬十月壬寅（六日），遣……耶律掃古、韓王充賀宋太后生日使副，耶律仙甯、史克忠充賀宋正旦使副。」〔註37〕可知史克忠爲遼國狀元，並且曾被遼朝廷派任爲副使，出使宋國。因此《長編》卷99，也說：「宋眞宗太平二年……十二月……庚寅（二十五日），契丹遣右伊勒希巴兵部尙書耶律仙甯、給事知制誥史克忠，來賀正旦。」〔註38〕

（九）張克恭

《遼史》〈聖宗本紀〉，說：「遼聖宗開泰七年（宋眞宗天禧二年，一○一八年），……放進士張克恭等三十七人及第。」〔註39〕可知張克恭爲遼國狀元，但是《遼史》中未列其傳，也未記載其被派任爲副使以及出使宋國的情形。在《長編》卷105，則有提到：「宋仁宗天聖五年（遼聖宗太平七年，1027年），正月……丙午（五日），契丹遣左監門衛上將軍蕭道寧、給事中知制誥張克恭，來賀長甯節。」〔註40〕可知張克恭曾以遼國文臣身份擔任副使，前往宋國，祝賀宋仁宗的生日。

（十）李可封

《遼史》〈聖宗本紀〉，說：「遼聖宗統和二十二年（宋眞宗景德元年，一○○四年），……是年，放進士李可封等三人。」〔註41〕可知李可封爲遼國狀元。而同書〈興宗本紀〉，說：「遼興宗景福元年（遼聖宗太平十一年，宋仁宗天聖九年，一○三一年），……冬十月……丙午（十二日），遣工部尙書高德順、崇祿卿李可封致先帝遺物于宋……。」〔註42〕由於遼聖宗死於太平十一年六月，〔註43〕因此至此年十月遼朝廷派任李可封爲副使，送遼聖宗的遺留物至宋。《長編》卷110，也記載此事，說：「宋仁宗天聖九年（遼興宗景福元年，一○三一年），……閏十月……己酉（五日），契丹遣工部尙書蕭德

〔註37〕《遼史》，卷14，本紀第14，聖宗5，頁164；卷16，本紀第16，聖宗7，頁190。

〔註38〕《長編》，卷99，宋眞宗乾興元年十二月庚申條，頁14。

〔註39〕《遼史》，卷16，本紀第16，聖宗7，頁185。

〔註40〕《長編》，卷105，宋仁宗天聖五年正月丙午條，頁1。

〔註41〕《遼史》，卷14，本紀第14，聖宗5，頁160。畢沅，《續資治通鑑》（北京：中華書局，1957年8月）也記載「是歲，遼放進士張可封等三人」。（卷25，宋紀25，頁569）按，「張可封」當爲「李可封」之誤。

〔註42〕《遼史》，卷18，本紀第18，興宗1，頁212～213。

〔註43〕《遼史》，卷17，本紀第17，聖宗8，頁206。

順、崇祿卿李可封，以隆緒（遼聖宗）遺留物來獻。」〔註44〕因此可確定李可封曾以文臣身份，被派任爲副使，致送遼聖宗遺留物予宋。

（一一）張宥

《遼史》〈聖宗本紀〉，說：「遼聖宗太平八年（宋仁宗天聖六年，一○二八年），……是歲，放進士張宥等五十七人。」〔註45〕可知張宥爲遼國狀元，但是《遼史》中未列其傳，也未記載其被派任爲副使以及出使宋國的情形。而《長編》卷131，則說：「宋仁宗慶曆元年（遼興宗重熙十年，一○四一年），……四月……己丑（十一日），契丹國母遣林牙臨海軍節度使耶律仁先、吏部郎中知制誥史館修撰張宥、契丹主遣左監門衛上將軍蕭福善、光祿少卿崇祿館直學士王綱，來賀乾元節。」〔註46〕由此段引文，可知張宥曾以遼國文臣的身份，由遼太后派任爲前往祝賀宋仁宗生日的副使。

（一二）王實

《遼史》〈興宗本紀〉，說：「遼興宗重熙十一年（宋仁宗慶曆二年，一○四二年），……六月……壬午，御含涼殿，放進士王實等六十四人。」〔註47〕可知王實爲遼國狀元，但是《遼史》中未列其傳，也沒有記載其被派任爲副使以及出使宋國的情形，而《長編》卷188，則說：「宋仁宗嘉祐三年（遼道宗清寧四年，一○五八年），……十二月……辛卯（二十五日），契丹國母遣林牙天德節度使耶律通、左諫議大夫史館修撰馬佑、契丹遣保靜節度使耶律維新、右諫議大夫史館修撰王實，來賀正旦。」〔註48〕由此可知王實曾以遼國文臣的身份，被遼道宗派任爲副使，前往宋國祝賀正旦。

（一三）王棠

《遼史》〈興宗本紀〉，說：「遼興宗重熙十五年（宋仁宗慶曆六年，一○四六年），……六月……戊辰（十九日），御清涼殿，放進士王棠等六十八人。」〔註49〕可知王棠爲遼國狀元，而《遼史》雖然有〈王棠傳〉，〔註50〕但是並未

〔註44〕《長編》，卷110，宋仁宗天聖九年閏十月己酉條，頁15。
〔註45〕《遼史》，卷17，本紀第17，聖宗8，頁203。
〔註46〕《長編》，卷131，宋仁宗慶曆元年四月己丑條，頁20～21。
〔註47〕《遼史》，卷19，本紀第19，興宗2，頁227。
〔註48〕《長編》，卷188，宋仁宗嘉祐三年十二月辛卯條，頁15。
〔註49〕《遼史》，卷19，本紀第19，興宗2，頁233。《遼史》〈王棠傳〉，也說：「王棠，……博古，善屬文。重熙十五年擢進士。鄉貢、禮部、廷試對皆第一。」（卷105，列傳第35，王棠，頁1464）

記載其被派任爲副使以及出使宋國的情形。因此據《長編》卷 190，說：「宋仁宗嘉祐四年（遼道宗清寧五年，一○五九年）……十二月……丙戌（二十五日），契丹國母遣歸德軍節度使耶律思甯、泰州觀察留後韓造、契丹遣懷化軍度使耶律頢、起居舍人知制誥史館修撰王棠來賀元正。」〔註51〕同書卷 192，又說：「宋仁宗嘉祐五年（遼道宗清寧六年，一○六○年）……十二月……庚辰（二十五日），契丹國母遣林牙右衛上將軍耶律道、太常少卿昭文館直學士柴德滋、契丹遣懷化軍節度使耶律頢、起居舍人知制誥史館修撰王棠，來賀正旦。」〔註52〕可知王棠曾兩度以遼國文臣的身份，被遼道宗派任爲祝賀宋國正旦的副使。

（一四）梁援

《遼史》〈道宗本紀〉，說：「遼道宗清寧五年（宋仁宗嘉祐四年，一○五九年）……是年，上御百福殿，放進士梁援等百一十五人。」〔註53〕孟初〈梁援墓誌〉也說：「清寧五年，公（梁援）二十有六歲，乃登甲科，實我大孝文皇帝龍飛之第一牓也。」〔註54〕可知梁援爲遼國狀元，但是《遼史》中未列其傳，也未記載其派任爲副使以及出使宋國的情形。因此據《長編》卷 248，說：「宋神宗熙寧六年（遼道宗咸雍九年，一○七三年）……十二月……是月，遼主遣益州觀察留後耶律洞、崇祿少卿竇景庸、其母遣左千牛衛上將軍耶律榮、太常少卿乾文閣待制梁授（援），來賀正旦。」〔註55〕可知梁援曾以遼國文臣的身份被遼太后派任爲副使，前往宋國祝賀正旦。而在〈梁援墓誌〉，又說：「（梁援）三奉命接送南朝國信副使，六充館伴副使，一充皇太后南朝正旦國信副使……。」〔註56〕則更可知其接觸遼宋外交工作頗深，並非只是出使宋國而已，但是其接送或館伴哪些宋國使節，卻因史料欠缺而無從知曉。

（一五）趙庭睦

《遼史》〈道宗本紀〉，說：「遼道宗咸雍六年（宋神宗熙寧三年，一○七

〔註50〕 《遼史》，卷 105，列傳第 35，王棠，頁 1464～1465。

〔註51〕 《長編》，卷 190，宋仁宗嘉祐四年十二月丙戌條，頁 23～24。

〔註52〕 《長編》，卷 192，宋仁宗嘉祐五年十二月庚辰條，頁 18。

〔註53〕 《遼史》，卷 21，本紀第 21，道宗 1，頁 258。

〔註54〕 孟初，〈梁援墓誌〉，收錄於向南編，《遼代石刻文編》（石家莊：河北教育出版社，1995 年 4 月），頁 520。

〔註55〕 《長編》，卷 248，宋神宗熙寧六年十二月條，頁 24。

〔註56〕 同註 53。

○年）……六月……是月，御永安殿，放進士趙廷（庭）睦等百三十八人。」
〔註57〕可知趙庭睦為遼國狀元，但是在《遼史》中未列其傳，也未記載其被
派任為副使和出使宋國的情形。而《長編》卷331，則說：「宋神宗元豐五年
（遼道宗大康七年，一○八二年）……十二月……壬申（二十六日），遼主遣
長甯軍節度使耶律儀、太常少卿乾文閣待制趙庭睦來賀正旦。」〔註58〕當時
宋朝廷正為西夏攻陷宋國西邊的永樂城而進行討論，因此對於遼國此時所派
的使節很敏感，在遼使節尚未到達宋汴京之前，宋神宗即有所指示，說：「河
南緣邊安撫司諜知，遼人令賀正旦副使趙庭睦覘朝廷西事。慮敵人因語言探
測虛實，其當酬應之辭，三省樞密院同議定，箚與館伴。」〔註59〕顯然遼宋
之間雖是長期維持和平外交，但是防範對方刺探軍情的策略是不會鬆懈的，
因此趙庭睦受到宋朝廷的特別注意。

（一六）劉霄

劉霄被錄為狀元，在《遼史》中未見記載，但是據畢沅《續資治通鑑》
卷70，說：「宋神宗熙寧七年（遼道宗咸雍十年，一○七四年）六月戊辰，遼
主（遼道宗）親出題試進士，旋放進士劉霄等如額。」〔註60〕因此可知其為
遼道宗咸雍十年狀元。至於其被派任為副使和出使宋國情形，據《東坡題跋》
〈記虜使誦詩〉，說：「余與北使劉霄會食，霄誦僕詩云：『"痛飲從今有幾日，
西軒月色夜來新"，公豈不飲者耶？』」〔註61〕另外，據何薳《春渚紀聞》卷
6，〈馬躓答問〉說：「元祐三年，北國賀正使劉霄入賀，公（蘇軾）與狄詠館
伴錫燕回，始行馬而公馬小躓，劉即前訊曰：『馬驚無苦否？』公應之曰：『銜

〔註57〕 《遼史》，卷22，本紀第22，道宗2，頁269。
〔註58〕 《長編》，卷331，宋神宗元豐五年十二月壬申條，頁21。
〔註59〕 註同前，宋神宗元豐五年十二月庚申條，頁17。
〔註60〕 《續資治通鑑》，卷70，宋紀70，頁1758。關於劉霄為遼道宗咸雍十年狀元，
　　　　可另見周密，《癸辛雜識別集下》（北京：中華書局，1988年1月），〈褚承亮
　　　　不就試〉，其說：「金人天會中，皇子郎君破真定，拘境內進士，立試場，褚
　　　　承亮字茂先，宣和中已擢第，至此匿不出。軍中知其才，遂押赴安國寺對策，
　　　　大抵以徽宗無道、欽宗失信為問。舉人承風旨，極行詆毀，茂先詣主文劉侍
　　　　中，云：『君父之過，豈臣子所宜言邪？』即揖而出，劉為變色。後數日，復
　　　　召茂先，問：『願附榜乎？』茂先堅不從。……劉侍中名霄產（霄），遼咸雍
　　　　中狀元，怨宋人海上之盟，故發此問。」（頁275）按，此一史事亦可見《金
　　　　史》（台北：鼎文書局，民國67年9月），卷127，列傳第65，隱逸，褚承亮，
　　　　頁2748。
〔註61〕 蘇軾，《東坡題跋》，收錄於《叢書集成新編》第51冊（台北：新文豐出版公
　　　　司，民國74年1月），卷3，〈記虜使誦詩〉，頁63。

勒在御，雖小失無傷也。』」〔註 62〕而《宋史》〈文彥博傳〉也說：「（文）彥博逮事四朝，任將相五十年，名聞四夷。元祐間，契丹使耶律永昌、劉霄來聘，蘇軾館客，與使入覲，望見（文）彥博於殿門外，卻立改容曰：『此潞公也邪？』問其年，曰：『何壯也。』軾曰：『使者見其容，未聞其語。其綜理庶務，雖精練少年有不如；其貫穿古今，雖名家有不逮。』使者拱手曰：『天下異人也。』」〔註 63〕由以上諸所引，可知劉霄出使宋國時，與接待他的宋臣蘇軾有充分的互動，而且也見過文彥博。

三、遼代文臣王師儒參與遼宋外交的情形

如前文所論述，遼國既然常以狀元出身的文臣爲副使，出使宋國，但是畢竟狀元出身的副使人選並不多，而且尚有很多不是狀元出身的文臣，在遼宋外交工作上也曾有一些特殊的表現。因此有關這一類的文臣，筆者擬舉在史書中有較多記載的遼代有名文臣王師儒參與遼宋外交的情形爲例，〔註 64〕期使讀者能更加了解此一方面的史實。

〔註 62〕何薳，《春渚紀聞》，收錄於《唐宋史料筆記叢刊》，卷 6，〈馬蹶答問〉，頁 94。

〔註 63〕脫脫，《宋史》（台北：鼎文書局，民國 67 年 9 月），卷 313，列傳第 72，文彥博，頁 10263。

〔註 64〕由於《全遼文》中有收錄〈王師儒墓誌銘〉，提及遼代有名文臣王師儒接觸遼宋外交事務的記載較多，因此筆者以其爲本文論述的代表人物。至於遼代文臣曾出使宋國者，筆者查閱《遼史》諸列傳，至少有下列三位，例如〈楊遵勗傳〉，說：「楊遵勗，……（遼興宗）重熙十九年登進士第，……累遷樞密院副承旨。咸雍三年（宋英宗治平三年，1066 年），爲宋國賀正使，……。」（《遼史》，卷 105，列傳第 35，楊遵勗，頁 1464）〈牛溫舒傳〉，說：「牛溫舒，咸雍中擢進士第，……乾統初，復參知政事，知南院樞密使事。五年（宋徽宗崇寧四年，1105 年），夏爲宋所攻，來請和解。溫舒與蕭得里底使宋，方大燕，優人爲道士裝，所土泥藥爐。優曰：『土少不能和。』溫舒遽起，以手藉土懷之。宋主（宋徽宗）問其故，溫舒對曰：『臣奉天子威命來和，若不從，則當卷土收去。』宋人大驚，遂許夏和。……。」（《遼史》，卷 86，列傳第 16，牛溫舒，頁 1335）〈耶律儼傳〉，說：「耶律儼，……本姓李氏，……登咸雍進士第。……壽隆（壽昌）初，授樞密直學士，以母憂去官，尋召復舊職。宋攻夏，李乾道遣使求和解。帝（遼道宗）命儼如宋平之，……。」（《遼史》，卷 98，列傳第 28，耶律儼，頁 1415）另外，陸游《老學庵筆記》也提到：「（宋哲宗）紹聖中，蔡京館遼使李儼，蓋泛使者，留館頗久。一日，儼方飲，忽持盤中杏，曰：『來未花開，如今多幸。』京即舉梨，謂之曰：『去雖葉落，未可輕離。』」（收錄於《唐宋史料筆記叢刊》，卷 4，頁 48）從以上各所引，我們可知遼代文臣在遼宋外交中曾經扮演了重要的角色，也與宋國君臣們有諸多的互動。

（一）王師儒為遼代有名文臣

在《遼史》〈列傳〉中雖然沒有王師儒的傳文，但是根據南抃〈王師儒墓誌銘〉和《遼史》〈道宗本紀〉的記載，可以知道其一生的表現，確實是一位遼代有名的文臣，文學造詣很高。例如〈王師儒墓誌銘〉，說：「公諱師儒，……少以種學績文業其家。及冠，病時輩拘於童子彫□□健其筆為之辭，故其譽藹鬱，自鄉黨達于輦轂間，大為作者所推，皆期公以上第。」〔註65〕可見王師儒在青少年時期，即頗享文名，甚至名聲達於皇帝。因此其從「年二十有六，舉進士，屈於丙科，特授將仕郎，守秘書省校書郎」。〔註66〕不久，「執政者惜公徒勞于州縣，擢充樞密院令史。（遼道宗咸雍）六年（宋神宗熙寧三年，一○七○年）夏，加太子洗馬，朝廷□委以掾局，猶謂未盡其才。是歲多，遽遷儒林郎直史館，仍易勳銜服章，同列榮之。其後大康三年（宋神宗熙寧十年，一○七七年）秋，加朝散大夫尚書□□郎中，賜紫金魚袋。次歲夏，遷將作少監，知尚書吏部銓。未幾，改授堂後官，仍充史館修撰，是歷試公以職業，蓋將以□□□□□□授秘書少監，充南宋正旦國信接伴。」〔註67〕顯然當時遼朝廷對於王師儒的文才頗為重視，因此其官職逐漸提昇，並且被委以要職。

另據《遼史》〈道宗本紀〉，說「（大康）十年三月丁巳，命知制誥王師儒、牌印郎君耶律固傳導燕國王延禧。……（大安）二年正月癸丑，召權翰林學士趙孝嚴、知制誥王師儒等講五經大義。……十年十二月甲戌，以參知政事趙廷睦兼同知樞密院事，樞密副使王師儒參知政事兼同知樞密院事。……壽隆元年十月癸未，以參知政事王師儒為樞密副使、漢人行宮都部署趙孝嚴參知政事。……六年十月壬寅，以樞密副使王師儒監修國史。」〔註68〕而〈王師儒墓誌銘〉，也說：「（大康）九年冬，道宗孝文皇帝以今上（天祚帝）始出閣，封梁王，而于卿士門□□□□□□□□以太常少卿乾文閣待制，命為伴讀。……旋授知制誥，……大安……三年（宋哲宗元祐二年，一○八七年），加諫議大夫。明年，遷給事中，權翰林侍讀學士。又明年，正授前職，仍加大中大夫。又明年，即拜翰林學士，簽諸行宮都部署。未周歲，兼樞密直學

〔註65〕南抃，〈王師儒墓誌銘〉，收錄於《全遼文》，卷10，頁291。
〔註66〕註同前。
〔註67〕同註65。
〔註68〕《遼史》，卷24，本紀第24，道宗4，頁289、291；卷25，本紀第25，道宗5，頁304。

士。八年，加尙書刑部侍郞，知樞密副使。是多，正授樞密副使，階升崇祿大夫，爵封開國公。十年，改授參知政事簽樞密院事，仍加散騎常侍，特賜佐理功臣。壽昌初，超拜同中書門下平章事，再知樞密副使，簽中書省事。嚮未十數年，清資要職。……及任宣政殿大學士判史館事，編修所申，國史已絕筆，宰相耶律儼奏，國史非經大手筆刊定，不能信後，擬公再加筆削。上從之，每豫遊閒，逢宴會，入宿閣夜飲，召親信者侍坐，則公必與焉。上方洽，命公進酒及素歌以佐之，公止賦詩代唱，御覽無不稱善。夫眞道、純德、懿文、樸學，士人之於四者，而長於一焉猶難，公獨兼而有之，信可字爲通夫矣。故宜發身入仕，遇知見器，上爲天子輔，次爲王者師，不四十年歷儒官，遊政府，……。」〔註69〕從以上所引，可知王師儒確爲遼代有名的文臣、儒士，而也就是因爲其具備這種身份與背景，因此使其得以有較多的機會接觸遼對宋的外交事務。

（二）王師儒擔任接伴使與宋使節的互動

據〈王師儒墓誌銘〉，說，「（遼道宗大康六年，宋神宗元豐三年，一〇八〇年）（王師儒）充南宋正旦國信接伴，……初公接伴宋使錢勰者，南國之聞人也。在驛塗，相與論六經子史及□□□□山南異物醫卜之書，公無不知者，聞其講貫，一皆輸伏。到闕，館宴次，故相國竇公景庸時任樞密直學士，方在館□□□□□□公以博洽，且言於本朝兩制間求之，亦不多得。時屬上微行，親耳之。自是恩禮眷待，絕異等倫。旋授知制誥，……。」〔註70〕這是王師儒第一次以遼朝廷文臣的身份擔任宋使節來聘時的接伴使。當時錢勰是在宋神宗元豐三年八月被任爲賀遼正旦使，其官銜是「權發提舉三司帳司司門員外郎」。〔註71〕而王師儒果然以其博學多識，與錢勰在前往晉見遼道宗的途中，充分地與錢勰討論經、子、史、醫、卜諸學，使錢勰頗爲心服。後來在館宴中，王師儒又於遼樞密直學士竇景庸面前，展現出其對遼宋兩國制度的熟知，獲得讚賞，並且傳聞於皇帝，因此特別受到遼道宗的禮遇和重用。

王師儒被授爲知制誥之後，據〈王師儒墓誌銘〉的記載，朝廷又以其「善辭令，可與賓客言，俾復充南宋賀生辰國信接伴」。〔註72〕但是此段記載並未

〔註69〕同註65，頁291～292。

〔註70〕同註65。

〔註71〕《長編》，卷307，宋神宗元豐三年八月癸丑條，頁17。

〔註72〕同註65。

述及當時王師儒所接伴者是何人？而且是宋國在何年何月所派，前來祝賀遼道宗的生日。筆者查閱許多史書，發現蘇轍自撰的《潁濱遺老傳上》有記載，說：「奉使契丹，虜以其侍讀學士王師儒館伴。師儒稍讀書，能道先君及子瞻所爲文，曰：『恨未見公全集。』然亦能誦〈服茯苓賦〉等，虜中類相愛敬者。」〔註73〕《宋史》〈蘇轍傳〉也述及王師儒在蘇轍爲生辰使至遼時曾任館伴，其說：「（蘇轍）代（蘇）軾爲翰林學士，尋權吏部尚書使契丹，館客者侍讀學士王師儒能誦（蘇）洵、軾之文及轍〈茯苓賦〉，恨不得見全集。」〔註74〕另外，蘇轍《欒城集》〈論北朝所見于朝廷不便事〉，則說：「及至帳前，館伴王師儒謂臣轍：『聞常服茯苓，欲乞其方。』蓋臣轍嘗作〈服茯苓賦〉，必此賦亦已到北界故也。」〔註75〕而《長編》卷431，說：「宋哲宗元祐四年八月癸丑（十六日），刑部侍郎趙君錫、翰林學士蘇轍爲賀遼國生辰使，閣門通事舍人高遵固、朱伯材副之。」〔註76〕這幾則史料雖然與〈王師儒墓誌銘〉中所言，有「接伴」和「館伴」的不同，但是仍然可以使我們知道王師儒在該次接伴（或館伴）宋使節應該就是蘇轍，以及當時他和蘇轍互動的情形。

（三）王師儒出使宋國與宋臣的互動

王師儒除了曾擔任宋使節來聘時的接伴使（或館伴使）之外，他也曾經出使宋國，例如據〈王師儒墓誌銘〉，說：「甫及大安歲，出爲南宋祭奠副使。」〔註77〕而據《長編》卷353、358，說：「宋神宗元豐八年（遼道宗大安元年，一〇八五年）三月戊戌（五日），上（宋神宗）崩于福寧殿。……七月丙午（十四日），遼國遣奉國軍節度使耶律琚、起居郎知制誥史館修撰王師儒來祭奠，……入皇儀殿大行皇帝神御前，行祭奠之禮，移班東幄殿，見上（宋哲宗），進名奉慰。」〔註78〕可知王師儒曾以文臣身份，被遼朝廷派任爲祭奠副使，出使宋國。

〔註73〕蘇轍，〈潁濱遺老傳上〉，《欒城集後集》（台北：台灣商務印書館，四部叢刊初編本，民國54年12月），卷12，頁592。

〔註74〕《宋史》，卷339，列傳第98，蘇轍，頁10828。

〔註75〕蘇轍，〈北使還論北邊事箚子五首〉，〈一論北朝所見於朝廷不便事〉，《欒城集》，卷41，頁414。

〔註76〕《長編》，卷431，宋哲宗元祐四年八月癸丑條，頁12。

〔註77〕同註65。

〔註78〕《長編》，卷353，宋神宗元豐八年三月戊戌條，頁3；卷358，宋神宗元豐八年七月丙午條，頁7。

另外，據龐元英《文昌雜錄》，說：「北人謂住坐處，曰：『捺鉢』。四時皆然，如春捺鉢之類是也，不曉其義。近者，彼國中書舍人王師儒來修祭奠，余充接伴使，因以問師儒，答云：『是契丹家語，猶言『行在』也。』」〔註79〕可知王師儒此次出使宋國，是由龐元英擔任接伴。但是此處稱其官銜爲「中書舍人」，而在《遼史》和〈王師儒墓誌銘〉中卻均未言及其曾擔任「中書舍人」一職，因此未知其此次是在何年以何種任務出使宋國，或者此處所言，即是與大安元年以祭奠副使出使宋國爲同一次。

（四）王師儒因部屬在致宋國書中筆誤被削職

據前文所論述，王師儒除了歷任遼朝廷重要職務之外，也常接觸遼宋之間的外交工作。但是至其晚年，卻因部屬在致宋國書中發生筆誤，使其遭受牽連而被削職。據〈王師儒墓誌銘〉，說：「（壽昌）六年夏，會南宋謝登位人使至，無何，宥曹書吏，誤以寶字加之，由是累及公（王師儒）與門下鄭相顒、中書韓相資讓，同日削平章事，仍罷樞密中書省職。上（遼道宗）尋知公非罪，密詔令多赴廣平甸之行在。及其至也，改授宣政殿大學士判史館事，上柱國食邑五百戶，依前伴讀燕國王。」〔註80〕另據《遼史》〈道宗本紀〉，說：「壽隆（壽昌）六年六月庚子，遣使賀宋主。辛丑，以有司案牘，書宋帝『嗣位』爲『登寶位』，詔奪宰相鄭顒以下官，出顒知興中府事，韓資讓爲崇義軍節度使，御史中丞韓君義爲廣順軍節度使。」〔註81〕雖然此段記載，並未提及王師儒，但是我們仍然可以知道與〈王師儒墓誌銘〉中所言，是指同一件事。而此一事件可謂是王師儒多年來接觸對宋外交工作的一個意外，也是其長期受器重的一次受創。幸好遼道宗不久即知道錯誤並非全在王師儒身上，因此很快召見他，並且改授其他職務，但是無論如何，已經使王師儒的仕途大受影響。

四、結論

綜觀以上的論述，我們可知遼宋外交的互動，除了進行正式的外交事務與禮儀之外，文學的互動在兩國的外交中實際上也扮演很重要的角色。尤其是在遼聖宗統和二十二年與宋訂立澶淵盟約之後，由於宋一意想在兩國外交

〔註79〕龐元英，《文昌雜錄》，收錄於《叢書集成新編》第84冊，卷6，頁61。
〔註80〕同註65。
〔註81〕《遼史》，卷26，本紀第26，道宗6，頁313。

的文學交往上與遼較勁，以取得在軍事、政治、氣勢上不如遼的心理平衡，因此造成遼在各種交聘活動上，也必須派文臣和來聘的宋使節或宋國的接、館、送伴官員交往。而自遼聖宗統和六年（宋太宗端拱元年，九八八年）開辦科舉後，培育了一些文臣，至此時正好可以將他們當作出使宋國或接待宋使節的最佳人選，其中又以狀元為優先的考慮，因此促成了遼代狀元比較有參與遼宋外交事務的機會。筆者認為此一史實，是值得我們注意的，因為透過此一史實，可以使我們更加了解當時遼宋外交的情形，以及遼宋文臣們對於維持兩國和平外交的貢獻。

另外，筆者在撰寫本文時，發現遼聖宗在統和六年（宋太宗端拱元年，988 年）開辦科舉之後，至統和二十二年（宋真宗景德元年，一〇〇四年），所錄取的進士名額，是從一位至六位不等。但是至統和二十四年（宋真宗景德三年，一〇〇六年），也就是與宋訂立澶淵盟約之後的第三年，錄取進士的名額卻一下子增加至二十三位，尤其是從遼聖宗開泰三年（宋真宗大中祥符七年，一〇一四年）開始，直至遼代末年，每年錄取進士的名額至少都在二十五位以上，甚至於有多達一百三十八位者。〔註 82〕筆者認為造成進士增加名額的原因，固然與當時遼代的政治、社會、民族、文化等諸多因素的演變有關，但是隨著遼宋外交交聘活動逐漸密切、頻繁，需要更多的文臣來參與遼宋外交的事務，這應該也是造成遼朝廷增加錄取進士名額的原因之一。誠如路振在《乘軺錄》中，所說：「（遼）歲選人材，尤異聰明知文史者，以備南使。」〔註 83〕可見此一作為，產生了正面的作用，使遼使節在對宋的外交活動中不至於簡陋無文。

總之，論述至此，我們可以體認，當時遼代的文臣雖然在出使宋國時，只是擔任副使。但是在宋國的文人天下中，他們和宋國君臣的互動與所發揮的作用應不會比遼國所派的正使還要短少才對。〔註84〕

〔註82〕筆者查閱《遼史》〈聖宗本紀〉、〈興宗本紀〉、〈道宗本紀〉〈天祚帝本紀〉，將各本紀有記載錄取進士名額的年份列成下表（見附錄一）。從此表所列遼代歷年錄取進士名額的增減，可以印證遼在統和二十二年與宋訂立澶淵盟約之後，開始長期的和平外交，需要更多文臣參與對宋的外交事務，因此成為促使遼朝廷增加錄取進士名額的原因之一。

〔註83〕同註 6。

〔註84〕可參閱顧宏義〈遼代儒學傳播與教育的發展〉（上），《華東師範大學學報》，教育科學版，1998 年第 3 期，頁 94。

附錄一

皇帝名稱	年　份	錄取進士名額
遼聖宗	統和六年（988 年）	1
	七年（989 年）	2
	八年（990 年）	2
	九年（991 年）	1
	十一年（993 年）	2
	十二年（994 年）	2
	十三年（995 年）	2
	十四年（996 年）	3
	十五年（997 年）	2
	十六年（998 年）	2
	十七年（999 年）	4
	十八年（1000 年）	3
	二十年（1002 年）	6
	二十二年（1004 年）	3
	二十四年（1006 年）	23
	二十六年（1008 年）	13
	二十七年（1009 年）	3
	二十九年（1011 年）	2
	開泰元年（1012 年）	19
	二年（1013 年）	6
	三年（1014 年）	31
	五年（1016 年）	48
	七年（1018 年）	37
	九年（1020 年）	45
	太平二年（1022 年）	47
	四年（1024 年）	47
	五年（1025 年）	72
	八年（1028 年）	57
遼興宗	景福元年（1031 年）	57
	重熙元年（1032 年）	57

	五年（1036 年）	49
	七年（1038 年）	55
	十一年（1042 年）	64
	十五年（1046 年）	68
遼道宗	清寧元年（1055 年）	44
	五年（1059 年）	115
	八年（1062 年）	93
	咸雍二年（1066 年）	101
	六年（1070 年）	138
	大康五年（1079 年）	113
	九年（1083 年）	51
	大安二年（1086 年）	26
	六年（1090 年）	72
	八年（1092 年）	53
	壽隆元年（1095 年）	130
	六年（1100 年）	87
遼天祚帝	乾統三年（1103 年）	103
	七年（1107 年）	100
	九年（1109 年）	90
	天慶二年（1112 年）	77
	八年（1118 年）	103
	保大二年（1122 年）	2
耶律淳	建福元年（1122 年）	19
蕭德妃	德興元年（1122 年）	108

徵引書目

一、史料

1. 王闢之，《澠水燕談錄》，收錄於《唐宋史料筆記叢刊》，中華書局，1979年。
2. 向南，《遼代石刻文編》，石家莊：河北教育出版社，1975年。
3. 何薳，《春渚紀聞》，收錄於《唐宋史料筆記叢刊》，北京，中華書局，1979年。
4. 李燾《續資治通鑑長編》，上海：上海古籍出版社，1986年。
5. 周密，《癸辛雜識別集》（下），北京：中華書局，1988年。
6. 畢沅，《續資治通鑑》，北京：中華書局，1957年。
7. 脫脫，《金史》，台北，鼎文書局，民國67年。
8. 脫脫，《宋史》，台北：鼎文書局，民國67年。
9. 脫脫，《遼史》，台北：鼎文書局，民國67年
10. 陳述，《全遼文》，台北：鼎文書局，民國62年。
11. 陸游，《老學庵筆記》，收錄於《唐宋史料筆記叢刊》，北京：中華書局，1979年。
12. 路振，《乘軺錄》，收錄於《遼史彙編》（六），台北：鼎文書局，民國62年。
13. 龐元英，《文昌雜錄》，收錄於《叢書集成新編》，台北：新文豐出版公司，民國74年。
14. 蘇軾，《東坡題跋》，收錄於《叢書集成新編》，台北：新文豐出版公司，民國74年。
15. 蘇轍，《欒城集》，台北：台灣商務印書館，民國54年。
16. 蘇轍，《欒城集後集》，台北：台灣商務印書館，民國54年。

二、近人著作

1. 陶晉生，《宋遼關係史研究》，台北：聯經出版公司，民國73年。
2. 周臘生，《遼金元狀元奇談‧遼金元狀元譜》，北京：紫金城出版社，2000年。
3. 聶崇岐，《宋史叢考》（下）台北：華世出版社，民國75年。

三、論文

1. 王水照，〈論北宋使遼詩的兩個問題〉，《山西詩大學報》（社會科學版），第19卷第2期，1992年。

2. 黃鳳岐，〈遼宋交聘及其有關制度〉，《社會科學輯刊》，1985 年第 2 期。

3. 蔣武雄，〈遼與北漢興亡的關係〉，《東吳歷史學報》第 3 期，民國 86 年。

4. 蔣武雄，〈宋遼外交中的詩歌交往〉，《中國中古史研究》，第 1 期，台北：蘭台出版社，2002 年。

5. 蔣武雄，〈宋滅北漢之前與遼的交聘活動〉，《東吳歷史學報》第 11 期，民國 93 年。

6. 蔣武雄，〈論宋真宗對建立與維護宋遼和平外交的心意〉，《東吳歷史學報》第 15 期，民國 95 年。

7. 聶崇岐，〈宋遼交聘考〉，《宋史叢考》（下）台北：華世出版社，民國 75 年。

8. 顧宏義，〈遼代儒學傳播與教育的發展〉（上），《華東師範大學學報》，（教育科學版），1998 年第 3 期。

──《東吳歷史學報》第 17 期〔民國 96 年 6 月〕，頁 25～48

從墓誌論遼臣在遼宋外交的事蹟

摘　要

　　關於遼宋外交關係的史料，雖然可以在《遼史》中，看到一些屬於遼國方面的記載，但是《遼史》的內容過於簡略，有許多遼臣接觸遼宋外交的事蹟被忽略，或未被列傳。因此筆者擬從《遼代石刻文編》和《遼代石刻文續編》所收錄的遼人墓誌，節錄出傳主接觸遼宋外交事務的記載，予以進一步的探討。

關鍵詞：遼、宋、外交、墓誌銘

一、前言

遼代書禁嚴格，據沈括《夢溪筆談》，說：「契丹書禁甚嚴，傳入中國者，法皆死。」〔註1〕因此遼人著作大多只流傳於其本國境內，後來隨著遼國的滅亡，遼人的著作也就多失傳，造成現存遼代歷史文獻嚴重缺乏，也導致今日研究遼代史事者常有史料不足之嘆。而研究遼宋外交關係史也是如此，雖然可以徵引、參考元代修纂的《遼史》、〔註2〕《宋史》、〔註3〕以及宋人著作《續資治通鑑長編》〔註4〕（以下簡稱《長編》）、《宋會要輯稿》、〔註5〕《契丹國志》〔註6〕等史書，但是學者們仍然深感文獻不足。尤其是以上所列史書大多是居於宋人立場撰述宋遼外交情事，以致於在今日，我們想要運用遼人的歷史文獻來探討遼宋外交，則頗為難以獲得。

幸好這二、三十年來，遼人石刻文獻被發掘越來越多，並且將其加以整理和收錄的書籍，也至少約有下列八種，例如《全遼文》、〔註7〕《遼代石刻文編》、〔註8〕《遼金元石刻彙編》、〔註9〕《全遼金文》、〔註10〕《內蒙古遼代石刻文研究》、〔註11〕《遼上京地區出土的遼代碑刻彙輯》、〔註12〕《遼代石刻文續編》、〔註13〕《遼代墓誌疏証》〔註14〕等。其中以《遼代石刻文編》

〔註 1〕 沈括，《夢溪筆談》（台北：台灣商務印書館，民國 54 年 2 月），卷 15，藝文 2，頁 100。

〔註 2〕 脫脫，《遼史》，台北：鼎文書局，民國 67 年 11 月。

〔註 3〕 脫脫，《宋史》，台北：鼎文書局，民國 67 年 9 月。

〔註 4〕 李燾，《續資治通鑑長編》（以下簡稱《長編》），上海：上海古籍出版社，1986 年 2 月。

〔註 5〕 徐松，《宋會要輯稿》，北京：中華書局，1997 年 6 月。

〔註 6〕 葉隆禮，《契丹國志》，收錄於《遼史彙編》（七），台北：鼎文書局，民國 62 年 10 月。

〔註 7〕 陳述輯，《全遼文》，台北：鼎文書局，民國 62 年 10 月。

〔註 8〕 向南，《遼代石刻文編》，石家莊：河北教育出版社，1995 年 4 月。

〔註 9〕 國家圖書館善本金石組，《遼金元石刻文獻全編》，北京：北京圖書館出版社，2003 年 3 月。按，該出版社在 2000 年 8 月曾出版《歷代石刻史料彙編》，二書內容一樣。

〔註 10〕 閻鳳梧主編，《全遼金文》，太原：山西古籍出版社，2002 年 8 月。

〔註 11〕 蓋之庸，《內蒙古遼代石刻文研究》，呼和浩特：內蒙古大學出版社，2002 年 5 月。

〔註 12〕 劉鳳翥、唐彩蘭、青格勒編，《遼上京地區出土的遼代碑刻彙輯》，北京：社會科學文獻出版社，2009 年 8 月。

〔註 13〕 向南、張國慶、李宇峰輯注，《遼代石刻文續編》，瀋陽：遼寧人民出版社，2010 年 1 月。

和《遼代石刻文續編》所收錄的遼人墓誌，涵蓋對象比較具有全面性，而且至目前爲止，似乎尚未有學者根據遼人墓誌撰寫成討論遼宋外交的專文。因此筆者以此二書爲依據，共找出十八位傳主的墓誌中，有提到其與遼宋外交事務接觸的情形，〔註15〕然後再依據這些傳主卒年的先後，逐一探討其與遼宋外交有關的事蹟。

二、遼人墓誌傳主與遼宋外交事務的接觸

（一）耶律琮（卒於遼景宗保寧十一年之前？，宋太宗太平興國四年之前？，
　　　　　　九七九年之前？）

《遼代石刻文編》〈耶律琮神道碑〉，說：

　　……遠結歡盟玉帛交通須爲政道路無壅烽候不壇高眠。……。〔註16〕

由於《遼代石刻文編》所收錄〈耶律琮神道碑〉的內容，只是其碑文第一面的抄本，因此造成以上引文正好是該碑文抄本中的最後一句，也以致於語焉不詳。幸好在《內蒙古遼代石刻文研究》書中，有收錄此一神道碑比較完整的碑文，其介紹此碑的概況，說：「（耶律琮）神道碑位於赤峰市喀喇沁旗西橋鄉松嶺之鐵匠營子村。……碑首前額陰刻篆書"故太師令公神道之碑"9字。碑身四面皆刻銘文，計正面 26 行，背面 22 行，右側 4 行，左側 5 行。每行字數不一，最多者 89 字，最少者 11 字，全文約計 4000 多字。此碑毀于1971 年。」〔註17〕另外，在該書〈前言〉，也說：「此碑 1971 年被毀，而 1995年出版的關于遼代石刻文的著作（指《遼代石刻文編》）中所收錄的字數，僅是此石刻初被發現時的一半。」〔註 18〕因此後來由同位編者所出版的《遼代石刻文續編》，根據《內蒙古遼代石刻文研究》〈耶律琮神道碑〉，在〈補編二〉，又補錄了此一神道碑的碑文。〔註 19〕使耶律琮接觸遼宋外交事務的事蹟有比較完整的記載，其說：

〔註14〕齊作聲，《遼代墓誌疏証》，瀋陽：瀋陽出版社，2010 年 6 月。
〔註15〕按，有些傳主曾接觸遼宋外交事務，但是其墓誌銘卻隻字未提者，本文即不列入討論，例如耶律庶幾、耶律延寧。
〔註16〕郭青，〈耶律琮神道碑〉，《遼代石刻文編》，頁 59。按，《全遼文》、《遼代石刻文編》均稱郭奇，但是《內蒙古遼代石刻文研究》、《遼代石刻文續編》則稱郭青，筆者亦認爲以郭青爲正確。
〔註17〕郭青，〈耶律琮神道碑〉，《內蒙古遼代石刻文研究》，頁 50。
〔註18〕書同前，〈前言〉，頁 3。
〔註19〕郭青，〈耶律琮神道碑〉，《遼代石刻文續編》，補編 2，頁 340～344。

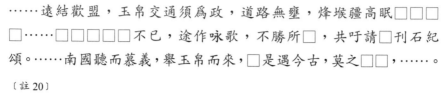

……遠結歡盟，玉帛交通須爲政，道路無壅，烽堠疆高眠□□□
□……□□□□□不已，途作咏歌，不勝所□，共吁請□刊石紀
頌。……南國聽而慕義，舉玉帛而來，□是遇今古，莫之□□，……。
〔註20〕

根據以上的引文，顯示出耶律琮在遼宋外交中應該是曾經扮演了相當重要的
角色，也曾經做出很大的貢獻，深受遼人的肯定。但是其碑文如此簡略的描
述，我們實在無法清楚知道，他到底在遼宋外交中扮演了什麼樣的角色？以
及做出什麼樣的貢獻？

　　爲了使讀者更能了解此一史實，筆者在此擬先列出宋人幾本史書相關的
記載，以便讀者可以互相印證。例如《楊文公談苑》〈耶律琮求通好書〉，說：
「開寶中，虜涿州刺史耶律琮遺書于我雄州刺史孫全興，求通好曰：『兵無
交于境外，言即非宜；事有利于國家，事（專）之亦可。』其文采甚足觀。」
〔註21〕《東都事略》卷第123，說：「（宋太祖）開寶七年（遼景宗保寧六年，
九七四年），其涿州刺史耶律琮，以書遺雄州孫全興乞修好。其書有云：『臣
無交於境外，言則非宜，事有利於國家，專之亦可。』全興以聞太祖，命以
書答之，遂遣其臣克妙骨謹思來聘。」〔註22〕《長編》卷15、16，說：「開寶
七年十一月甲午（二十日），契丹涿州刺史耶律琮，致書于權知雄州內園使孫
全興，其略云：『兩朝初無纖隙，若交馳一介之使，顯布二君之心，用息疲民，
長爲鄰國，不亦休哉。』……辛丑（二十七日），（孫）全興以（耶律）琮書
來上，上（宋太祖）命全興答書，并修好焉。……開寶八年……三月，契丹
遣使克妙骨愼思奉書來聘。詔閤門副使郝崇信至境上迓之。」〔註23〕《宋朝
事實》卷20，說：「開寶七年十一月，其涿州刺史耶律琮，以書遺知雄州孫全
興，曰：『琮受君恩，猥當邊任。臣無交于境外，言則非宜，事有利於國家，
專之亦可。竊思南北兩地，古今所同，曷嘗不世載歡盟，時通贄幣，往者晉
氏後主，政出多門，惑彼彊臣，忘我大義，干戈以之日用，生靈于是罹災。
今茲兩朝，本無纖隙，若或交馳一介之使，顯布二君之心，用息疲民，重修

〔註20〕書同前，頁342～344。
〔註21〕楊億，《楊文公談苑》（上海：上海古籍出版社，1993年8月），耶律琮求通好
　　　　書，頁166。
〔註22〕王稱，《東都事略》（台北：文海出版社，民國56年1月），卷第123，附錄1，
　　　　遼國上，頁2。
〔註23〕《長編》，卷15，宋太祖開寶七年十一月甲午條，頁11、卷15，宋太祖開寶
　　　　七年十一月辛丑條，頁11、卷16，宋太祖開寶八年三月已亥條，頁4。

舊好，長為與國，不亦休哉。琮以甚微，敢干斯義。遠布通悟，洞垂鑒詳。』八年三月，遣款附使格什古星什奉書來聘」〔註24〕《宋會要輯稿》，說：「開寶七年十一月，契丹僞涿州刺史耶律琮，以書遺知雄州孫全興，詔全興以書答之。書云：『琮濫受君恩，猥當邊任。臣無交於境外，言則非宜，事有利於國家，專之亦可。竊思南北兩地，古今所同，曷嘗不世載歡盟，時通贄幣，往者晉氏後主，政出多門，惑彼彊臣，忘我大義，干戈以之日用，生靈於是罹災。今茲兩朝，本無纖隙，若或交馳一介之使，顯布二君之心，用息疲民，重修舊好，長為與國，不亦休哉。琮以甚微，敢干斯義。遠布通悟，洞垂鑒詳。』……八年三月二十六日，契丹遣款附使克妙骨慎思等十二人奉書來聘。……。」〔註25〕《太平治蹟統類》卷2〈太祖經略幽燕〉，說：「（開寶）七年十一月，契丹涿州刺史耶律琮，以書遺知雄州孫全興，曰：『琮受君命，出守雄邊，臣論交於境外，言則非宜，事有利於國家，專之亦可。南北兩地，古今所同，曷嘗不屢載歡盟，時通贄幣，往者晉氏後主，政出多門，惑彼彊臣，忘我大義，干戈以之用，生靈於是罹災。今茲兩朝，本無纖隙，若或交馳一介之使，顯布二君之心，用息疲民，重修舊好，長為與國，不亦休哉。琮以甚微，敢干斯義。遠希通悟，洞垂鑒詳。』太祖命全興以書答焉。八年閏三月，契丹遣使克沙骨謹思奉書來聘。」〔註26〕我們將此五項記載加以互相印證，應該可以知道當時耶律琮在遼景宗保寧六年，即宋太祖開寶七年，曾經以遼國涿州刺史的身份致書宋國邊鎮雄州知州孫全興，提議遼宋兩國可以進行建交。耶律琮的舉動可謂開啓了遼宋雙方和平外交的契機，而且經由孫全興通報後，也得到了宋太祖的贊同，命令孫全興予以正面的答覆，因此建立起兩國早期的和平外交關係。

從宋人以上的著作，我們可以知道耶律琮在遼宋外交史上，確實扮演了相當重要的角色，以及做出了很大的貢獻。但是在《遼史》中卻沒有以耶律琮之名為其列傳，而且是以不同的名字記載其事蹟，例如《遼史》〈景宗本紀〉，

〔註24〕 李攸，《宋朝事實》（台北：文海出版社，民國56年1月），卷20，經略幽燕，頁7。
〔註25〕 《宋會要輯稿》，卷5257，蕃夷1，契丹，頁1～2。
〔註26〕 彭百川，《太平治蹟統類》（台北：成文出版社，民國55年4月），卷2，太祖經略幽燕，頁3。按，以上諸所引，均似指遼國為宋遼兩國議和的起意者，但是耶律琮致書宋雄州孫全興，其實是回應宋國先前數次遣使請和，則宋國又似為起意者。（可參閱曹顯征，《遼宋交聘制度研究》，北京：中央民族大學歷史系博士學位論文，2006年4月），頁9～10。

說：「（遼景宗）保寧六年，（宋太祖開寶七年，九七四年）三月，宋遣使請和，以涿州刺史耶律昌朮加侍中與宋議和。」〔註27〕同書〈耶律合住傳〉，說：「保寧初，加右龍虎衛上將軍，以宋師屢梗南邊，拜涿州刺史。……（耶律）合住久任邊防，雖有克獲功，然務鎮靜，不妄生事以邀近功。鄰壤敬畏，屬部乂安。宋數遣人結歡，冀達和意，合住表聞其事，帝許議和。安邊懷敵，多有力焉。」〔註28〕依此二則史料所言，顯然都是在敘述與耶律琮同樣的事蹟，但是卻出現了耶律昌朮、耶律合住與耶律琮相異的名字。

關於耶律琮這種同人異名的情形，曾有數位學者做過探討，例如傅樂煥〈宋遼聘使表稿〉（二）「宋遼聘使表」，說：「局本作"耶律昌珠"，按《遼史》八六耶律合住（改本作和卓）傳：拜涿州刺史，宋數遣人結歡，合住表聞。帝許議和云云，所記情節與昌朮事蹟合。」〔註29〕陳述在其《全遼文》所收錄的〈與知雄州孫全興書〉後，附有考證之語，說：「按，〈與孫全興書〉，并見於《宋朝事實》、《統類》、《會要》、《長編》，皆稱契丹涿州刺史耶律琮致書孫全興云云。檢《遼史・聖宗（應是景宗為正確）紀》保寧六年，三月，宋遣使請和，以涿州刺史加侍中與宋議和，蓋琮即昌朮也。考《遼史・耶律合住傳》，『拜涿州刺史，宋數遣人結歡，兼達和意，合住表聞。帝許之。』曷、昌形似，朮、住音同，實一人也。」〔註30〕蓋庸之《內蒙古遼代石刻文研究》也做出整合，說：「耶律琮據其生平事迹，可考其即為《遼史》所載的耶律合住或耶律昌朮。《遼史・景宗本紀》：保寧六年春三月"宋遣使請和，以涿州刺史耶律昌朮加侍中與議和。""昌朮"之名與"合住"為同音異譯。殿本"考證"引孫逢吉《職官分紀》稱："開寶七年，契丹涿州刺史耶律琮以書遺雄州孫全興願講和好于朝廷。……遼書昌朮，而宋書琮，則名參差不同。"此外羅繼祖先生曾指出："昌朮、合住、琮實一人三名"。"朮、住音近，合、昌則殊不類，意本作曷，傳寫誤昌耳"。陳述先生亦曾指出："蓋琮即昌朮也"。"曷昌形似，朮住音同，實一人也"。耶律琮即《遼史》所載的耶律合住或耶律昌朮，已為學界共識，此不贅考。」〔註31〕

〔註27〕《遼史》，卷8，本紀第8，景宗上，頁94。

〔註28〕《遼史》，卷86，列傳第16，耶律合住，頁1321。

〔註29〕傅樂煥，〈宋遼聘使表稿〉（二）「宋遼聘使表」，收錄於《遼史彙編》（八）（台北：鼎文書局，民國62年10月），頁546。

〔註30〕耶律琮，〈與知雄州孫全興書〉，《全遼文》，卷4，按語，頁84。

〔註31〕郭青，〈耶律琮神道碑〉，《內蒙古遼代石刻文研究》，「三、碑文考釋」，頁51。

綜合以上三位學者的考證，我們可確知耶律琮與耶律昌朮、耶律合住其實均爲同一人。但是另據《遼史》〈聖宗本紀〉，說：「統和二十三年（宋眞宗景德二年，一○○五年）……十一月戊申（四日），上（遼聖宗）遣太保合住、頒給使韓簡（橚），太后遣太師盆奴、政事舍人高正使宋賀正旦。」〔註32〕以及《長編》卷61，說：「宋眞宗景德二年（遼聖宗統和二十三年，一○○五年）……十二月……庚子（二十六日），契丹遣保靜軍節度使耶律乾甯、左衛大將軍耶律昌主、副使宗正卿高正、右金吾衛將軍韓橚奉書禮，來賀來年正旦。」〔註33〕這表示耶律琮（耶律合住、耶律昌朮）應該在後來即遼聖宗統和二十三年（一○○五年）時，曾經被派任爲正旦使出使宋國。但是據《內蒙古遼代石刻文研究》〈耶律琮神道碑〉，說：「□年□□□三日而終，公享年五十有一。……保寧十一年春□二月丙寅，夫人爰命植夫馭馳之役，庸賃百工，大營葬事，……。」〔註34〕雖然此段碑文有所殘缺，使我們無法明確知道耶律琮的卒年，但是卻告訴我們，耶律琮夫人在遼景宗保寧十一年（九七九年）曾經因爲耶律琮的死亡，「大營葬事」，也就是說耶律琮在此年之前已經死亡，享年五十一歲。因此《遼史》與《長編》在此處所說「耶律合住」、「耶律昌主」於遼聖宗統和二十三年（一○○五年）出使宋國，到底又是指何人呢？有待日後能尋得更多的相關史料，再作進一步的考證。

（二）**韓橚**（卒於遼興宗重熙五年，宋仁宗景祐三年，一○三六年）

《遼代石刻文編》〈韓橚墓誌〉，說：

> （遼聖宗）統和二十三年，……趙宋氏致幣結歡，歃牲修睦，將叶
> 皇華之詠，簡求專對之才，以公（韓橚）充賀正之副，達於汴都。……
> 復南使于宋，……張旌即次，飛蓋出疆，依然郊勞之儀，宛若館穀
> 之數，荐盟君好，緯布賓榮。〔註35〕

根據此段引文，可知韓橚出使宋國，前後有兩次。第一次，據《遼史》〈聖宗本紀〉，說：「統和二十三年（宋眞宗景德二年，一○○五年）……十一月戊申

〔註32〕《遼史》，卷14，本紀第14，聖宗5，頁162。

〔註33〕《長編》，卷61，宋眞宗景德二年十二月庚子條，頁21。

〔註34〕郭青，〈耶律琮神道碑〉，《內蒙古遼代石刻文研究》，頁48〜49。按，據此段碑文內容，則《遼代石刻文編》和《內蒙古遼代石刻文研究》，在〈耶律琮神道碑〉標題均標爲保寧十一年，其實此年爲營葬之年，而其卒年應在此年之前。但是因碑文破損，因此正確卒年不明。

〔註35〕李萬，〈韓橚墓誌〉，《遼代石刻文編》，頁204〜205。

（四日），上（遼聖宗）遣太保合住、頒給使韓簡（橁），太后遣太師盆奴、政事舍人高正使宋賀正旦。」〔註36〕以及《長編》卷61，說：「宋眞宗景德二年（遼聖宗統和二十三年，一○○五年）……十二月……庚子（二十六日），契丹遣保靜軍節度使耶律乾甯、左衛大將軍耶律昌主、副使宗正卿高正、右金吾衛將軍韓橁奉書禮，來賀來年正旦。」〔註37〕顯見韓橁是在統和二十三年以賀宋正旦副使身份使宋。而且當時遼與宋剛剛於統和二十二年（宋眞宗景德元年，一○○四年）十二月簽訂澶淵盟約，因此韓橁此次使宋，等於是遼與宋簽訂澶淵盟約之後，遼朝廷第一次派遣正旦使前往宋國祝賀來年（即統和二十四年，宋眞宗景德三年，一○○六年）的元旦，韓橁能躬逢其盛，可謂相當難得。但是《宋會要輯稿》所記載，對於韓橁此次使宋卻有漏字的情形，其說：「景德……二年……十二月，國母遣使保靜軍節度使耶律乾甯、副使宗正卿高正，國主遣使左衛大將軍耶□□主、右金吾襲或五襲七件紫青貂鼠韈被，……。」〔註38〕在「右金吾」之後，恰好漏掉了韓橁姓名，殊爲可惜。

另外，關於韓橁此次使宋，尚有一事必須加以討論，即是韓橁爲武臣的問題。據聶崇岐〈宋遼交聘考〉，說：「國信使副，例爲一文一武，惟遼有時俱以武臣充選，……若使副之孰文孰武，兩朝又頗不同。宋初遣使，文武先後，並無定例。……洎澶淵盟後，制乃畫一，大使（正使）皆用文，副使皆用武，惟報哀使率以武人應選，百餘年間，相因不改。若遼則不然，其所遣者，大使少非武臣，副使乃多文吏。」〔註39〕此種正使、副使的派任，在宋方正使是文臣、副使是武臣，在遼方正使是武臣、副使是文臣的辦法，其形成的背景，在於當時宋朝國勢不如遼，而且每年又必須輸送大量的歲幣給遼，使宋人在心理上頗爲不平衡。因此宋朝廷每次派遣使節使遼時，就常常以文學造詣優秀的大臣爲選派的條件之一，把宋遼的外交導引爲文學交往的型式，以便在外交上可以獲得優越感，進而紓解長久以來遼強宋弱的抑悶。〔註40〕陶晉生在〈從宋詩看宋遼關係〉文中提到這種情形，說：「宋人有意

〔註36〕 《遼史》，卷14，本紀第14，聖宗5，頁162。
〔註37〕 《長編》，卷61，宋眞宗景德二年十二月庚子條，頁21。
〔註38〕 《宋會要輯稿》，卷5257，蕃夷1之35，頁35。
〔註39〕 聶崇岐，〈宋遼交聘考〉，《宋史叢考》（下）（台北：華世出版社，民國75年），頁304～305。
〔註40〕 可參閱王水照，〈論北宋使遼詩的兩個問題〉，《山西師大學報》（社會科學版）19卷2期，1992年4月，頁37～43；蔣武雄，〈宋遼外交中的詩歌交往〉，《中國中古史研究第1期（台北：蘭台出版社，2002年9月），頁229～245。

炫燿其文明，以影響契丹人，往往妙選著名文人大使。」〔註41〕而在此情勢之下，遼朝廷也不甘示弱，在派任正使的人選上，雖然是由武臣擔任，但是副使的人選，則往往以文臣爲派任的對象，以便能在遼宋外交文學交往的型式上，與宋國有旗鼓相當的互動，因此路振《乘軺錄》，說：「（遼宋）通好以來，歲選人材，尤異聰敏知文史者，以備南使。」〔註42〕

但是當時韓橁擔任遼國的使宋副使，其身份卻是一位武臣，而非文臣。據〈韓橁墓誌〉，說：「……公（韓橁）……尤工騎射，洞曉韜鈐。」〔註43〕而且在其第一次使宋之後不久，曾因征伐高麗，遼朝廷授其爲「左第一驍騎部署。軍還，加左監門衛大將軍，知歸化州軍州事」。〔註44〕可見其確實爲一武臣，但是卻以武臣擔任使宋副使的工作。筆者認爲這可能與遼宋在訂盟初期，有些人事制度尚未成爲定制有關，也就是此時遼朝廷所派的副使並非完全如前文所言，一定是屬於文臣的身份，也有例外的情形。筆者針對此事再作進一步探討，認爲可能也與韓橁出身遼國漢人名門有關，因爲在〈韓橁墓誌〉中，提到：「公諱橁，……（韓）知古，曾祖父也。……（韓）匡美，祖父也。……（韓）匡嗣，伯祖父也。……（韓）德讓，賜名隆運，……從世父也。……烈考諱（韓）瑜，……先娶蘭陵蕭氏，封本郡夫人，生九子，所存者公（韓橁）最幼也。」〔註45〕可知韓橁的父執輩多爲遼代重要人物，其身世背景良好，因此其雖爲武臣，但是遼朝廷仍特別加以重用，常委以副使的重任，〔註46〕甚至於後來又有第二次使宋的派任。

至於韓橁第二次使宋，在《遼史》、《宋會要輯稿》中卻都沒有相關的記載，只見於前引〈韓橁墓誌〉所言，以及《長編》卷112，說：「宋仁宗明道二年（遼興宗重熙二年，一〇三三年）正月壬申（五日），契丹遣右金吾衛上將軍耶律霸、昭德軍節度使韓橁，來賀長甯節。」〔註47〕但是根據此二項記載，我們應該已可以確定韓橁後來曾經以生辰副使的身份第二次使宋，祝賀宋仁宗的生日，並且也顯示出墓誌的史料價值，正可以補充史書記載的不足。

〔註41〕陶晉生，〈從宋詩看宋遼關係〉，《宋遼關係史研究》（台北：聯經出版事業公司，民國73年7月），頁181～202。
〔註42〕路振，《乘軺錄》，收錄於《遼史彙編》（六），頁4。
〔註43〕同註35，頁204。
〔註44〕同註35，頁205。
〔註45〕同註35，頁204。
〔註46〕按，韓橁除了以副使身份兩次使宋之外，也曾出使沙洲、高麗。
〔註47〕《長編》，卷22，宋仁宗明道二年正月壬申條，頁1。

（三）**張思忠**（卒於遼興宗重熙七年，宋仁宗寶元元年，一〇三八年）

《遼代石刻文編》〈張思忠墓誌〉，說：

　　……又以光膺主綍，遠奉使華，詔御始還，滂澤載被。……。〔註48〕

依此段引文所言，張思忠應該是曾經以副使身份使宋，但是筆者查閱《遼史》、《長編》、《宋會要輯稿》均未見有其使宋的相關記載。另外，在聶崇岐〈宋遼交聘考〉所列的「（宋遼）生辰國信使副表」、「（宋遼）正旦國信使副表」、「（宋遼）祭弔等國信使副表」、「（宋遼）泛使表」，〔註49〕以及傅樂煥〈宋遼聘使表稿〉，〔註50〕也均未見其列有張思忠的姓名與使宋的事蹟，因此不知當時張思忠是以何種官銜、何種任務使宋。

（四）**王澤**（卒於遼興宗重熙二十二年，宋仁宗皇祐五年，一〇五三年）

《遼代石刻文編》〈王澤墓誌〉，說：

　　……奉使華而惟謹，（遼興宗重熙）六年〈宋仁宗景祐四年，一〇三七年〉，充賀南朝正旦副使，……。〔註51〕

王澤為遼國文臣，據其〈墓誌〉稱，王澤「以開泰七年（宋真宗天禧二年，一〇一八年），登進士第。……授秘書省校書郎。……充史館修撰，……」。〔註52〕因此其得以文臣身份被遼朝廷派任為賀宋正旦副使，在《遼史》〈興宗本紀〉，也說：「重熙五年（宋仁宗景祐三年，一〇三六年），……十月……甲子（二十日），……以耶律祥、張素民、耶律甫、王澤充賀宋生辰、正旦使副。」〔註53〕但是此處所言「重熙五年，……十月……甲子」，是指遼朝廷派任王澤為賀宋正旦副使的時間。而其〈墓誌〉言，「（重熙）六年，充賀南朝正旦副使」，則是指王澤後來使宋的時間，據《長編》卷120，說：「（宋仁宗）景祐四年（遼興宗重熙六年，一〇三七年）……十二月……癸未（十六日），契丹遣始平節度使耶律甫、衛尉卿王澤來賀正旦。」〔註54〕可見當時遼朝廷是在前一年即重熙五年十月，即已派任王澤為賀宋正旦副使，但是其至宋汴京進行交聘活動的時間，則是在重熙六年十二月。

〔註48〕柴德基，〈張思忠墓誌〉，《遼代石刻文編》，頁216。

〔註49〕聶崇岐，〈宋遼交聘考〉，《宋史叢考》（下），頁334～375。

〔註50〕傅樂煥，〈宋遼聘使表稿〉，收錄於《遼史彙編》（八），頁544～623。

〔註51〕王綱，〈王澤墓誌〉，《遼代石刻文編》，頁260。

〔註52〕註同前。

〔註53〕《遼史》，卷18，本紀第18，興宗1，頁218。

〔註54〕《長編》，卷120，宋仁宗景祐四年十二月癸未條，頁22。

　　另外，筆者查閱《長編》卷179，說：「（宋仁宗）至和二年（遼興宗重熙二十四年，即遼道宗清寧元年，一○五五年）……四月……己亥（十一日），契丹國母遣歸德節度使左驍衛上將軍蕭知微、永州留後王澤，契丹主遣保安節度使左監門衛上將軍耶律防、殿中監王懿等，來賀乾元節，并獻契丹主繪像。李埴十綱要，己亥，契丹主遣使以其畫像求獻，求易御容，以代相見，篤兄弟之情。」〔註55〕以及《宋會要輯稿》，說：「至和元年（遼重熙二十三年，一○五四年）四月，契丹國母遣歸德軍節度使蕭知微、永州節度觀察留後王澤，國主遣保安軍節度使耶律防、殿中監王譓等，來賀乾元節，因以虜王繪像爲獻，且請御容，許之，未及往，而告哀使至，遂罷。」〔註56〕（此二書所記年代相差一年，據筆者查證，以《長編》爲正確）根據此二則記載，王澤應是後來又曾經第二次以副使的身份出使宋國，祝賀宋仁宗的生日。

　　但是在〈王澤墓誌〉與《遼史》中都未見有王澤第二次使宋的相關記載。而且筆者認爲《長編》和《宋會要輯考》所記王澤在重熙二十四年（或重熙二十三年）使宋一事，這當中應是有誤，因爲據其〈墓誌〉，說：「（王澤）於重熙二十二年（宋仁宗皇祐五年，一○五三年）二月二十四日初夜，禮誦云畢，更衣定枕，肖常寐寐。少頃視之，風眩微作，如眠如酩，無苦無惱。姻屬省視之際，聖梵咒護之間，神色不渝，奄然而謝。次夕，薨於本第之正寢，享年六十有五。」〔註57〕可知王澤在重熙二十二年已經死亡，因此不可能在重熙二十四年（或重熙二十三年）又以副使身份使宋。至於《長編》和《宋會要輯稿》所言王澤是指何人？或是名字有誤？有待考證。

　　（五）張儉（卒於遼興宗重熙二十二年，宋仁宗皇祐五年，一○五三年）
　　《遼代石刻文編》〈張儉墓誌〉，說：
　　　……屬踐睦於國鄰，用交修於邦聘，詔充賀南朝皇帝生辰國信副使，
　　　展幣成儀，拭珪復命。……。〔註58〕
張儉爲遼國狀元，據《遼史》〈聖宗本紀〉，說：「遼聖宗統和十四年（宋太宗至道二年，九九六年），……是年，放進士張儉等三人。」〔註59〕另外，〈張儉墓誌〉亦言：「統和中，（張儉）一舉冠進士甲科，……授禮部郎中、知制

〔註55〕　《長編》，卷179，宋仁宗至和二年四月己亥條，頁7。
〔註56〕　《宋會要輯稿》，卷5257，蕃夷2之1，頁55。
〔註57〕　同註51，頁261。
〔註58〕　楊佶，〈張儉墓誌〉，《遼代石刻文編》，頁266。
〔註59〕　《遼史》，卷13，本紀第13，聖宗4，頁148。

誥、直樞密院……。」〔註60〕可知張儉爲遼國文臣，因此得以被派任爲生辰副使出使宋國，但是在《遼史》〈張儉傳〉〔註61〕中，卻沒有提到其被派任爲副使和使宋的記載。至於《長編》卷76，則說：「宋眞宗大中祥符四年（遼聖宗統和二十九年，一○一一年），……十二月……甲子（二十五日），契丹遣使長寗節度使耶律漢寗、副使太常少卿張儉，來賀明年正旦。」〔註62〕因此可知張儉確實曾以遼國文臣的身份擔任副使出使宋國。但是《長編》與前引〈張儉墓誌〉所言卻不一致，一稱其是正旦副使，另一稱其爲生辰副使，顯然二則史料對於張儉至宋國進行交聘活動的任務有不同的說法。筆者另據《長編》卷76，說：「宋眞宗大中祥符四年，……十一月……甲午（二十五日），契丹國主遣使右威衛上將軍蕭昌琬、副使衛尉卿王寗，來賀承天節。」〔註63〕可知該年前往宋國祝賀宋眞宗生日的遼國副使，是王寗，並非張儉，因此〈張儉墓誌〉所言似有錯誤，即其應爲賀宋國元旦副使才對。關於此一問題，陳述在《全遼文》〈張儉墓誌銘〉「附跋」，說：「〈志〉（墓誌）言賀生辰，《長編》作賀正，〈墓誌〉出于行狀追憶，《長編》根據《實錄》，政府記載，應以《長編》爲是。」〔註64〕此一說法應有助於提升筆者考證的正確性。

（六）耶律仁先 （卒於遼道宗咸雍八年，宋神宗熙寧五年，一○七二年）

《遼代石刻文編》〈耶律仁先墓誌〉，說：

> 重熙十一年，大兵南舉，宋國遣奏乞固舊好，命王（耶律仁先）使之，故太尉劉宋公（劉六符）爲之副。是日臨遣，上（遼道宗）曰：「彼自統和之後，歲貢金帛，邇來國情不誠，汝可往，庶幾聯命。」王至宋廷，甚承禮敬。宋帝（宋仁宗）與大臣議，著信誓書納索，歲添納金帛二十萬，永願爲好。報命，上悅之，授功臣，中書門下平章事。
>
> 詔曰：「王師方舉，鄰國乞盟，奉貢交歡，卿之力也。」〔註65〕

關於〈耶律仁先墓誌〉所言，其在遼宋增幣交涉的表現與貢獻，於《遼史》〈耶律仁先傳〉中，也有類似的記載，說：「（遼興宗重熙）十一年（宋仁宗慶曆二年，一○四二年），陞北院樞密副使。時宋請增歲幣銀絹以償十縣地產，仁

〔註60〕 同註58。

〔註61〕 《遼史》，卷80，列傳第10，張儉，頁1277～1278。

〔註62〕 《長編》，卷76，宋眞宗大中祥符四年十二月甲子條，頁17。

〔註63〕 《長編》，卷76，宋眞宗大中祥符四年十一月甲午條，頁15。

〔註64〕 楊佶，〈張儉墓誌銘〉，《全遼文》，卷6，附跋，頁132。

〔註65〕 趙孝嚴，〈耶律仁先墓誌〉，《遼代石刻文編》，頁353。

先與劉六符使宋，仍議書『貢』。宋難之。仁先曰：『曩者石晉報德本朝，割地以獻，周人攘而取之，是非利害，灼然可見。』宋無辭以對。乃定議增銀絹十萬兩匹，仍稱『貢』。既還，同知南京留守事。」〔註66〕

　　但是以上二則史料所敘述，其實都是耶律仁先第二次使宋的記事。因為耶律仁先在前一年（重熙十年）即曾經使宋，例如《遼史》〈興宗本紀〉，說：「重熙十年六月戊寅朔，以蕭寧、耶律坦、崔禹稱、馬世良、耶律仁先、劉六符充賀宋生辰使副，……。」〔註67〕另據《長編》卷131，說：「（宋仁宗）康定二年（慶曆元年，遼興宗重熙十年，一〇四一年）……四月……己丑（十一日），契丹國母遣林牙臨海軍節度使耶律仁先、吏部郎中知制誥史館修撰張宥，契丹主遣左監門衛上將軍蕭福善、光祿少卿崇祿館直學士王綱，來賀乾元節。」〔註68〕依此二則記載，雖然在人名和時間上有出入，但是已可讓我們知道，耶律仁先第一次是以生辰使出使宋國，而且只是當時遼宋外交上每年祝賀對方皇帝生日的例行交聘活動，並非至宋國進行交涉。

　　至於耶律仁先第二次使宋，則是達成了遼與宋增幣交涉的外交大事，對遼國有很大的貢獻，因此其第二次使宋的事蹟特別被記載於其〈墓誌〉和《遼史》〈耶律仁先傳〉〔註69〕中。另據《長編》卷132記載此事，說：「宋仁宗慶曆二年九月……癸亥（二十三日），富弼、張茂實以八月乙未（二十四日），至契丹清泉淀金氈館，持國書二、誓書三，以語館伴耶律仁先、劉六符。仁先、六符問所以然者，弼曰：『姻事者，則以姻事誓。能令夏國復歸歟，則歲入金帛增二十萬，否則十萬。國書所以有二、誓書所以有三也。』……於是虜（遼興宗）留所許歲增金帛二十萬誓書。復遣耶律仁先、劉六符，齎其國誓書以來，仍求『納』字。……乙丑（二十五日），契丹樞密副使保大節度使耶律仁先、樞密使禮部侍郎同修國史劉六符入見，……時契丹實固惜盟好，特為虛聲以動中國。中國方困西兵，宰相呂夷簡等持之不堅，許與過厚，遂為無窮。虜即歲得金帛五十萬，因勒碑紀功，擢劉六符極漢官之貴，子孫重於國中。」〔註70〕此為宋人對此次增幣交涉的記載，頗有造成宋國損失之嘆，

〔註66〕　《遼史》，卷96，列傳第26，耶律仁先，頁1395。
〔註67〕　《遼史》，卷19，本紀第19，興宗2，頁225～226。
〔註68〕　《長編》，卷131，宋仁宗慶曆元年四月己丑條，頁20～21。
〔註69〕　同註66，頁1395～1397。
〔註70〕　《長編》，卷132，宋仁宗慶曆二年九月癸亥條、乙丑條，頁8～10。

但是也更顯現出耶律仁先在此次交涉中對遼國的貢獻，因此其〈墓誌〉與《遼史》〈耶律仁先傳〉，皆對其表現與貢獻有讚美之意。

（七）秦德昌（卒於遼道宗咸雍十年，宋神宗熙寧七年，一○七四年）

《遼代石刻文續編》〈秦德昌墓誌〉，說：

> ……太平初，自左番殿直一入閣門垂四十載。……其間出使者三，于東韓、南宋皆循常禮而已。……。〔註71〕

依據此段引文，可知秦德昌當時曾經出使宋國，但是此一記載過於簡略，因此筆者查閱《遼史》〈興宗本紀〉，說：「重熙九年（宋仁宗康定元年，一○四○年）……十二月，以蕭迪、劉三嘏、耶律元方、王惟吉、耶律庶忠、孫文昭、蕭紹筠、秦德昌充賀宋生辰及來歲正旦使副。」〔註72〕《長編》卷129，說：「宋仁宗康定元年（遼興宗重熙九年，一○四○年）十二月丙午（二十五日），……契丹主遣崇儀節度使蕭紹筠、西上閣門使維州刺史秦德昌，來賀正旦。」〔註73〕此二則記載正可補述〈秦德昌墓誌〉所言的不足，使我們知道當時秦德昌「出使者三」，其中至少有一次是以正旦副使身份使宋。

（八）鄭頡（卒於遼興宗重熙某年）〔註74〕

《遼代石刻文續編》〈鄭頡墓誌〉，說：

> 當大遼文成皇帝（遼聖宗）之在位也，與鄰宋交歡，爲義茲久，無戟而偃武，乘玉以省一。夏六月駐蹕于永安山之涼陘，兄（鄭頡）舉進士赴行在。上（遼聖宗）特出《御須以南北兩朝永敦信誓論》以試之，下筆思略不停綴，日未逾午，文則成矣。〔註75〕

〈鄭頡墓誌〉是其幼弟鄭碩所撰，鄭碩在《遼史》未被列傳，但是據《長編》卷 479，說：「宋哲宗元祐七年（遼道宗大安八年，一○九二年）十二月壬子（四日），遼國賀興龍節使奉國軍節度使耶律可舉，副使太常少卿乾文閣待制鄭碩入見。」〔註76〕可知鄭碩曾任副使，至宋國祝賀宋哲宗的生日。至於鄭頡本人則未曾出使宋國，但是其〈墓誌〉中所述及的情事與遼宋外交有關，

〔註71〕 文慧大師，〈秦德昌墓誌〉，《遼代石刻文續編》，頁 166～167。
〔註72〕 《遼史》，卷 18，本紀第 18，興宗 1，頁 222。
〔註73〕 《長編》，卷 129，宋仁宗康定元年十二月丙午條，頁 18。
〔註74〕 按，因鄭碩，〈鄭頡墓誌〉只提及鄭頡在「重熙年月日終于燕京之私第，享年四十有幾」。（《遼代石刻文續編》，頁 179）因此只知其卒于遼興宗重熙某年。
〔註75〕 鄭碩，〈鄭頡墓誌〉，《遼代石刻文續編》，頁 179。
〔註76〕 《長編》，卷 479，宋哲宗元祐七年十二月壬子條，頁 1。

因此筆者特予提出討論。也就是據引文所言，可知鄭頡初舉進士時，曾至遼聖宗夏捺鉢駐帳地永安山，晉見遼聖宗，而遼聖宗特別以〈南北兩朝永敦信誓論〉爲試題，考驗鄭頡的文學才華。

由於引文中的敘述，未言及年代，因此筆者再作進一步的探討。永安山名起自遼聖宗太平三年（宋仁宗天聖元年，一○二三年），「秋七月，……丁亥（二十五日），賜緬山名曰永安。」〔註77〕此後至太平九年（宋仁宗天聖七年，一○二九年），即遼聖宗逝去的前兩年，都是以永安山爲夏捺鉢駐帳地，〔註78〕因此鄭頡應是在這幾年當中的某一年登舉進士，晉見遼聖宗。而遼自從在遼聖宗統和二十二年（宋眞宗景德元年，一○○四年），與宋簽訂澶淵盟約之後，至此時也已有二十年以上，在這段期間遼宋兩國都能遵守誓約，維持和平，因此我們可以理解遼聖宗爲何會以此試題考驗鄭頡的文學造詣。

（九）賈師訓（卒於遼道宗壽昌二年，宋神宗紹聖三年，一○九六年）
《遼代石刻文編》〈賈師訓墓誌〉，說：

　　……俄充賀南朝正旦國信副使，比還，密偵宋人軍國事宜，具□□
　　聞。上（遼道宗）聞之，不釋手者數日。……。〔註79〕

賈師訓爲遼國文臣，據其〈墓誌〉，說：「（賈師訓）七歲，能誦書作詩。……年十四，舉進士，……十九，試禮部，……三十有五，登第。授秘書省著作佐郎，……再歲，知大理寺正，加秘書丞。……。」〔註80〕因此其得以文臣身份，被遼朝廷派任爲賀宋正旦副使。而且《長編》卷350，也說：「宋神宗元豐七年（遼道宗大康十年，一○八四年）……十二月辛卯（二十六日），遼主遣永州觀察使耶律襄、太常少卿充史館修撰賈師訓，來賀正旦。」〔註81〕

至於其〈墓誌〉言及「比還，密偵宋人軍國事宜，具□□聞。上（遼道宗）聞之，不釋手者數日。……。」〔註82〕此一段話固然是站在遼國立場，稱其偵得宋人軍國事宜，使遼道宗頗爲欣喜，以及強調賈師訓此次使宋，爲遼國達成密偵情報的貢獻。但是也顯現出遼宋兩國雖然已經建立起友好的和平外交關係，而實際上雙方仍然一直防範著對方，因此當時兩國使節出使至

〔註77〕《遼史》，卷16，本紀第16，聖宗7，頁192。
〔註78〕《遼史》，卷16、17，本紀第16、17，聖宗7、8，頁192～203。
〔註79〕楊□，〈賈思訓墓誌〉，《遼代石刻文編》，頁478～479。
〔註80〕註同前，頁477～478。
〔註81〕《長編》，卷350，宋神宗元豐七年十二月辛卯條，頁13。
〔註82〕同註79。

對方國家時，往往也均負有暗中偵查對方國情的任務。〔註83〕

（十）鄧中舉（卒於遼道宗壽昌四年，宋神宗紹聖五年，一○九八年）

《遼代石刻文編》〈鄧中舉墓誌〉，說：

> 至大安三年冬，充南使接伴，將以觀其專對之良也。次年冬，果命
> 公（鄧中舉）充南朝生辰國信副使。詩云：「皇皇者華，于彼原隰。」
> 公實有之。〔註84〕

此處所言遼道宗「大安三年」，即是指宋哲宗元祐二年（一○八七年），根據《長編》卷404提到，宋朝廷在此年八月乙未（十六日），以「戶部侍郎張頡為太皇太后賀遼主生辰使、皇城使楊永節副之，中書舍人曾肇為皇帝賀遼主生辰使、皇城使向綽副之，太僕少卿王欽臣為太皇太后賀遼國正旦使、西作坊使劉用賓副之，工部郎中盛陶為皇帝賀遼國正旦使、西頭供奉官閣門祗候趙希魯副之」，〔註85〕因此當時鄧中舉應是接伴這一批至遼國進行交聘活動的宋使節。

而「次年冬，果命公（鄧中舉）充南朝生辰國信副使」，〔註86〕即是指大安四年，但《遼史》並未記載此年派使節使宋的情事。因此筆者另查《長編》卷418，說：「（宋哲宗）元祐三年（遼道宗大安四年，一○八八年）……十二月……丙子（四日），遼國遣長寧軍節度使耶律迪、副使中散大夫守太常少卿充史館修撰鄧中舉，來賀興龍節。」〔註87〕綜合以上所論，可知鄧中舉先是接伴宋國來聘使節，而且因為與宋使節應對互動表現良好，因此隔年被遼朝廷派任為賀宋哲宗生辰副使。

（十一）梁援（卒於遼天祚帝乾統元年，宋徽宗建中靖國元年，一一○一年）

《遼代石刻文編》〈梁援墓誌〉，說：

> ……三奉命接送南朝國信副使，六充館伴副使，一充皇太后南朝正

〔註83〕 關於遼宋兩國彼此用諜，以及間諜在邊境地區活動和被捕獲的情形，可參閱陶晉生，〈雄州與宋遼關係〉，《國際宋史研討會論文集》（台北：中國文化大學史學研究所，民國77年9月），頁169～184；陶玉坤，〈遼宋和盟狀態下的新對抗──關于遼宋間諜戰的分析〉，《黑龍江民族叢刊》，1998年第1期，頁70～75；蔣武雄，〈宋對遼用諜幾個問題的探討〉，《東吳歷史學報》第10期（台北：東吳大學，民國92年12月），頁1～18。

〔註84〕 龔誼，〈鄧中舉墓誌〉，《遼代石刻文編》，頁489。

〔註85〕 《長編》，卷404，宋哲宗元祐二年八月乙未條，頁9。

〔註86〕 同註84。

〔註87〕 《長編》，卷418，宋哲宗元祐三年十二月丙子條，頁1。

旦國信副使，……因館伴能以語辨屈宋人，超拜翰林學士，于時宋
國以故壤歸於我，詔撰天池神堂之碑。〔註88〕

根據此段引文，可知梁援當時接觸遼宋外交事務頗深，經歷了多次接伴、送伴、館伴宋使的工作，甚至於也曾經以正旦副使身份出使宋國。筆者認為其主要原因應是在於梁援是遼國一位表現很優秀的文臣。據《遼史》〈道宗本紀〉，說：「遼道宗清寧五年（宋仁宗嘉祐四年，一○五九年）……是年，上御百福殿，放進士梁援等百一十五人。」〔註89〕其〈墓誌〉也說：「清寧五年，公（梁援）二十有六歲，乃登甲科，……初命儒林郎、守右拾遺、直史館，歷左補闕、起居郎，並充史館修撰。旋加將作少監、秘書少監、應奉閣下文字，史職仍故，加少府監、知制誥，兼兵刑房承旨。咸雍五年，從駕春蒐，兼權行宮御史台。上心所屬，將置顯他。會有所抑，改衛尉卿，兼史房承旨，加乾文閣直學士、知制誥。」〔註90〕可知梁援為遼國狀元，也曾經擔任多項文臣官職。

但是《遼史》中並未列其傳，也未見有記載其被派任為副使以及出使宋國的情形。因此筆者另據《長編》卷 248，說：「宋神宗熙寧六年（遼道宗咸雍九年，一○七三年）……十二月……是月，遼主遣益州觀察留後耶律洞、崇祿少卿竇景庸、其母遣左千牛衛上將軍耶律榮、太常少卿乾文閣待制梁授（援），來賀正旦。」〔註91〕可知梁援確實曾被遼太后派任為副使，前往宋國祝賀正旦。至於其〈墓誌〉所言，「（梁援）三奉命接送南朝國信副使，六充館伴副使，……。」〔註92〕卻因史料欠缺，而無法知道其到底接送或館伴哪些來聘的宋國使節？

（十二）劉文用（卒於遼道宗大康二年，宋神宗熙寧九年，一○七六年）

《遼代石刻文續編》〈劉文用墓誌〉，說：

前后使南宋、東韓為禮官書狀者七次。〔註93〕

據此段引文，可知劉文用所接觸的遼宋外交事務，並不是正、副使，而是使節團中三節人的「禮官書狀者」。此處「禮官」，應該是指使節團上節人中的

〔註88〕孟初，〈梁援墓誌〉，《遼代石刻文編》，頁 520～521。
〔註89〕《遼史》，卷 21，本紀第 21，道宗 1，頁 258。
〔註90〕同註 88，頁 520。
〔註91〕《長編》，卷 248，宋神宗熙寧六年十二月條，頁 24。
〔註92〕同註 88，頁 520。
〔註93〕王宗儒，〈劉文用墓誌〉，《遼代石刻文續編》，頁 250。

「禮物官」。

但是筆者查閱《遼史》，均未見有「禮物官」的職稱，只好另查宋人著作，發現《三朝北盟會編》收錄許亢宗在宋徽宗宣和七年（遼天祚帝保大五年，一一二五年）使金，撰《宣和乙巳奉使行程錄》有提到三節人的成員，說：「隨行三節人，或自朝廷差，或由本所辟，除副外，計八十人：都轄一、……禮物祇應二、……。」〔註94〕而在《宋會要輯稿》提到南宋高宗紹興五年派韓肖冑使金的三節人成員，也說：「上節：都轄一員、……禮物六員、……。」〔註95〕此二則史料雖然是記載北宋末年與南宋初年使金使節團三節人的成員，但是應該可以用來印證宋使遼或遼使宋使節團三節人成員的組成。

至於此處所言「書狀者」，應該是指使節團上節人中的書狀官，筆者查閱《遼史》也是均未見其有提到「書狀官」的職稱，轉查宋人著作，例如《宋會要輯稿》記載南宋孝宗乾道六年的詔令，說：「今來奉使所差三節人，內都轄、……共十二員，令樞密院將國信所見管并曾出疆及三省樞密院等處慣熟儀範人置籍，從上銓擇取旨。差書狀官、書表司親屬親隨指使職員共十員，令正副使選差。……。」〔註96〕以及記載孝宗淳熙五年的詔令，說：「臣僚言，……今乞將三節官屬，除都轄、書狀官、……舊例差充外，……。詔都轄、書狀官、……并依舊例差撥外，……。」〔註97〕以上記載均提到書狀官，或許也可以提供我們了解劉文用當時在遼使節團中所擔任職務的參考。

（十三）蕭孝資（卒於遼天祚帝乾統九年，宋徽宗大觀三年，一一○九年）

《遼代石刻文續編》〈蕭孝資墓誌〉，說：

> ……授延昌宮使、靜江軍節度使，持節以使汴。公（蕭孝資）既造其境，視其臣主之強懦，兵民之虛實，舉之措之，灼在心目。……或充汴使諸館接送伴者五，恂恂往來，語動必法，故使人服其禮。
>
> 〔註98〕

據此段引文，可知蕭孝資接觸遼宋外交事務很深，不僅曾有五次擔任宋使節

〔註94〕許亢宗，《宣和乙巳奉使行程錄》，收錄於徐夢莘，《三朝北盟會編》（上海：上海古籍出版社，2008年6月），卷第20，政宣上帙20，頁1。

〔註95〕《宋會要輯稿》，卷13327，職官51之11，頁10。

〔註96〕《宋會要輯稿》，卷10941，職官36之57，頁26。

〔註97〕《宋會要輯稿》，卷13327，職官51之42，頁41。

〔註98〕楊丘文，〈蕭孝資墓誌〉，《遼代石刻文續編》，頁265。

來聘時的接伴、館伴、送伴工作，並且曾以正使身份出使宋國，而且藉此機會仔細觀察宋朝君臣能幹與否，以及宋朝軍民的虛實。但是筆者要指出的是，關於蕭孝資使宋一事，其實只見於其〈墓誌〉上的記載，至於在《遼史》、《宋史》、《長編》、《宋會要輯稿》中均未見記載，因此當時蕭孝資是在何年以何種任務出使宋國，均不得而知。

（十四）審鑑（卒於遼天祚帝乾統四年，宋徽宗崇寧三年，一一〇四年）

《遼代石刻文編》〈審鑑墓誌〉，說：

> 今上〔天祚帝〕即位，……明年冬，接伴南宋人使，以小心得過，
> 出爲忠順軍節度副使。〔註99〕

遼天祚帝是在乾統元年（宋徽宗建中靖國元年，一一〇一年）即位，因此〈審鑑墓誌〉所言，「明年冬」即是指天祚帝乾統二年（宋徽宗崇寧元年，一一〇二年）。但是因爲《長編》漏記此年史事，而且《續資治通鑑長編拾補》〔註100〕也未增輯此年關於宋遼交聘的記事，因此使我們無法知道宋朝廷在此年派遣哪幾位大臣使遼，以及審鑑接伴的是哪一位宋使節。至於其〈墓誌〉提到「以小心得過，出爲忠順軍節度使」，〔註101〕顯然審鑑在接伴宋使節時，因爲過於拘謹而發生差錯，以致於遭受遼朝廷的處罰。

（十五）王師儒（卒於遼天祚帝乾統某年）〔註102〕

《遼代石刻文編》〈王師儒墓誌〉，說：

> ……充南朝正旦國信接伴，……初公（王師儒）接伴宋使錢勰者，
> 南國之聞人也。在驛塗，相與論六經子史及天文□□山海異物醫卜
> 之書，公無不知者。聞其講貫，一皆輸伏。到闕，館宴次，故相國
> 竇公景庸，時任樞密直學士，方在館□，聞錢勰大許公以博洽，且
> 言於本朝兩制間求之，亦不多得。時屬上微行，親耳之。自是恩禮
> 眷待，絕異等倫。旋授知制誥，以公善辭令，可與賓客言，俾復充
> 南宋賀生辰國信接伴。甫及大安歲，出爲南宋祭奠副使。……（大

〔註99〕 虞仲文，〈審鑑墓誌〉，《遼代石刻文編》，頁607。

〔註100〕 黃以周等輯注，《續資治通鑑長編拾補》（北京：中華書局，2004年1月），卷19、20，葉670～729。

〔註101〕 同註99。

〔註102〕 按，因南拓，〈王師儒墓誌〉，拓文有漏字，只提及「其年二月改元乾統，……□□□□十一月十日感疾薨於廣平甸之公府，時年六十二」。（《遼代石刻文編》，頁647）因此其卒于遼天祚帝乾統某年。

安）六年夏，會南宋謝登位人使至。無何，宥曹書吏，誤以寶字加之。由是累及公與門下鄭相顒、中書韓相資讓，同日削平章事，仍罷樞密中書省職，上尋知公非罪，密詔令冬赴廣平甸之行在。及其至也，改授宣政殿大學士、判史館事、上柱國、食邑五百戶，依前伴讀燕國王。〔註103〕

在《遼史》〈列傳〉中雖然沒有王師儒的傳文，但是根據〈王師儒墓誌〉和《遼史》〈道宗本紀〉的記載，仍然可知其一生的表現，是遼代一位相當有名望的文臣，文學造詣很高。例如〈王師儒墓誌〉，說：「公諱師儒，……少以種學績文業其家。及冠，病時輩拘於童子彫□□健其筆爲之辭，故其譽藹藹，自鄉黨達于輦轂間，大爲作者所推，皆期公以上第。」〔註104〕可見王師儒在青少年時期，即頗享文名，甚至名聲達於皇帝。因此其從「年二十有六，舉進士，屈於丙科，特授將仕郎，守秘書省校書郎」。〔註105〕不久，「執政者惜公（王師儒）徒勞于州縣，擢充樞密院令史。（遼道宗咸雍）六年（宋神宗熙寧三年，一〇七〇年）夏，加太子洗馬，朝廷□委以掾局，猶謂未盡其才。是歲冬，遽遷儒林郎直史館，仍易勳銜服章，同列榮之。其後大康三年（宋神宗熙寧十年，一〇七七年）秋，加朝散大夫尚書□□郎中，賜紫金魚袋。次歲夏，遷將作少監，知尚書吏部銓。未幾，改授堂後官，仍充史館修撰，是歷試公以職業，蓋將以□□□□□□授秘書少監，充南宋正旦國信接伴。」〔註106〕可見當時遼朝廷對於王師儒的文才頗爲重視，因此其官職逐漸提昇，並且被委以要職。

另據《遼史》〈道宗本紀〉，說：「（大康）十年（宋神宗元豐七年，一〇八四年）三月丁巳（十八日），命知制誥王師儒、牌印郎君耶律固傅導燕國王延禧。……（大安）二年（宋哲宗元祐元年，一〇八六年）正月癸丑（二十四日），召權翰林學士趙孝嚴、知制誥王師儒等講五經大義。……十年（宋哲宗紹聖元年，一〇九四年）十二月甲戌（三十日），以參知政事趙廷睦兼同知樞密院事，樞密副使王師儒參知政事兼同知樞密院事。……壽隆（昌）元年（宋哲宗紹聖二年，一〇九五年）十月癸未（二十一日），以參知政事王師儒爲樞密副使、漢人行宮都部署趙孝嚴參知政事。……六年（宋哲宗元符三年，一

〔註103〕南抃，〈王師儒墓誌〉，《遼代石刻文編》，頁646。
〔註104〕註同前，頁645。
〔註105〕註同前。
〔註106〕同註103，頁645～646。

一〇〇年）十月壬寅（八日），以樞密副使王師儒監修國史。」〔註107〕而其〈墓誌〉，也說：「（大康）九年（宋神宗元豐六年，一〇八三年）冬，道宗孝文皇帝以今上（天祚帝）始出閣，封梁王，而于卿士門□□□□□□□以太常少卿乾文閣待制，命爲伴讀。……旋授知制誥，……大安……三年（宋哲宗元祐二年，一〇八七年），加諫議大夫。明年，遷給事中，權翰林侍讀學士。又明年，正授前職，仍加大中大夫。又明年，即拜翰林學士，簽諸行宮都部署。未周歲，兼樞密直學士。八年（宋哲宗元祐七年，一〇九二年），加尚書刑部侍郎，知樞密副使。是冬，正授樞密副使，階升崇祿大夫，爵封開國公。十年（宋哲宗紹聖元年，一〇九四年），改授參知政事簽樞密院事，仍加散騎常侍，特賜佐理功臣。壽昌初，超拜同中書門下平章事，再知樞密副使，簽中書省事。嚮未十數年，清資要職。……及任宣政殿大學士判史館事，編修所申，國史已絕筆，宰相耶律儼奏，國史非經大手筆刊定，不能信後，擬公再加筆削。上從之，每豫遊閒，逢宴會，入宿閣夜飲，召親信者侍坐，則公必與焉。上方洽，命公進酒及素歌以佐之，公止賦詩代唱，御覽無不稱善。夫眞道、純德、懿文、樸學，士人之於四者，而長於一焉猶難，公獨兼而有之，信可字爲通夫矣。故宜發身入仕，遇知見器，上爲天子輔，次爲王者師，不四十年歷儒官，遊政府，……。」〔註108〕從以上所引，均可知王師儒確爲遼代頗有名望的文臣、儒士，而也就是因爲其具備這種身份與背景，因此使其得以有較多接觸遼宋外交事務的機會。

至於王師儒擔任接伴使，以及與宋使節錢勰互動的情形，據前引〈王師儒墓誌〉所言，可謂是王師儒第一次以遼朝廷文臣的身份，擔任宋使節來聘時的接伴使。當時錢勰是在宋神宗元豐三年（遼道宗大康八年，一〇八〇年）八月被派任爲賀遼正旦使，其官銜是「權發提舉三司帳司司門員外郎」。〔註109〕而王師儒在與錢勰前往晉見遼道宗的途中，果然以其博學多識，充分地與錢勰討論經、子、史、醫、卜諸學，使錢勰頗爲心服。後來在館宴中，王師儒又於遼樞密直學士竇景庸面前，展現出其對遼宋兩國制度的熟悉，獲得讚賞，並且傳聞於遼道宗，因此特別受到皇帝的禮遇和重用。

王師儒被授爲知制誥之後，據前引〈王師儒墓誌〉的記載，朝廷又以其

〔註107〕《遼史》，卷24，本紀第24，道宗4，頁289、291；卷25，本紀第25，道宗5，頁304。

〔註108〕同註103，頁646〜647。

〔註109〕《長編》，卷307，宋神宗元豐三年八月癸丑條，頁17。

「善辭令，可與賓客言，俾復充南宋賀生辰國信接伴」。〔註110〕但是此段記載並未提到當時王師儒所接伴者是何人？而且此位宋使節是宋朝廷在何年何月所派？筆者查閱相關史書，發現蘇轍自撰的〈潁濱遺老傳上〉有記載，說：「奉使契丹，虜以其侍讀學士王師儒館伴。師儒稍讀書，能道先君及子瞻所爲文，曰：『恨未見公全集。』然亦能誦〈服茯苓賦〉等，虜中類相愛敬者。」〔註111〕《宋史》〈蘇轍傳〉也述及王師儒在蘇轍爲生辰使至遼時曾任館伴，其說：「（蘇轍）代（蘇）軾爲翰林學士，尋權吏部尚書使契丹，館客者侍讀學士王師儒能誦（蘇）洵、軾之文及轍〈茯苓賦〉，恨不得見全集。」〔註112〕另外，蘇轍《欒城集》〈論北朝所見于朝廷不便事〉，則說：「及至帳前，館伴王師儒謂臣轍：『聞常服茯苓，欲乞其方。』蓋臣轍嘗作〈服茯苓賦〉，必此賦亦已到北界故也。」〔註113〕而《長編》卷431，說：「宋哲宗元祐四年（遼道宗大安五年，一○八九年）八月癸丑（十六日），刑部侍郎趙君錫、翰林學士蘇轍爲賀遼國生辰使，閤門通事舍人高遵固、朱伯材副之。」〔註114〕這幾則史料雖然與〈王師儒墓誌〉中所言，有「接伴」和「館伴」的不同，但是仍然可以使我們知道王師儒在該次接伴（或館伴）宋使節應該就是蘇轍，以及當時他和蘇轍互動的情形。

另外，據〈王師儒墓誌〉所言，可知王師儒除了曾擔任宋使節來聘時的接伴使（或館伴使）之外，其也曾經出使宋國，因此據《長編》卷353、358，說：「宋神宗元豐八年（遼道宗大安元年，一○八五年）三月戊戌（五日），上（宋神宗）崩於福寧殿。……七月丙午（十四日），遼國遣奉國軍節度使耶律琚、起居郎知制誥史館修撰王師儒來祭奠。」〔註115〕可知王師儒曾以文臣身份，被遼朝廷派任爲祭奠副使出使宋國。又據龐元英《文昌雜錄》，說：「北人謂住坐處，曰：『捺鉢』。四時皆然，如春捺鉢之類是也，不曉其義。近者，彼國中書舍人王師儒來修祭奠，余充接伴使，因以問師儒，答云：『是契丹家

〔註110〕同註103。
〔註111〕蘇轍，〈潁濱遺老傳上〉，《欒城集後集》（台北：台灣商務印書館，四部叢刊初編本，民國54年12月），卷12，頁592。
〔註112〕《宋史》，卷339，列傳第98，蘇轍，頁10828。
〔註113〕蘇轍，〈北使還論北邊事箚子五首〉，〈一論北朝所見於朝廷不便事〉，《欒城集》，卷41，頁414。
〔註114〕《長編》，卷431，宋哲宗元祐四年八月癸丑條，頁12。
〔註115〕《長編》，卷353，宋神宗元豐八年三月戊戌條，頁3；卷358，宋神宗元豐八年七月丙午條，頁7。

語，猶言『行在』也。』」〔註116〕可知王師儒此次使宋，是由龐元英擔任接伴。但是筆者必須指出的是，此處稱其官銜為「中書舍人」，而在《遼史》和〈王師儒墓誌〉中卻均未言及其曾擔任「中書舍人」一職。

最後，據〈王師儒墓誌〉所記，也使我們知道王師儒在晚年曾因部屬在致宋國國書中發生了筆誤，而使其遭受牽連被削職。此一事件在《遼史》〈道宗本紀〉中，也有相關的記載，說：「壽隆（壽昌）六年〈宋哲宗元符三年，一一〇〇年〉六月庚子，遣使賀宋主。辛丑，以有司案牘，書宋帝『嗣位』為『登寶位』，詔奪宰相鄭顓以下官，出顓知興中府事，韓資讓為崇義軍節度使，御史中丞韓君義為廣順軍節度使。」〔註117〕此段記載雖然未提及王師儒，但是我們仍然可以知道其實與〈王師儒墓誌〉中所言，是指同一件事。而此一事件可謂是王師儒多年來接觸遼宋外交工作的一個意外，也是其長期受器重的一次重創。幸好遼道宗很快的知道錯誤並非全在王師儒身上，因此不久即召見他，並且改授其他職務，但是無論如何，已經使王師儒的仕途大受影響。

（十六）孟初（卒於遼天祚帝天慶四年，宋徽宗政和四年，一一一四年）

《遼代石刻文續編》〈孟初墓誌〉，說：

（遼道宗）壽昌……三年（宋哲宗紹聖四年，一〇九七年），迎伴南宋賀生辰人使，……（天祚帝）天慶二年（宋徽宗政和七年，一一一七年），提點大理寺，奉使南宋，……。〔註118〕

據〈孟初墓誌〉另外提到：「（遼道宗）大康九年，登進士第，……壽昌元年，起復史館修撰，……俄超授乾文閣待制，權勾當史館□□事。」〔註119〕可知孟初為遼國文臣，因此先後有機會擔任接伴宋使與出使宋國的任務。

按，遼道宗壽昌三年，即是宋哲宗紹聖四年，筆者查《長編》卷490，說：「（宋哲宗）紹聖四年，……是月（八月），遣禮部侍郎范鏜、左藏庫使閤門舍人向綽賀北朝生辰，……。」〔註120〕因此可知孟初在此年擔任接伴宋國賀遼道宗生辰的使副范鏜和向綽兩人。至於〈孟初墓誌〉所言，「天慶二年……

〔註116〕龐元英，《文昌雜錄》，收錄於《叢書集成新編》（台北：新文豐出版公司，民國75年1月），第84冊，卷6，頁61。

〔註117〕《遼史》，卷26，本紀第26，道宗6，頁313。

〔註118〕虞□□，〈孟初墓誌〉，《遼代石刻文續編》，頁297～298。按，據向南、張國慶、李宇峰在該書考證，作者應為虞仲文。

〔註119〕書同前，頁297。

〔註120〕《長編》，卷490，宋哲宗紹聖四年八月條，頁21。

奉使南宋」。〔註121〕筆者查《遼史》、《宋史》、《長編》、《宋會要輯稿》、《契丹國志》均未見記載此事，因此無法進一步討論其使宋的事蹟，但是其〈墓誌〉言及此事，正可補充諸史書未記此事的不足。

（十七）鄭士安（卒於遼天祚帝天慶八年，宋徽宗政和八年，一一一八年）
《遼代石刻文編》〈鄭士安實錄銘記〉，說：

常年奉南宋國信，補充客司書表，從隨八次入汴。其於文字往返施禮，謂可知憑。非神明無以知其節，非信實無以成其用。〔註122〕

據此段引文所言——「司書表」，可知鄭士安所接觸的遼宋外交事務，並不是正、副使，而是屬於文書的工作，也就是其所擔任的職銜，是遼國出使宋國使節團中三節人的「書表司」。陳述在《全遼文》〈鄭士安遺行銘記〉文後，也說：「鄭士安補充客司書表，曾隨使入汴八次，固當時南北交往中之幹練人才也。」〔註123〕

但是筆者查閱《遼史》，均未見有「書表司」的職稱，轉而查閱宋人著作，發現前文所引《三朝北盟會編》收錄的《宣和乙巳奉使行程錄》有提到三節人的成員，說：「隨行三節人，或自朝庭差，或由本所辟，除副外，計八十人：都轄一、……書表司二、……。」〔註124〕另外，在《宋會要輯稿》提到南宋高宗紹興五年派韓肖胄使金的三節人成員，說：「上節：都轄一員、指使二員、書表司二員、……；中節：職員四員、……；下節：御廚工匠二人、……。」〔註125〕此二則史料雖然是記載北宋末年與南宋初年使金使節團三節人的成員，但是筆者認爲應該也可以印證宋使遼或遼使宋使節團三節人成員的組成。

（十八）杜忞（卒於遼天祚帝天慶九年，宋徽宗宣和元年，一一一九年）
《遼代石刻文續編》〈杜忞墓誌〉，說：

……（遼道宗）大安……八年（宋哲宗元祐七年，一〇九二年）……夏，奉命充南宋生日國信副使。素履吉而無咎，皇華遠而有輝。

〔註126〕

〔註121〕同註118，頁298。
〔註122〕□□□，〈鄭士安實錄銘記〉，《遼代石刻文編》，頁674。
〔註123〕陳述輯，《全遼文》也收錄〈鄭士安遺行銘記〉，在碑文後附語，頁328。
〔註124〕同註94。
〔註125〕《宋會要輯稿》，卷13327，職官51之11，頁10。
〔註126〕鄭□□，〈杜忞墓誌〉，《遼代石刻文續編》，頁305。

其〈墓誌〉所言，遼道宗大安八年，即是宋哲宗元祐七年，筆者查閱《長編》卷475，說：「宋哲宗元祐七年七月庚寅（九日），遼國遣使崇義軍節度使蕭迪，副使中大夫守太常少卿充乾文閣待制王可見來賀坤成節。」〔註127〕可知杜悆並非在此年前往宋國祝賀宋哲宗的生日，也可知其〈墓誌〉所言，「大安……八年……夏，奉命充南宋生日國信使」，〔註128〕應是指遼朝廷派任的時間，但是筆者查《長編》元祐八年（一○九三年）的記事，卻只記載至該年六月，接著跳到宋哲宗紹聖四年（一○九七年）四月，因此杜悆是否在元祐八年七月前往宋國，祝賀宋哲宗的生日，則不得而知。

四、結論

綜合以上的討論，筆者有兩點體認，一是筆者從《遼代石刻文編》和《遼代石刻文續編》所收錄的遼人墓誌中，蒐尋有關傳主接觸遼宋外交事務的記載，共得出上列十八位，雖然稍有助於史書中在此方面史實記載的不足，但是其內容還是相當簡略，而且有關的史料也是很有限，因此造成有些傳主的事蹟不得不予以存疑，留待日後考證。並且也使筆者在研究遼宋外交時，對遼代文獻史料的欠缺，有很深的感嘆。

二是筆者認為遼宋兩國自從簽訂澶淵盟約之後，能維持一百多年的和平外交關係，是相當不容易的。因為這當中必須要有很多的人事互相配合，才能圓滿達成，包括兩國皇帝對維護友好外交的態度與心意、〔註129〕使節千里跋涉至對方朝廷報聘、〔註130〕本國大臣對來聘使節的接送招待、使節團人事的安排、每年不間斷的賀正旦、賀生辰，或某年的賀登位、致哀悼等交聘活動〔註131〕，都是促進與維持遼宋和平外交關係的重要元素。

而在筆者論述遼人墓誌中有關傳主接觸遼宋外交的事蹟之後，發現這十八人所接觸的，正是涵蓋了遼國方面在遼宋外交事務上，所做的各項人事工

〔註127〕《長編》，卷475，宋哲宗元祐七年七月庚寅條，頁1。

〔註128〕同註126。

〔註129〕可參閱蔣武雄，〈論宋真宗對建立與維護宋遼和平外交的心意〉，《東吳歷史學報》第15期（台北：東吳大學，民國95年6月），頁91～116。

〔註130〕可參閱蔣武雄，〈從宋人使北詩論使遼旅程的艱辛〉，收錄於《史學與文獻》（三）（台北：東吳大學，民國90年4月），頁99～117。

〔註131〕可參閱蔣武雄，〈宋遼帝后生辰與哀喪的交聘活動——以宋真宗、遼承天太后、遼聖宗為主〉，《東吳歷史學報》第25期（台北：東吳大學，民國100年6月），頁59～98。

作，例如有擔任正使、副使、接伴使、送伴使、館伴使，以及使節團的文書工作，甚至於有進士被遼皇帝試以〈南北兩朝永敦信誓論〉的試題。這可謂是遼對宋一百多年和平外交活動的縮影，使我們對於遼宋外交史實有了進一步的了解，也讓我們更加體認遼宋雙方君臣在兩國外交的事務上，都曾經付出很大的心力，因此使遼宋外交能維持長久的友好情誼，在中國歷史上具有相當深遠的意義。

徵引書目

一、史料

1. 王稱，《東都事略》，台北：文海出版社，民國 56 年。
2. 向南，《遼代石刻文編》，石家莊：河北教育出版社，1995 年。
3. 向南、張國慶、李宇峰輯注，《遼代石刻文續編》，瀋陽：遼寧人民出版社，2010 年。
4. 沈括，《夢溪筆談》，台北：台灣商務印書館，民國 54 年。
5. 李攸，《宋朝事實》，台北：文海出版社，民國 56 年。
6. 李燾，《續資治通鑑長編》，上海：上海古籍出版社，1986 年。
7. 徐松，《宋會要輯稿》，北京：中華書局，1997 年。
8. 徐夢莘，《三朝北盟會編》，上海：上海古籍出版社，2008 年。
9. 脫脫，《遼史》，台北：鼎文書局，民國 67 年。
10. 脫脫，《宋史》，台北：鼎文書局，民國 67 年。
11. 許亢宗，《宣和乙巳奉使行程錄》，收錄於徐夢莘，《三朝北盟會編》，上海：上海古籍出版社，2008 年。
12. 國家圖書館善本金石組，《歷代石刻史料彙編》，北京：北京圖書館出版社，2000 年。
13. 國家圖書館善本金石組，《遼金元石刻文獻全編》，北京：北京圖書館出版社，2004 年。
14. 陳述輯，《全遼文》，台北：鼎文書局，民國 62 年。
15. 葉隆禮，《契丹國志》收錄於《遼史彙編》（七），台北：鼎文書局，民國 62 年。
16. 彭百川，《太平治蹟統類》，台北：成文出版社，民國 55 年。
17. 黃以周等輯注，《續資治通鑑長編拾補》，北京：中華書局，2004 年。
18. 路振，《乘軺錄》，收錄於《遼史彙編》（六），台北：鼎文書局，民國 62

年。

19. 楊億,《楊文公談苑》,上海:上海古籍出版社,1993 年。

20. 劉鳳翥、唐彩蘭、青格勒編,《遼上京地區出土的遼代碑刻彙輯》,北京:社會科學文獻出版社,2009 年 8 月。

21. 閻鳳梧主編,《全遼金文》,太原:山西古籍出版社,2002 年。

22. 蘇轍,《欒城集後集》,台北:台灣商務印書館,四部叢刊初編本,民國 54 年。

23. 龐元英,《文昌雜錄》,收錄於《叢書集成新編》,第 84 冊,台北:新文豐出版公司,民國 75 年。

二、近人著作

1. 曹顯征,《遼宋交聘制度研究》,北京:中央民族大學歷史系博士學位論文,2006 年。

2. 蓋之庸,《內蒙古遼代石刻文研究》,呼和浩特:內蒙古大學出版社,2002 年。

3. 齊作聲,《遼代墓誌疏証》,瀋陽:瀋陽出版社,2010 年。

三、論文

1. 王水照,〈論北宋使遼詩的兩個問題〉,《山西師大學報》(社會科學版)19 卷 2 期,1992 年 4 月。

2. 陶玉坤,〈遼宋和盟狀態下的新對抗——關于遼宋間諜戰的分析〉,《黑龍江民族叢刊》,1998 年第 1 期。

3. 陶晉生,〈從宋詩看宋遼關係〉,《宋遼關係史研究》,台北:聯經出版事業公司,民國 73 年 7 月。

4. 陶晉生,〈雄州與宋遼關係〉,《國際宋史研討會論文集》,台北:中國文化大學史學研究所,民國 77 年 9 月。

5. 傅樂煥,〈宋遼聘使表稿〉(二)「宋遼聘使表」,收錄於《遼史彙編》(八),台北:鼎文書局,民國 62 年 10 月。

6. 蔣武雄,〈從宋人使北詩論使遼旅程的艱辛〉,收錄於《史學與文獻》(三),台北:東吳大學,民國 90 年 4 月。

7. 蔣武雄,〈宋遼外交中的詩歌交往〉,《中國中古史研究》第 1 期,台北:蘭台出版社,2002 年 9 月。

8. 蔣武雄,〈宋對遼用諜幾個問題的探討〉,《東吳歷史學報》第 10 期,台北:東吳大學,民國 92 年 12 月。

9. 蔣武雄,〈論宋真宗對建立與維護宋遼和平外交的心意〉,《東吳歷史學報》第 15 期,台北:東吳大學,民國 95 年 6 月。

10. 蔣武雄，〈宋遼帝后生辰與哀喪的交聘活動——以宋眞宗、遼承天太后、遼聖宗爲主〉，《東吳歷史學報》第 25 期，台北：東吳大學，民國 100 年 6 月。

11. 聶崇岐，〈宋遼交聘考〉，《宋史叢考》（下），台北：華世出版社，民國 75 年。

——《東吳歷史學報》第 27 期〔民國 101 年 6 月〕，頁 1～41

徵引書目

一、史料

1. 王珪，《華陽集》，收錄於《文淵閣四庫全書》，台北：台灣商務印書館，民國 72 年。

2. 王曾，《王文正公筆錄》，收錄於《宋代筆記小說》，石家莊：河北教育出版社，1995 年。

3. 王曾，《王沂公使遼錄》，收錄於趙永春編注，《奉使遼金行程錄》，吉林：吉林文史出版社，1995 年。

4. 王稱，《東都事略》，台北：文海出版社，民國 56 年。

5. 王稱，《東都事略》，台北：國立中央圖書館，民國 80 年。

6. 王宗稷，《東坡先生年譜》，收錄於《蘇軾資料彙編》（下編），北京：中華書局，1994 年。

7. 王應麟，《玉海》，台北：華文書局，民國 53 年。

8. 王闢之，《澠水燕談錄》，收錄於《唐宋史料筆記叢刊》，北京：中華書局，1979 年。

9. 王闢之，《澠水燕談錄》，收錄於《文淵閣四庫全書》，台北：台灣商務印書館，民國 72 年。

10. 包拯，《包孝肅公奏議》，台北：新興書局，民國 49 年。

11. 包拯，《孝肅包公奏議》，台北：台灣商務印書館，民國 55 年。

12. 朱熹，《宋名臣言行錄》後集，台北：文海出版社，民國 56 年。

13. 向南，《遼代石刻文編》，石家莊：河北教育出版社，1995 年。

14. 向南、張國慶、李宇峰輯注，《遼代石刻文續編》，瀋陽：遼寧人民出版社，2010 年。

15. 宋敏求，《宋大詔令集》，台北：鼎文書局，民國 61 年。

16. 何薳，《春渚紀聞》，收錄於《唐宋史料筆記叢刊》，北京：中華書局，1979年。

17. 沈括，《夢溪筆談》，台北：台灣商務印書館，民國 54 年。

18. 沈括，《熙寧使虜圖抄》，收錄於《永樂大典》第五八冊，台北：世界書局，民國 51 年。

19. 沈括《熙寧使虜圖抄》，收錄於趙永春編注，《奉使遼金行程錄》，吉林：吉林文史出版社，1995 年。

20. 呂陶，《淨德集》，收錄於《文淵閣四庫全書》，台北：台灣商務印書館，民國 72 年。

21. 李攸，《宋朝事實》，台北：文海出版社，民國 56 年。

22. 李燾，《續資治通鑑長編》，台北：世界書局，民國 50 年。

23. 李燾，《續資治通鑑長編》，上海：上海古籍出版社，1986 年。

24. 杜大珪，《名臣碑傳琬琰集》，台北：文海出版社，民國 58 年。

25. 杜大珪，《琬琰集刪存》，北京：北京圖書館出版社，2006 年。

26. 邵博，《聞見後錄》，北京：中華書局，1997 年。

27. 邵伯溫，《邵氏聞見錄》，收錄於《宋代筆記小說》，石家莊：河北教育出版社，1995 年。

28. 岳珂，《桯史》，北京：中華書局，1981 年。

29. 周密，《癸辛雜識別集》（下），北京：中華書局，1988 年。

30. 周煇，《清波雜志》，北京：中華書局，1994 年。

31. 金毓黻編，《遼海叢書》，瀋陽：遼瀋書社，1985 年。

32. 施宿，《東坡先生年譜》，收錄於《蘇軾資料彙編》（下編），北京：中華書局，1994 年。

33. 侯延慶，《退齋閒雅錄》，轉引自《全遼詩話》，長沙：岳麓書社，1992 年。

34. 胡柯，《廬陵歐陽文忠公年譜》，收錄於《歐陽文忠公文集》（一），台北：台灣商務印書館，民國 54 年。

35. 徐度，《卻掃編》，台北：台灣商務印書館，民國 55 年。

36. 徐松，《宋會要輯稿》，北京：中華書局，1997 年。

37. 徐夢莘，《三朝北盟會編》，台北：文海出版社，民國 66 年。

38. 徐夢莘，《三朝北盟會編》，上海：上海古籍出版社，2008 年。

39. 馬永卿，《元城語錄解》，台北：新文豐出版公司，民國 74 年。

40. 馬永卿，《嬾真子》，台北：新文豐出版公司，民國 74 年。

41. 畢沅，《續資治通鑑》，北京：中華書局，1957 年。

42. 曹廷棟，《宋百家詩存》，收錄於《文淵閣四庫全書》，台北：台灣商務印書館，民國 72 年。

43. 許亢宗，《宣和乙巳奉使行程錄》，收錄於徐夢莘，《三朝北盟會編》，上海：上海古籍出版社，2008 年。

44. 國家圖書館善本金石組，《歷代石刻史料彙編》，北京：北京圖書館出版社，2000 年。

45. 國家圖書館善本金石組，《遼金元石刻文獻全編》，北京：北京圖書館出版社，2004 年。

46. 陳述輯，《全遼文》，台北：鼎文書局，民國 62 年。

47. 陳襄，《神宗皇帝即位使遼語錄》，收錄於《遼史彙編》（六），台北：鼎文書局，民國 62 年。

48. 陳襄，《古靈集》，《文淵閣四庫全書》珍本三集，台北：台灣商務印書館，民國 72 年。

49. 陳襄，《神宗皇帝即位使遼語錄》，收錄於金毓黻編，《遼海叢書》，瀋陽：遼瀋書社，1985 年。

50. 陳師道，《後山談叢》，收錄於《文淵閣四庫全書》，台北：台灣商務印書館，民國 72 年。

51. 陳漢章，《遼史索隱》，收錄於《遼史彙編》（三），台北：鼎文書局，民國 62 年。

52. 黃以周等輯注，《續資治通鑑長編拾補》，北京：中華書局，2004 年。

53. 陸游，《老學庵筆記》，收錄於《唐宋史料筆記叢刊》，北京：中華書局，1979 年。

54. 陸心源，《儀顧堂題跋》，台北：廣文書局，民國 57 年。

55. 陸心源，《皕宋樓藏書志》，台北：廣文書局，民國 57 年。

56. 陸心源，《宋史翼》，台北：鼎文書局，民國 67 年。

57. 脫脫，《遼史》，台北：鼎文書局，民國 64 年。

58. 脫脫，《宋史》，台北：鼎文書局，民國 67 年。

59. 華孳亨，《增訂歐陽文忠公年譜》，北京：北京圖書館，1999 年。

60. 曾肇，《曲阜集》，收錄於《文淵閣四庫全書》，台北：商務印書館，民國 72 年。

61. 葉隆禮《契丹國志》，收錄於《遼史彙編》（七），台北：鼎文書局，民國 62 年。

62. 葉夢得，《石林燕語》，收錄於《唐宋史料筆記叢刊》，北京：中華書局，1984 年。

63. 傅藻，《東坡紀年錄》，收錄於《蘇軾資料彙編》（下編），北京：中華書局，

1994 年。

64. 傅璇琮編，《全宋詩》，北京：北京大學出版社，1998 年。

65. 彭百川，《太平治蹟統類》，台北：成文出版社，民國 55 年。

66. 彭汝礪，《鄱陽集》，收錄於《文淵閣四庫全書》，台北：台灣商務印書館，民國 72 年。

67. 鄒浩，《道鄉集》（下），台北：漢華文化公司，民國 59 年。

68. 路振，《乘軺錄》，收錄於《遼史彙編》（六），台北：鼎文書局，民國 62 年。

69. 路振，《乘軺錄》，收錄於趙永春編注，《奉使遼金行程錄》，吉林：吉林文史出版社，1995 年。

70. 楊億，《楊文公談苑》，上海：上海古籍出版社，1993 年。

71. 趙永春編注，《奉使遼金行程錄》，吉林：吉林文史出版社，1995 年。

72. 穆彰阿，《大清一統志》（《嘉慶重修一統志》），台北：中國文獻出版社，民國 58 年。

73. 劉敞，《公是集》，收錄於《文淵閣四庫全書》，台北：台灣商務印書館，民國 72 年。

74. 劉崇本，《雄縣鄉土志》，台北：成文出版社，民國 57 年。

75. 劉鳳翥、唐彩蘭、青格勒編，《遼上京地區出土的遼代碑刻彙輯》，北京：社會科學文獻出版社，2009 年。

76. 蔡襄，《端明集》，收錄於《文淵閣四庫全書》，台北：台灣商務印書館，民國 72 年。

77. 閻鳳梧主編，《全遼金文》，太原：山西古籍出版社，2002 年。

78. 蔣祖怡、張滌雲編，《全遼詩話》，長沙：岳麓書社，1992 年。

79. 樓鑰，《攻媿集》，台北：台灣商務印書館，民國 68 年。

80. 黎靖德，《朱子語類》，北京：中華書局，1994 年。

81. 歐陽修，《歐陽文忠公文集》（一）（二），台北：台灣商務印書館，民國 54 年。

82. 錢大昕，《廿二史考異》，上海：上海古籍出版社，2004 年。

83. 韓琦，《安陽集》，收錄於《文淵閣四庫全書》，台北：台灣商務印書館，民國 72 年。

84. 韓琦，《安陽集》，台北：世界書局，民國 77 年。

85. 韓琦，《韓魏公集》，台北：新文豐出版公司，民國 73 年。

86. 蘇洵，《嘉祐集》，台北：台灣商務印書館，民國 54 年。

87. 蘇頌，《蘇魏公文集》，台北：青友出版社，民國 49 年。

88. 蘇頌,《蘇魏公文集》,收錄於《文淵閣四庫全書》,台北:台灣商務印書館,民國72年。

89. 蘇軾,《東坡題跋》,收錄於《叢書集成新編》,台北:新文豐出版公司,民國74年。

90. 蘇軾,《蘇軾佚文彙編》,收錄於《蘇軾文集》第六冊,北京:中華書局,1986年。

91. 蘇軾,《蘇軾全集》,上海:上海古籍出版社,2000年。

92. 蘇轍,《欒城集》,台北:台灣商務印書館,四部叢刊初編本,民國54年。

93. 蘇轍,《欒城集後集》,台北:台灣商務印書館,四部叢刊初編本,民國54年。

94. 蘇轍,《欒城集》,收錄於《文淵閣四庫全書》,台北:台灣商務印書館,民國72年。

95. 蘇轍,《欒城後集》,收錄於《文淵閣四庫全書》,台北:台灣商務印書館,民國72年。

96. 蘇象先,《丞相魏公譚訓》,收錄於《蘇魏公文集》(下),北京:中華書局,1988年。

97. 龐元英,《文昌雜錄》,收錄於《叢書集成新編》,第84冊,台北:新文豐出版公司,民國75年。

98. 釋文瑩,《玉壺清話》,收錄於《唐宋史料筆記叢刊》,北京:中華書局,1984年。

二、近人著作

1. 王民信,《沈括熙寧使虜圖抄箋証》,台北:學海出版社,民國65年。

2. 孔凡禮,《蘇轍年譜》,北京:學苑出版社,2001年。

3. 孔凡禮,《三蘇年譜》,北京:北京古籍出版社,2004年。

4. 田村實造,《中國征服王朝の研究》,京都:東洋史研究會,昭和39年。

5. 吳曉萍,《宋代外交制度研究》,合肥:安徽人民出版社,2006年。

6. 李之亮、徐正英,《安陽集編年箋注》,成都:巴蜀書社,2000年。

7. 林子鈞,《六一居士歐陽修》,台北:莊嚴出版社,民國72年。

8. 周臘生,《遼金元狀元奇談‧遼金元狀元譜》,北京:紫金城出版社,2000年。

9. 洪本健,《醉翁的世界——歐陽修評傳》,鄭州:中州古籍出版社,1990年。

10. 陳銘,《歐陽修傳》,廣州:廣東高等教育出版社,1998年。

11. 黃進德,《歐陽修評傳》,南京:南京大學出版社,1998年。

12. 張希清等人主編，《澶淵盟約新論》，上海：上海人民出版社，2007 年。

13. 曹顯征，《遼宋交聘制度研究》，北京：中央民族大學歷史系博士學位論文，2006 年。

14. 陶晉生，《宋遼關係史研究》，台北：聯經出版事業公司，民國 73 年。

15. 傅樂煥，《遼史叢考》，北京：中華書局，1984 年。

16. 曾棗莊，《蘇轍評傳》，台北：五南圖書出版公司，民國 84 年。

17. 曾棗莊，《蘇轍年譜》，西安：陝西人民出版社，1996 年。

18. 曾瑞龍，《經略幽燕──宋遼戰爭軍事災難的戰略分析》，香港：中文大學，2003 年。

19. 程光裕，《宋太宗對遼戰爭考》，台北：台灣商務印書館，民國 61 年。

20. 楊希閔，《宋韓忠獻公琦年譜》，台北：台灣商務印書館，民國 70 年。

21. 楊若薇，《契丹王朝政治軍事制度研究》，北京：中國社會科學出版社，1991 年。

22. 蔡世明，《歐陽修的生平與學術》，台北：文史哲出版社，民國 69 年。

23. 劉德清，《歐陽修論稿》，北京：北京師範大學出版社，1991 年。

24. 劉德清，《歐陽修傳》，哈爾濱：哈爾濱出版社，1995 年。

25. 蓋之庸，《內蒙古遼代石刻文研究》，呼和浩特：內蒙古大學出版社，2002 年。

26. 齊作聲，《遼代墓誌疏証》，瀋陽：瀋陽出版社，2010 年。

27. 蔣復璁，《宋史新探》，台北：正中書局，民國 64 年。

28. 裴燕生，《歷代文書》，北京：中國人民大學出版社，2003 年。

29. 《澶淵之盟一千周年國際學術研討會論文集》，河南省濮陽，2004 年

30. 聶崇岐，《宋史叢考》（下）台北：華世出版社，民國 75 年。

31. 嚴杰，《歐陽修年譜》，南京：南京出版社，1993 年。

三、論文

1. 王水照，〈論北宋使遼詩的兩個問題〉，《山西師大學報》（社會科學版）第 19 卷第 2 期，1992 年。

2. 王文楚，〈宋東京至遼南京驛路考〉，收錄於《古代交通地理叢考》，北京：中華書局，1996 年。

3. 王民信，〈澶淵締盟的檢討〉，《食貨月刊》，復刊第 5 卷第 3 期，民國 64 年。

4. 王民信，〈遼宋澶淵盟約締結的背景〉（上）（中）（下），《書目季刊》，第 9 卷第 2 期、第 3 期、第 4 期，民國 64、65 年。

5. 王民信，〈蘇頌《華戎魯衛信錄》——遼宋關係史〉，《書目季刊》，第 14 卷第 3 期，民國 69 年。

6. 王善軍、王慧杰，〈簡論使遼對北宋使臣政治性格的影響〉，《河北大學學報》，2006 年 2 期。

7. 王慧杰，〈宋遣往遼國使節的素質初探〉，《廣西民族學院學報》，2005 年 2 期。

8. 王慧杰，〈宋朝遣往遼國的賀歲使節述論〉，《貴州文史叢刊》，2005 年 4 期。

9. 王曉波，〈宋太宗對遼戰略的失誤〉，《四川大學學報》，1999 年第 2 期。

10. 王曉波，〈宋太祖時期宋遼關係的變化〉，《宋代文化研究》第 7 輯，成都：巴蜀書社，1998 年。

11. 田村實造，《遼宋の交通と遼朝の經濟的發達》，收錄於《中國征服王朝の研究》(上)，京都：東洋史研究會，昭和 39 年。

12. 江正誠，〈歐陽修的健康情形〉，《中華文化復興月刊》第 15 卷第 10 期，民國 71 年。

13. 李裕民，〈宋太宗平北漢始末〉，《山西大學學報》，1982 年第 2 期。

14. 宋常廉，〈高梁河戰役考實〉，《大陸雜誌》，第 39 卷第 10 期，民國 58 年。

15. 何天明，〈澶淵議和與王繼忠〉，《內蒙古社會學》，2002 年第 3 期。

16. 吳廷燮，〈遼方鎮年表〉，收錄於《遼史彙編》(四)，台北：鼎文書局，民國 62 年。

17. 吳曉萍，〈宋代外交使節的選派〉，《安徽師範大學學報》，2005 年 5 期。

18. 柳立言，〈宋遼澶淵之盟新探〉，《中央研究院歷史語言研究所集刊》，第 61 本，第 3 分，民國 79 年。

19. 苗書梅、劉秀榮，〈宋代外交使節的選派制度〉，《10～13 世紀中國文化的碰撞與融合暨赤峰第三屆中國古代北方文化國際學術研討會論文匯編》，2000 年。

20. 孫斌來，〈《華戎魯衛信錄》考略〉，《松遼學刊》，1991 年第 3 期。

21. 郭正忠，〈歐陽修與宋遼關係〉，《社會科學輯刊》，1982 年第 2 期。

22. 黃鳳岐，〈遼宋交聘及其有關制度〉，《社會科學輯刊》，1985 年第 2 期。

23. 張其凡，〈從高梁河之敗至雍熙北征〉，《宋初政治探研》，廣州：暨南大學出版社，1995 年。

24. 張富祥，〈蘇頌對宋代文獻事業的貢獻〉，《歷史文獻研究》，北京：燕山出版社，1991 年。

25. 陳芳明，〈宋初弭兵論的檢討〉，《國立編譯館館刊》，第 4 卷第 2 期，台北：國立編譯館，民國 64 年。

26. 陶玉坤，〈遼宋和盟狀態下的新對抗──關于遼宋間諜戰略的分析〉，《黑龍江民族叢刊》，1998 年第 1 期。

27. 陶玉坤，〈遼宋對峙中的使節往還〉，《內蒙古大學學報》，1999 年 2 期。

28. 陶晉生，〈從宋詩看宋遼關係〉，《宋遼關係史研究》，台北：聯經出版事業公司，民國 73 年。

29. 陶晉生，〈雄州與宋遼關係〉，《國際宋史研討會論文集》，台北：中國文化大學史學研究所，民國 77 年。

30. 陶晉生，〈宋遼間的平等外交關係：澶淵盟約的締訂及其影響〉，收錄於《宋遼關係史研究》，台北：聯經出版事業公司，民國 73 年，原刊登於《沈剛伯先生八秩榮慶論文集》，民國 65 年。

31. 曾瑞龍，〈宋遼高梁河戰役考論〉，《大陸雜誌》，第 80 卷第 3 期，民國 79 年。

32. 傅樂煥，〈宋遼聘使表稿〉，收錄於《遼史彙編》（八），台北：鼎文書局，民國 62 年，原載於中央研究院《歷史語言研究所集刊》第 14 本。

33. 傅樂煥，〈廣平淀考〉，收錄於《遼史叢考》，北京：中華書局，1984 年。

34. 傅樂煥，〈廣平淀續考〉，收錄於《遼史叢考》，北京：中華書局，1984 年。

35. 傅樂煥，〈關于宋遼高梁河之戰〉，收錄於《遼史叢考》，北京：中華書局，1984 年。

36. 傅樂煥，〈宋人使遼語錄行程考〉，《國學季刊》第 5 卷第 4 期，收錄於《遼史彙編》（八），台北：民國 62 年。

37. 傅樂煥，〈宋人使遼語錄行程考〉，收錄於傅樂煥，《遼史叢考》，北京：中華書局，1984 年。

38. 楊樹森，〈略論遼代軍事家耶律休哥：兼說宋兩次攻遼戰爭之敗〉，收錄於《遼金史論集》第 1 輯，上海：上海古籍出版社，1988 年。

39. 賈玉英，〈宋遼交聘制度之管窺〉，收錄於張希清等人主編，《澶淵盟約新論》，上海：上海人民出版社，2007 年。

40. 廖隆盛，〈宋太宗的聯夷攻遼外交及其二次北伐〉，《師大歷史學報》第 10 期，民國 71 年。

41. 趙克，〈蘇頌接伴遼使及首次使遼時間考證〉，《北方論叢》，1992 年第 4 期。

42. 趙永春，〈略論蘇頌使遼〉，《松遼學刊》，1991 年第 3 期。

43. 漆俠，〈宋太宗第一次伐遼──高梁河之戰──宋遼戰爭研究之一〉，《河北大學學報》，1991 年第 3 期。

44. 漆俠，〈宋太宗雍熙北伐──宋遼戰爭研究之二〉，《河北學刊》，1992 年第 2 期。

45. 劉朴兵，〈近十幾年來韓琦研究綜述〉，《殷都學刊》，2003 年 2 期。

46. 劉秋根、王慧杰，〈論宋朝遣遼使節的家族性特徵及其形成原因〉，《貴州社會科學》，2005 年 6 期。

47. 劉浦江，〈宋代使臣語錄考〉，收錄於張希清主編，《10～13 世紀中國文化的碰撞與融合》，上海：上海人民出版社，2006 年。

48. 蔣武雄，〈耶律休哥與遼宋戰爭〉，《中國歷史學會史學集刊》第 26 期，民國 83 年。

49. 蔣武雄，〈遼與北漢興亡的關係〉，《東吳歷史學報》第 3 期，台北：東吳大學，民國 86 年。

50. 蔣武雄，〈遼與後梁外交幾個問題的探討〉，《東吳歷史學報》第 5 期，台北：東吳大學，民國 88 年。

51. 蔣武雄，〈遼與後唐外交幾個問題的探討〉，《東吳歷史學報》第 6 期，台北：東吳大學，，民國 89 年。

52. 蔣武雄，〈遼與後晉外交幾個問題的探討〉，《空大人文學報》第 9 期，台北：空中大學，民國 89 年。

53. 蔣武雄，〈遼與北漢外交幾個問題的探討〉，《東吳歷史學報》第 7 期，台北：東吳大學，民國 90 年。

54. 蔣武雄，〈遼與後漢、後周外交幾個問題的探討〉，《空大人文學報》第 10 期，台北：空中大學，民國 90 年。

55. 蔣武雄，〈從宋人使北詩論使遼旅程的艱辛〉，收錄於《史學與文獻》（三），台北：東吳大學，民國 90 年。

56. 蔣武雄，〈宋遼外交中的詩歌交往〉，《中國中古史研究》第 1 期，台北：蘭台出版社，2002 年。

57. 蔣武雄，〈歐陽修使遼行程考〉，《東吳歷史學報》第 8 期，台北：東吳大學，民國 91 年。

58. 蔣武雄，〈宋遼使節逗留對方京城日數的探討〉，《空大人文學報》第 12 期，台北：空中大學，民國 92 年。

59. 蔣武雄，〈宋遼對兩國使節病與死的處理〉，《東吳歷史學報》第 9 期，台北：東吳大學，民國 92 年。

60. 蔣武雄，〈宋對遼用諜幾個問題的探討〉，《東吳歷史學報》第 10 期，台北：東吳大學，民國 92 年。

61. 蔣武雄，〈宋滅北漢之前與遼的交聘活動〉，《東吳歷史學報》第 11 期，台北：東吳大學，民國 93 年。

62. 蔣武雄，〈宋臣在對遼外交中辱命與受罰的探討〉，《東吳歷史學報》第 12 期，台北：東吳大學，民國 93 年。

63. 蔣武雄，〈蘇轍使遼始末〉，《東吳歷史學報》第 13 期，台北：東吳大學，民國 94 年。

64. 蔣武雄，〈遼皇帝接見宋使節的地點〉，《東吳歷史學報》第 14 期，台北：東吳大學，民國 94 年。

65. 蔣武雄，〈論宋真宗對建立與維護宋遼和平外交的心意〉，《東吳歷史學報》第 15 期，台北：東吳大學，民國 95 年。

66. 蔣武雄，〈宋使節在遼的飲食活動〉，《東吳歷史學報》第 16 期，台北：東吳大學，民國 95 年。

67. 蔣武雄，〈遼代文臣參與遼宋外交的探討——以遼代狀元和王師儒為例〉，《東吳歷史學報》第 17 期，台北：東吳大學，民國 96 年。

68. 蔣武雄，〈韓琦與宋遼外交的探討〉，《東吳歷史學報》第 19 期，台北：東吳大學，民國 97 年。

69. 蔣武雄，〈宋遼外交言行交鋒初探〉，《東吳歷史學報》第 23 期，台北：東吳大學，民國 99 年。

70. 蔣武雄，〈宋遼帝后生辰與哀喪的交聘活動——以宋真宗、遼承天太后、遼聖宗為主〉，《東吳歷史學報》第 25 期，台北：東吳大學，民國 100 年。

71. 蔣武雄，〈包拯使遼事蹟的探討〉（未刊稿）。

72. 蔣復璁，〈宋真宗與澶淵之盟〉，《大陸雜誌》，第 22 卷第 8、9、10 期，民國 50 年。

73. 薛政超，〈宋真宗朝對外遣使及使者素質研究〉（上）（下），湖北省社會科學院網站，人文社會科學，2004 年。（網址：http：//www.hbsky58.net）

74. 薛政超，〈宋初對外遣使及使者素質研究〉，《貴州社會科學》，2005 年 1 期。

75. 聶崇岐，〈宋遼交聘考〉，收錄於《宋史叢考》（下），台北：華世出版社，民國 75 年。

76. 顧宏義，〈遼代儒學傳播與教育的發展〉（上），《華東師範大學學報》，（教育科學版），1998 年第 3 期。